Kellner

Konflikte verstehen, verhindern, lösen

Hedwig Kellner

Konflikte verstehen, verhindern, lösen

Konfliktmanagement für Führungskräfte

HANSER

Carl Hanser Verlag München Wien

die Autorin:
Hedwig Kellner, Halstenbek

Internet: http://www.hanser.de

Die Deutsche Bibliothek – CIP-Einheitsaufnahme

Kellner, Hedwig:
Konflikte verstehen, verhindern, lösen : Konfliktmanagement für Führungskräfte / Hedwig Kellner. - München ; Wien : Hanser, 1999
ISBN 3-446-19513-0

Illustrationen: Khalil Balbisi, Halstenbek
Umschlaggestaltung: Agentur Zero, München
Satz/Belichtung: Wolframs Direkt Medienvertrieb GmbH, Attenkirchen
Druck und Bindung: Kösel GmbH, Kempten
Printed in Germany

Einführung

Liebe Leserin, lieber Leser,

als Führungskraft werden Sie sich immer wieder, auch bei bestem Betriebsklima, Konflikten gegenüber sehen. Sie haben sich mit Ihren Kollegen in der lateralen Zusammenarbeit auseinanderzusetzen, Sie müssen in vertikaler Richtung Konflikte zwischen Ihnen und Ihren Vorgesetzten und zwischen Ihnen und Ihren Mitarbeitern in den Griff bekommen. Zu Ihren Führungsverantwortungen gehört auch, daß Sie bei vielen Konflikten zwischen Ihren Mitarbeitern eingreifen. Nicht immer ist dabei leicht zu entscheiden, wann und wie Sie aktiv werden sollten.

Sie werden sicherlich auch die Situation kennen, wenn Sie vergeblich einem Konflikt auf den Grund zu gehen versuchen. Handelt es sich wirklich um die Sache, die zur Debatte steht, oder steckt hinter dem Hin und Her ein viel tieferes Problem zwischen den Beteiligten? Reicht es, das Sachthema zu regeln? Muß man zwischen den Parteien menschlich vermitteln? Wie könnte das geschehen? Besteht dabei am Ende die Gefahr, daß gutgemeinte Versuche die Probleme womöglich zum Eskalieren bringen?

Bei Konflikten neigen Parteien und auch neutrale Beobachter sehr leicht zur Feststellung der Schuldfrage. Wer hat angefangen? Wem muß man was zur Last legen? Vielleicht kennen Sie die Situation, wenn Sie vergeblich zu ermitteln versuchen, was eine „gerechte“ Lösung wäre.

Dieses Buch soll Ihnen Ideen und Anregungen zum Umgang mit Konflikten im beruflichen Umfeld geben. Vieles werden Sie aus Ihrer Praxis wiedererkennen. Manches werden Sie vielleicht nach der Lektüre in einem anderen Licht sehen. Dieses Buch soll Ihnen helfen, bei Konflikten leichter typische Phänomene zu erkennen und geschickt darauf einzugehen.

Leider kann Ihnen auch dieses Buch nicht dazu verhelfen, alle Konflikte in Ihrem Team oder mit Kunden und Kollegen zu verhindern. Ein konfliktfreies Umfeld wird zwar immer wieder angestrebt, aber letztlich siegt dann doch wieder die „menschliche Natur“.

Dennoch kann man sich strategisch klüger verhalten, wenn man sich die Zusammenhänge besser bewußt macht, wenn man bestimmte Gesetzmäßigkeiten im Konfliktgeschehen erkennt und darauf rechtzeitig reagieren kann.

Inhaltsverzeichnis

1 **Konflikte wird es immer geben** 1

1.1 Träume und Illusionen von Frieden und Harmonie 1
1.2 Die fünf Grundursachen für Konflikte im Arbeitsumfeld 4
1.3 Die beiden Grundursachen für Konflikte zwischen Individuen oder Parteien 7
1.4 Konflikte, wie sie täglich auftreten 11

2 **Kämpfer und Taucher – Das individuelle Konfliktverhalten** .. 19

2.1 Bleiben Sie sachlich! – Sind Gefühle peinlich? 19
2.2 Sieg oder Frieden – Motive des Konfliktverhaltens 24
2.3 Logisch, lieb und laut – Varianten des Konfliktverhaltens 30
2.4 Die innere Haltung bestimmt das Kommunikationsverhalten... 38
2.5 Drei Ansatzpunkte zur Konfliktbewältigung 40

3 **Was passiert, wenn es passiert?** 43

3.1 Die Anatomie eines Konflikts 43
3.2 Es liegt im Auge des Betrachters 44
3.3 Das Gift und seine Wirkungsbereiche 47
3.4 Konfliktpole als persönliche Festungen 51
3.5 Wenn man nicht mehr miteinander reden kann 55
3.6 Machtunterschiede.................................. 58
3.7 Kleiner Anlaß, große Wirkung – Stufen der Eskalation 61

4 **Strategisches Konfliktmanagement**......................... 69

4.1 Konflikte managen – handlungsfähig bleiben............... 69
4.2 Wenn die Worte sinnlos werden......................... 72
4.3 Wozu ist besser als warum.............................. 76
4.4 Verstehen kommt vor dem Überzeugen 77
4.5 Analyse der Gegenpartei 81
4.6 Kontakte, Botschaften, Signale.......................... 84

5 **Deeskalation – damit es nicht knallt**...................... 89

5.1 Bloß nicht auf die Spitze treiben! 89
5.2 Bei Zynismus Mord 90
5.3 Ein Phasenmodell zur Konfliktaussprache 93
5.4 Die sechs Grundregeln positiver Konfliktbehandlung......... 96
5.5 Totpunkte in der Diskussion überwinden.................. 99

6 Die verschiedenen Künste der Konfliktlösung 101
6.1 Es gibt kein Patentrezept für jeden Fall 101
6.2 Die drei Grundstrategien im Konflikt 102
6.3 Die beste Konfliktlösung ist immer eine dauerhafte 105
6.4 Drei Konfliktlösungsverfahren 106
6.5 Zehn Varianten, den Konflikt zu regeln 112

7 Schlichtungsverfahren für „große" Konflikte 121
7.1 Friedenswille ist meistens Kriegsmüdigkeit 121
7.2 Grundlegende Schlichtungsvorbereitung 123
7.3 Die vier Denkstile im Konfliktfall 125
7.4 Sieben Schritte aus einem Konflikt 129
7.5 Die Rolle des Schlichters 132

8 Konflikte mit Kunden und Kollegen 135
8.1 Den „Human Factor" gibt es überall 135
8.2 Kundenbeschwerden und Reklamationen 139
8.3 Mobbing – das ist Ihr Problem 143
8.4 Täter, Opfer, Gaffer – Rollen im Teamkonflikt 147
8.5 Petzer 151
8.6 Schimpfen – aber mit Stil und Sparsamkeit 154

9 Konfliktkultur 157
9.1 Elemente einer Konfliktkultur 157
9.2 Entwickeln einer Konfliktkultur 159
9.3 Grenzen der Konfliktkultur 163

Die Autorin 165

Stichwortverzeichnis 167

1 Konflikte wird es immer geben

1.1 Träume und Illusionen von Frieden und Harmonie

Wir haben im Beruf Ziele zu erreichen, Aufgaben zu erledigen und vernünftige Entscheidungen zu treffen. Am Arbeitsplatz verbringen wir die meiste Zeit des Tages. Dort treffen wir mit den Menschen zusammen, mit denen wir kollegial, team- und kundenorientiert zusammenarbeiten wollen. Niemand will sich durch Konflikte, Streit und Ärgerlichkeiten den Arbeitsalltag vergiften.

In vielen Unternehmen herrscht sogar moralischer Druck, daß es auf keinen Fall zu Konflikten kommen darf. Unter „gutem Betriebsklima", „Teamorientierung" und „partnerschaftlicher Führung" wird verstanden, daß alles grundsätzlich friedlich und freundschaftlich zu regeln ist. Von Zeit zu Zeit wird zwar nach einer „neuen Streitkultur" gerufen, aber in der Praxis scheut man dann doch wieder vor dem Streit zurück.

Konflikte sind häufig so sehr tabuisiert, daß man sich nicht einmal mehr traut, sie überhaupt als solche zu bezeichnen. Man spricht von „offenen Fragen", „Klärungsbedarf" oder „Mißverständnissen". Führungskräfte oder Projektleiter fühlen sich schuldig, wenn es in ihren Teams zu Konflikten gekommen ist. Sie glauben, es sei ihre Pflicht, ständige Harmonie zu garantieren. Gleichzeitig versuchen sie, vor den Mitarbeitern ihre eigenen Konflikte in der Führungsriege zu vertuschen.

Obwohl im betrieblichen Umfeld die „Friede-Freude-Eierkuchen-Fassade" des angeblich konfliktfreien Betriebsklimas auf allen Hierarchieebenen gepflegt wird, haben Seminare zum Thema Konfliktbewältigung regen Zulauf. Aber selbst in diesen Seminaren können Trainer erleben, daß die Teilnehmer es abstreiten, konkrete Anlässe für den Seminarbesuch zu haben. Nein, nein, man sei nur gekommen, um sich für den Notfall mit Techniken der Konfliktbewältigung vertraut zu machen. Persönlich habe man damit überhaupt keine Probleme!

Von den Seminaren zur Konfliktmoderation oder -bewältigung wird häufig das Patentrezept erhofft, wie man in Zukunft den Dauerzustand der Harmonie sichert. Vielleicht erhoffen Sie sich, liebe Leserin, lieber Leser, ein solches Patentrezept von diesem Buch. Ein solches Rezept gibt es leider nicht. Konflikte sind unvermeidlich. Das gilt jedoch nicht für alle Konflikte. Manche lassen sich schon allein dadurch verhindern, daß man lange vor ihrem Ausbrechen die innere Scheu vor dem Thema überwindet und sich bewußtmacht, wo mögliche Konfliktquellen entstehen könnten, und diesen vorbeugt. Manche Konflikte müßten viel weniger heftig und verletzend ablaufen, wenn man bei den ersten Anzeichen der Unzufriedenheit oder Verärgerung gleich aktiv geworden wäre und nicht mit dem Kopf im Sand viel zu lange abgewartet hätte, ob sich das drohende Gewitter nicht doch noch verzieht.

Wir kennen die Problematik aus dem Privatleben. Seit Generationen ist bekannt, daß es in Familien unweigerlich zu Konflikten kommt, wenn die Kinder langsam erwachsen werden. Man sollte doch wirklich meinen, daß in unserer Zeit der Überfülle an Büchern und Zeitschriften für Eltern das Thema endlich vom Tisch ist. Aber nein, in jeder Familie müssen die Pubertätskriege mit voller Wucht ausbrechen, bevor die Eltern begreifen: Das gibt es auch bei uns.

> In manchen Familien „kracht" es unweigerlich jedes Jahr am ersten Weihnachtsfeiertag. Andere streiten sich jedes Jahr im Campingwagen. Was lernen wir daraus? Nichts. Es wird wieder Weihnachten, und wieder versammeln sich verhaßte Schwiegersöhne, tückische Enkel und erboste Schwägerinnen bei den gestreßten Eltern, die auf Teufel komm raus zu Weihnachten die Familie um sich haben wollen. Jedes Jahr muß unbedingt der Urlaub mit ständigem Zusammensein in der drangvollen Enge auf dem Campingplatz genossen werden. Da können die Psychologen in den Illustrierten noch so anschaulich das „Dritter-Tag-Syndrom" schildern, auf keinen Fall wird man aus den bisherigen Urlaubskrächen Konsequenzen ziehen.

Es gibt Konfliktquellen, die so typische sind, daß Loriot, Satiriker und Volkstheater davon leben können, sie ständig wieder vorzuführen. Man denke nur an den Ärger um die Mülltonnen oder das Treppenhaus in Wohnanlagen. Man denke nur an die Gartenzaunkriege daheim und die Streitereien um Liegestühle am Urlaubsort. Diese Konfliktherde sind so bekannt, daß man gar nicht verstehen kann, wieso es sie immer noch und immer wieder gibt.

> Wenn man einem jungen Paar vor der Hochzeit den Tip gibt, sich doch zum Beispiel durch einen Ehevertrag vor den finanziellen Streitereien bei einer möglichen Scheidung zu schützen, dann bekommt man in der Regel höchst empörte Antworten. Es ist, als habe man noch nie davon gehört, daß Scheidungen heutzutage gar nicht mehr so selten sind. Verblüffend ist, daß selbst Geschiedene sich bei der zweiten Eheschließung häufig immer noch gegen vorbeugende Maßnahmen wehren.

So ähnlich ist es auch im beruflichen Umfeld. Da treten immer wieder und immer wieder die gleichen Konflikte in Projekten auf, aber bei jedem neuen Projekt geht man blauäugig davon aus: „Wir sind ein harmonisches Team. Bei uns gibt es keine Konflikte. Das kann es gar nicht geben, also müssen wir uns auch nicht darauf einstellen."

Unsere Sehnsucht nach ständigem Frieden und nettem Auskommen mit den Mitmenschen ist so stark, daß wir es oft einfach nicht wahrhaben wollen, welche Probleme möglich sind. Oft werden Konflikte auch noch dann unter den Teppich gekehrt, wenn sie längst offensichtlich sind. Erst wenn es „knallt", fühlt sich manche Führungskraft bemüßigt oder genötigt, den Konflikt zur Kenntnis zu nehmen und zu regeln. Oft ist dann schon viel mehr Porzellan zerschlagen, als je nötig gewesen wäre. Das heißt jedoch nicht, daß man für die Zukunft daraus lernt und sich rechtzeitig um eine sinnvolle Konfliktkultur, um vorbeugende Maßnahmen und um Frühwarnsysteme kümmert.

In unserer Zeit des positiven Denkens macht man sich fast als Pessimist verdächtig, wenn man zu Friedenszeiten mögliche Konflikte antizipiert und entsprechend handeln will. Vorbeugen wird dann schnell mit Herbeireden verwechselt.

Viele Konflikte lassen sich gar nicht verhindern, wenn Menschen mit unterschiedlichen Interessen, Zielen, Ansichten, Gewohnheiten und Temperamenten miteinander zu tun haben. Die individuellen Unterschiede kollidieren notgedrungen von Zeit zu Zeit und erzeugen Konflikte. Die können sich quer über die Schreibtische hinweg in den Büros abspielen oder auch in Konferenzräumen bei den Meetings.

Manche Konflikte basieren durchaus auch auf der Persönlichkeitsstruktur einer oder mehrerer Menschen. Es gibt sie wirklich, die notorischen „Streithammel", „Gerichtshansel", „Rebellen", „Intriganten" und „Unruhestifter", die einen Streit auch dann noch bis zur Eskalation treiben, wenn sie sich selbst damit schaden. Es gibt auch die „sanften Nervensägen", die mit ihrer angeblichen oder echten Hilflosigkeit, Dummheit oder Liebesbedürftigkeit auch die dickfelligsten Kollegen bis zur Raserei bringen können.

Bei aller Harmonie gibt es vor allem im Berufsleben auch Eifersüchteleien um Posten und Machtbereiche, um „gute Drähte" zu den Chefs, um persönliche Aufstiegschancen und um knappe Ressourcen.

Es gibt die typischen Frustphasen im Projektteam oder nach der Einführung von Änderungen. Es gibt die typischen Machtkämpfe der „Platzhirsche" vom Sekretariat zwischen neuen und älteren Kolleginnen bis in die Vorstandsetagen der „großen Tiere" hinein. Es gibt die notwendigen Schaukämpfe der Personalvertretungen mit den Geschäftsleitungen, damit die Mitarbeiter nicht etwa bis zur nächsten Betriebsratswahl die Wichtigkeit dieser Partei und bestimmter Personen vergessen. Es gibt die natürlichen Reibungsverluste, wenn durch Fusionen Mitarbeiter unterschiedlicher Unternehmenskulturen plötzlich miteinander auskommen müssen. Dann wiederholt sich zum Beispiel zwischen denen von Eduscho und denen von Tchibo das, was man beim Fall der Mauer als „Ossi-Wessi-Problem" bereits erlebt hat.

Konflikte entstehen ganz unweigerlich immer dann, wenn Menschen sich zusammenraufen wollen oder müssen oder sich mit einander auseinandersetzen wollen oder können.

Konflikte sind unvermeidlich. Das überhaupt erst einmal anzuerkennen, ist der erste Schritt. Man sollte sich jedoch bewußt machen, daß nicht jeder Konflikt unvermeidbar ist. Häufig kann man dadurch vorbeugen, daß man ...

- mögliche Konfliktquellen oder Streßsituationen rechtzeitig erkennt und ihnen vorbeugend begegnet,
- die Friedensbereitschaft der Mitarbeiter fördert. Dabei kann es sich um den Abbau von Vorurteilen handeln, um Schaffung von Mitgestaltungsmöglichkeiten, um das Vorleben eines positiven Verhaltens im zwischenmenschlichen Umgang etc.,

- bestimmte Parteien konsequent voneinander trennt oder an klar abgegrenzten Aufgaben arbeiten läßt. Menschen, die sich instinktiv nicht mögen, die vom Temperament oder von der „Chemie" her nicht zusammenpassen, kann man nicht zu Harmonie zwingen, indem man sie ständig zusammenführt,
- rechtzeitig Spielregeln für die Zusammenarbeit entwickelt, die Kompetenzen klärt oder eindeutige Prioritäten festlegt.

Im Hinblick auf ein möglichst konfliktarmes Betriebsklima gilt für jede Führungskraft und jeden Projektleiter: „Gefahr erkannt, Gefahr gebannt." Außerdem sollte grundsätzlich jeder Konflikt auch zum Anlaß genommen werden, daraus für die Zukunft etwas zu lernen. Die Frage „Wer hat die Schuld?" ist unwichtig im Vergleich zu der Frage: „Wie können wir verhindern, daß dieser Konflikt so oder ähnlich noch einmal ausbricht?"

Konfliktmanagement muß lange vor dem offenen Ausbruch von Problemen einsetzen. Das Ziel des Konfliktmanagements ist es, Menschen oder Organisationen dazu zu bewegen, ihre Probleme durch Verhandlungen anstatt durch Streit, Attacken, Intrigen, Erpressungen, Drohungen und andere offene oder verdeckte Aggressionen beizulegen.

Im Konfliktmanagement geht es weniger um die Frage, wer recht hat oder schuldig ist oder am längeren Hebel sitzt. Es geht vielmehr darum, die unterschiedlichen Interessen auszugleichen, solange es noch möglich ist, ohne sich dabei gegenseitig unnötig zu verletzen.

Leider ist es oft so, daß unser Verstand uns sagt: „Ich will mich ja friedlich einigen, aber die anderen sind so dumm oder voller böser Absichten."

Wohl jeder Trainer von Seminaren zum Konfliktmanagement kennt die Teilnehmer, die um Grunde nur wissen wollen, mit welchen Techniken man andere „auf Linie" bringt. „Wie kann ich es erreichen, daß andere sich mir fügen und dabei noch in Harmonie mit mir auskommen?"

Das ist jedoch nicht die wichtigste Frage des Konfliktmanagements!

1.2 Die fünf Grundursachen für Konflikte im Arbeitsumfeld

Wie oben gesagt, treten Konflikte im Unternehmen trotz besten Willens aller Betroffenen immer wieder zwangsläufig auf. Dabei kann man von fünf grundsätzlichen Ursachen ausgehen:

1. Jedes Unternehmen und innerhalb des Unternehmens jeder Bereich und letztlich jeder Arbeitsplatz unterliegen einem ständigen Prozeß von Entwicklung und Neuerung.

Wenn man in Filmen aus den siebziger Jahren Büros zu sehen bekommt, dann wird einem erst wieder bewußt, wie viel sich dort in wie kurzer Zeit verändert hat. Es ist erst wenige Jahre her, als eine elektrische Schreibmaschine mit austauschbaren Kugelköpfen noch ein modernes Instrument war. Dann kamen die Speicherschreibmaschinen. Diese wurden lange vor ihrem Verschleiß durch die ersten Computer-Terminals und dann durch die PCs ersetzt. Man muß nicht uralt sein, um sich noch lebhaft daran zu erinnern, wie in der Uni-Bibliothek in riesigen Schubladen voller Karteikarten nach Literatur gefahndet wurde.

Neben den technischen Neuerungen haben sich auch Entwicklungen im mitmenschlichen Umgang ergeben. Lehrlinge werden gar nicht mehr als solche bezeichnet und dürfen auf keinen Fall – wie früher – zu Hilfsarbeiten herangezogen werden. Die Frage, ob es Männern zuzumuten ist, eine Frau als Vorgesetzten zu ertragen, wird auch immer unwichtiger.

Die Anforderungen an die Mitarbeiter ändern sich. Beamte müssen zur Kundenorientierung geführt werden. Noch vor wenigen Jahren wäre es ihnen nicht einmal im Traum eingefallen, Bürger als „Kunden“ zu betrachten. Tankwarte entwickeln sich zunehmend zu Gemischtwarenhändlern mit Stehgastronomie.

Die Arbeitsbedingungen ändern sich. Früher war es noch selbstverständlich, daß man am Schreibtisch nach Belieben rauchen konnte. Heute haben Nichtraucher einen Anspruch auf saubere Atemluft. Mancher muß gar nicht mehr am Arbeitsplatz erscheinen, weil sich vieles mit Hilfe der neuen Technik auch von zu Hause erledigen läßt. Konnten Fernfahrer früher als Kapitäne der Landstraße souverän ihre Touren machen, müssen sie heute bei gestiegenem Termindruck ständig mit nervenden Staus rechnen. Dafür weiß man in der Zentrale per Satellit bis auf ein paar Meter genau, wo das Fahrzeug gerade steht. Hatte ein Bankangestellter bisher noch sein garantiertes Festgehalt, sieht er sich heute oder doch sehr bald dem Druck oder auch der Motivation einer „leistungsgerechten“ Vergütung ausgesetzt.

Alles ändert sich. Überall werden Neuerungen eingeführt. Erfahrungen zählen heute viel weniger als die Fähigkeit und Bereitschaft, sich möglichst schnell auf neue Anforderungen einzustellen. Lernen, lernen, lernen bis zur Rente – falls man überhaupt so lange einen Job hat!

Konflikte entstehen unweigerlich durch Neuerungen und Veränderungen. Der eine will das Neue, der andere hält am Bisherigen fest und wehrt sich vehement gegen alles, was die vertraute Gewohnheit stört. Vorwärtsstrebende Zukunftsbegeisterung prallt auf Nostalgie und Angst vor dem Unbekannten. Konflikte entstehen auch zwischen den Neuerungswilligen untereinander. Man hat unterschiedliche Wahrnehmungen, was sich wie und wohin entwickeln soll. Man steht vielleicht auch im Wettbewerb, wer zuerst Nutznießer oder Kenner des Neuen sein soll.

2. In jedem Unternehmen prallen an den unterschiedlichsten Stellen widersprüchliche Anforderungen aufeinander.

Die Menschen passen oftmals vom Temperament oder von der „Chemie“ her nicht zueinander. Der eine sieht die Dinge eher „strategisch“ und im Gesamtüberblick, der andere will die Details bis ins Tiefste durchforsten. Das gibt unweigerlich für beide Streß, wenn sie sich aufeinander einstellen müssen.

Widersprüchliche Ziele können zu Zerreißproben werden. Man will einerseits den Wasserkopf einer viel zu aufwendigen Hierarchiestruktur abschaffen, kann jedoch niemandem den einmal erworbenen Posten wegnehmen. Man will sparen, muß jedoch dringend investieren.

Verkäufer und Berater bekommen harte Zielvorgaben, welche Produkte und Leistungen sie in welchen Mengen unbedingt zu verkaufen haben, sollen jedoch auf keinen Fall das Vertrauensverhältnis zu den Kunden gefährden und ihnen etwas aufdrängen, was nicht gut für sie ist.

Von Führungskräften erwartet man endlich wieder den Mut zu Entscheidungen, verlangt jedoch gleichzeitig, daß sie stets alle „Betroffenen zu Beteiligten machen" und nicht gegen die Überzeugungen der Mitarbeiter entscheiden.

Die Mitarbeiter wollen an Entscheidungsprozessen beteiligt werden, jedoch auf keinen Fall das unternehmerische Risiko einer Fehlentscheidung teilen.

3. In jedem Unternehmen gibt es Persönlichkeiten mit beruflichem Erfolg und solche, denen das Erreichen ihrer beruflichen Ziele weniger gelingt.

Karrierekämpfe, Neidaktionen, Machtspielchen, Koalitionsbildungen, Intrigen, Tratsch, Boykott, Profilierung auf Kosten anderer, Abschotten und weitere typische Verhaltensweisen der Rivalität sind die Folge.

Man kann beruflich aufsteigen oder auch verdrängt werden. Man kann sich mit eigenen Vorstellungen durchsetzen oder auch nicht. Man kann sich die attraktiven Aufgaben ergattern oder auf den miesen Jobs hängenbleiben. Für viele Mitarbeiter und Führungskräfte findet am Arbeitsplatz immer auch ein mehr oder weniger harter Existenzkampf statt.

4. In jedem Unternehmen gibt es Personen mit Macht und solche, die der Macht ausgeliefert sind.

Der eine kann Urlaube genehmigen oder Beförderungen bewilligen, der andere muß sich mit denen, die diese Macht haben, „gutstellen".

Während die Mitarbeiter „unten" vor Ort ihrer Arbeit nachgehen, wird vielleicht von „denen da oben" beschlossen, daß bestimmte Bereiche dem Outsourcing zum Opfer fallen sollen oder daß man fusionieren oder reorganisieren wird.

Die Macht ist nicht unbedingt an offizielle Hierarchien gebunden. Es ist durchaus möglich, daß Mitarbeiter gemeinschaftlich einen ungeliebten Vorgesetzten zum Scheitern führen.

In manchem Büro wird die junge Nachwuchskraft von der langjährigen Sekretärin terrorisiert. In manchem Unternehmen können die älteren Mitarbeiter froh sein, wenn ihnen die Jungdynamiker nicht das Leben zur Hölle machen.

Rechthaberische zwingen anderen ihre Meinung auf, von Geselligen geht der Gruppenterror aus, Hilflose zwingen andere, sich um sie zu kümmern, starke Persönlichkeiten wollen in der „Hackordnung" aufsteigen, Schwache drängen andere in Beschützerrollen.

Aus den unterschiedlichen Machtverhältnissen entstehen auf jeden Fall immer wieder Konflikte. Der Unterlegene kann nicht immer mit dem zufrieden sein, was Mächtigere beschließen. Der offiziell Mächtigere ahnt oft gar nicht, mit welchen subtilen Mitteln von unten her gegen ihn gekämpft wird. Mächtige kämpfen gegeneinander um die Erweiterung des Machtbereichs. Schwache versuchen sich hochzukämpfen oder kämpfen aus Frust gegeneinander. Vom Streit um den Fensterplatz in den unteren Rängen bis zu den Strategiekämpfen in der Vorstandsetage, vom Haß des Außendienstes auf die Buchhaltung bis zu den Ressourcenrangeleien der Projektleiter ... überall entstehen immer wieder Konfliktherde, weil die einen mächtiger als die anderen sind oder die einen etwas haben wollen, was die anderen nicht herzugeben bereit sind.

5. In jedem Unternehmen führt der „Human factor" regelmäßig zu Konflikten.

Irrtümer, Mißverständnisse, Pannen, Angst vor Schuldzuweisungen, persönliche Abneigungen, unterschiedliche Wertvorstellungen ... Wo Menschen miteinander zu tun haben, passieren immer wieder Dinge, die zu Ärger und Streit führen.

Es gibt unweigerlich in jedem Unternehmen einen gewissen Prozentsatz an Persönlichkeiten mit Verhaltensstörungen, Charaktermängeln oder auch nur schlechtem Benehmen. Und es gibt zudem immer solche Menschen, die ganz einfach aus Übermut, Bosheit oder Langeweile bewußt „zündeln". Letztlich haben Konflikte immer auch einen gewissen „Unterhaltungswert" für die Zuschauer und Tratscher.

Der schöne Traum von Frieden und Harmonie auf Dauer ist leider ein unerfüllbarer Wunschtraum. Anstreben sollte man das konfliktfreie Arbeitsumfeld, endgültig erreichen kann man es nicht.

1.3 Die beiden Grundursachen für Konflikte zwischen Individuen oder Parteien

Konflikte treten schon allein deshalb immer wieder zwischen Individuen auf, weil unterschiedliche Wahrnehmungen zu dem, was richtig und sinnvoll ist, die Harmonie trüben können. Nicht immer gelingt es, sich friedlich zu einigen. Manchmal kommt es zum Beispiel in Änderungsprozessen zu heftigen Auseinandersetzungen darüber, ob man sich dem Neuen zuwenden und „alte Zöpfe" abschneiden oder ob man lieber an Bewährtem festhalten und sich nicht auf „neumodischen Unsinn" oder auf Neuerungen, deren Vorteile noch nicht erwiesen sind, einlassen soll.

Eine andere typische Konfliktquelle zwischen Individuen kann in dem unterschiedlich ausgeprägten Streben nach Gemeinsamkeit oder Unabhängigkeit liegen. Der eine Mitarbeiter möchte sich am liebsten zurückziehen und allein etwas bearbeiten, während der andere immer wieder den engen Austausch mit den Kollegen sucht und sich dementsprechend „aufdrängt" oder „einmischt".

Diese beiden typischen Grundursachen für Konflikte zwischen Individuen und Parteien haben ihren Kern in den vier Strebungen, die jeder von uns immer wieder mehr oder weniger stark in sich spürt. Hier liegt auch oft die Ursache für das, was wir als „zwei Seelen, ach, in meiner Brust" als Konflikt innerhalb einer Person kennen. Man möchte das eine und gleichzeitig das Gegenteilige auch noch und kann sich nicht entscheiden.

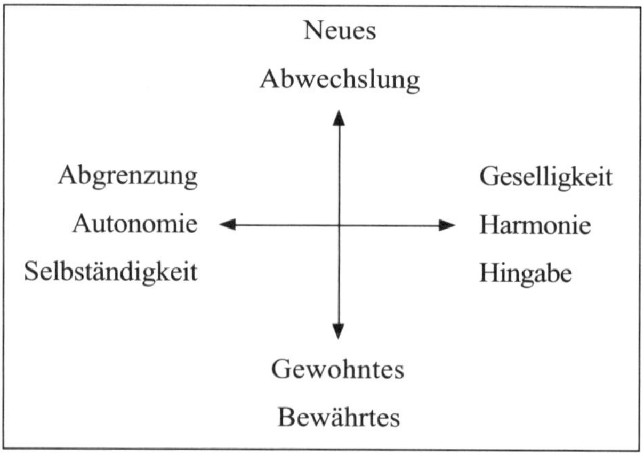

Abbildung 1: Die beiden Gegensatzpaare der vier Strebungen

Die vier Grundstrebungen mit den beiden Gegensätzlichkeiten sind:

1. Das Streben nach Neuem

Wir lieben Abwechslungen und Neuerungen. Wenn das Leben zu lange unverändert verläuft, kommt es uns eintönig und langweilig vor. Es ist spannend, auch einmal etwas auszuprobieren und Gewohntes über Bord zu werfen.

Auch im Arbeitsalltag hat wohl jeder Mitarbeiter und jede Führungskraft Ideen, was man längst ändern sollte. „Wenn ich hier das Sagen hätte ..." Es bleibt bei kreativen und engagierten Menschen nicht aus, daß sie Verbesserungsvorschläge entwickeln und bisherige Probleme durch Änderungen abschaffen möchten.

2. Der Wunsch, am Gewohnten festzuhalten

Auf der anderen Seite lieben wir das Vertraute und Gewohnte. Da fühlen wir uns heimisch und können Routine oder Rituale entwickeln. Das Gewohnte hat sich bewährt. Man kennt sich damit aus und muß sich nicht auf unnötige Wagnisse und Risiken einlassen. Man muß sich nicht umgewöhnen und nichts Neues einüben. Das vermittelt ein beruhigendes Gefühl der Sicherheit und Beständigkeit: „Man weiß, woran man ist."

3. Das Streben nach Abgrenzung von anderen

Wir erleben uns bewußt als Individuen mit eigenen Interessen und persönlichen Chancen. Wir mögen es nicht, wenn andere sich „einmischen" oder wenn sie unsere Grenzen nicht respektieren. Wir empfinden den Chef oder Kollegen, der uns über die Schulter schaut, auch dann als unangenehm, wenn wir gar keine Geheimnisse zu verbergen haben. Wir grenzen zu Hause den Garten unmißverständlich ein und schirmen die Terrasse durch einen Sichtschutz ab. Schon kleine Kinder wehren gutgemeinte Hilfe ab: „Das kann ich schon allein."

4. Das Streben nach Gemeinschaft mit anderen

Wir sind gleichzeitig „Herdentiere". Wir möchten zur Clique gehören und laden die Kollegen am Geburtstag zu einem Umtrunk ein. Wir wollen, daß die anderen mit uns über die Arbeit reden. Es macht Spaß, im Team gemeinsam etwas zu erarbeiten. Der Gedanke, zum Außenseiter werden zu können, macht Angst. Kein Wunder, daß soziale Isolation eine der gemeinsten Techniken des Mobbings ist.

Wie gesagt, spürt jeder von uns jede der vier Strebungen als zwei Gegensatzpaare immer wieder in sich. Das kann sich in inneren Konflikten zeigen wie:

- Soll ich den neuen Job annehmen und die damit verbundenen Chancen nutzen, oder soll ich lieber an der jetzigen Position festhalten; dann weiß ich wenigstens, was ich habe?
- Ich möchte gerne am Wochenende mit der Familie gemeinsam etwas unternehmen. Gleichzeitig möchte ich auch am liebsten einmal ganz für mich allein sein und in Ruhe meine Akten aufarbeiten oder lesen.

In den meisten Fällen verursachen die vier Strebungen jedoch keine inneren Konflikte, wenn wir alle vier in schöner Regelmäßigkeit ausleben können.

> Wir können unsere Lust auf Neues immer wieder durch die neue Frühjahrs- oder Herbstmode ausleben. Wir können gelegentlich die Möbel umstellen und durch Wochenendausflüge für „Tapetenwechsel" sorgen. Unsere Freude am Bewährten befriedigen wir zum Beispiel durch die Tradition, an Weihnachten immer den Baum auf die gleiche Weise zu schmücken und auf jeden Fall Sauerbraten zu essen. Wir fahren jeden Herbst zum Wandern in den Schwarzwald und laufen dort unsere vertrauten Wege mit den vertrauten Pausen-Wirtshäusern ab.

Jeder von uns hat eigene Methoden, sich immer wieder Abwechslung durch Neues und gleichzeitig die beruhigende Stabilität durch Rituale und Gewohnheiten zu verschaffen. Ähnlich ist es mit den Strebungen nach Kontakt zu anderen und dem Bedürfnis, sich auch immer wieder von anderen abgrenzen zu können.

Es zieht uns immer einmal wieder in die eine oder die andere Richtung. Dennoch kann man leicht feststellen, daß sich die Menschen sehr wohl auch im Hinblick auf diese vier Strebungen deutlich unterscheiden. Es gibt die „Geselligen“ und „Vereinsmeier“, die immer gerne viele Leute um sich herum haben. Im Beruf sind ihnen die ständigen Kontakte mit Kunden und Kollegen sehr wichtig, in der Freizeit treffen sie sich mit Freunden oder Vereinsmitgliedern, im Urlaub machen sie sich möglichst schnell mit anderen Gästen bekannt und suchen Gleichgesinnte für gemeinsame Unternehmungen. Es gibt aber auch die „Einzelgänger“ oder „Eigenbrötler“, die gerne etwas alleine tun, die sich nicht gut auf andere einstellen und immer wieder bewußt die Ruhe der Einsamkeit (die sie nicht als solche empfinden) suchen. Diese Menschen haben oft einen eher kleinen Bekanntenkreis und Interessen, denen ein Vereinsleben im Wege stehen würde. Fälschlicherweise wird „Geselligkeit“ oft mit „Extravertiertheit“ und „Einzelgängertum“ oft mit „Introvertiertheit“ verwechselt. Es gibt außerordentlich extravertierte Menschen, die zwar gerne vor einem Publikum auftreten, die sich jedoch nicht gerne mit anderen absprechen und arrangieren. Ebenso gibt es auch introvertierte Gesellige, die über Jahre Beziehungen mit festen Freunden pflegen.

Es ist leicht vorstellbar, welche Konflikte sich durch die unterschiedlichen Neigungen der Mitarbeiter und Führungskräfte entwickeln können. Gesellige Mitarbeiter lieben Teamarbeit. Es macht ihnen Spaß, sich ständig mit anderen abzustimmen, zu besprechen und auszutauschen. Sie haben wenig Verständnis für die Einzelgänger, die sich durch Absprachen eher in ihrer Konzentration gestört fühlen oder Einmischung wittern. Einzelgänger vergessen wohl auch die Notwendigkeit, sich mit anderen auszutauschen. Wenn der Vorgesetzte nicht aufpaßt, kann das zu Doppelarbeiten oder Lücken führen.

Noch heftiger sind jedoch die Konflikte zwischen den „Neuerern“ und den „Bewahrern“ im Unternehmen. Die Neuerer sind immer vorneweg, wenn neue Techniken und Verfahren eingeführt werden sollen. Sie stürzen sich förmlich darauf, gleich bei den ersten zu sein, die von den Umstellungen profitieren sollen. Die Bewahrer erleben Umstellungen häufig als Störung des routinierten Arbeitsablaufs. Sie sehen auch gar nicht ein, wozu die Änderungen gut sein sollen. Es hat doch bisher auch alles geklappt!

Ob es sich um Projekte wie die Einführung neuer DV-Techniken, die Reorganisation einer Abteilung, um das Einüben kundenorientierten Verhaltens in der Behörde oder das neue Zielvereinbarungssystem handelt: die Neuerer sehen sofort den Lustgewinn einer Abwechslung und die Chancen des Neuen. Die Bewahrer wittern Chaos, üble Absichten der Unternehmensleitung oder auch den ausgemachten Schwachsinn einer noch völlig undurchdachten Managermode. Die Neuerer erleben ihre zögerlichen Kollegen als lästige „Bremser“. Die Bewahrer befürchten Ungemach von den „Chaoten“, die immer alles über Bord werfen wollen, was sich schließlich seit langem bewährt hat.

Vor allem in Change-Projekten kann man erleben, wie die Konflikte offen und mit einer gewissen Lautstärke oder auch stiller und dann oft zynisch zwischen denen brodeln, die mehr der einen oder der anderen Seite zuneigen.

Die meisten Führungskräfte haben auch schon die Erfahrung machen müssen, daß es einfach nicht möglich ist, einen Zauderer mit logischen Argumenten zur Annahme des Neuen zu bewegen, einen Einzelgänger durch gutes Zureden zum Kontaktpfleger zu „erziehen", einen Geselligen durch harte Disziplinierung stundenlang im Einzelbüro „festzusetzen" und einen „Pioniergeist" für Routine zu begeistern. Jeder von uns hat alle vier Strebungen in sich. Konflikte ergeben sich, wenn sich Menschen mit unterschiedlich starken Ausprägungen in die eine oder andere Richtung miteinander arrangieren müssen. Selbstverständlich geht jeder davon aus, selbst die richtige Einstellung zu haben. Mit mehr oder weniger Druck will man dann das „Richtige" durchsetzen. Solche Konflikte treten unvermeidlich immer wieder auf.

1.4 Konflikte, wie sie täglich auftreten

An dieser Stelle sollen einmal die häufigsten Anlässe für Konflikte im Unternehmen dargestellt werden. Genaugenommen sind es die gleichen Anlässe, die wir auch von Familienstreitigkeiten und Kriegen kennen.

1. Verteilungskonflikte

Hierbei geht es meistens um einen bestimmten „Zankapfel", den zwei oder mehrere Parteien haben wollen.

Beispiel aus der Familie: Erbstreitigkeiten
Beispiel aus der Weltpolitik: Fischereirechte
Beispiele aus dem beruflichen Umfeld:
- Wer bekommt welche Budget-Anteile?
- Wer darf einen Firmenwagen fahren?
- Wem steht wieviel von der Erfolgsprämie zu?
- Wer wird Abteilungsleiter?
- Wer zieht in das Büro mit dem schönsten Ausblick?

Scheinbar versuchen die betroffenen Parteien eine „gerechte" Lösung zu finden. Zu dem Zweck werden solche Argumente und „Beweise" bemüht, die der Rechtfertigung der eigenen Ansprüche genügen. Tatsächlich handelt es sich jedoch immer um reine Machtkämpfe. Der Stärkere, Klügere, Schnellere oder Geduldigere gewinnt.

Die Taktiken dieser Machtkämpfe können recht unterschiedlich sein:

- Offener Angriff bis zur Kriegsführung
- Man bemüht eine höhere Instanz um Rechtsprechung und nimmt sich gleichzeitig einen möglichst gerissenen Anwalt und „pfuscht" auch ein wenig an den Fakten herum.
- Man stellt sich klein und hilflos und übt dadurch moralischen Druck aus.
- Man sucht sich Verbündete und kommt durch Manipulationsspielchen zum Ziel.

Bei den Verteilungskonflikten kann es sich auch um etwas handeln, was man nicht haben will. Dann spricht man vom „Schwarzen Peter", den sich die Parteien zuschieben.

> Beispiel aus der Familie: Wer sagt dem Opa, daß wir ihn dieses Jahr nicht mit in den Urlaub nehmen wollen?
> Beispiel aus der Weltpolitik: Wer schickt seine Truppen ins Krisengebiet?
> Beispiele aus dem beruflichen Umfeld:
> - Wer trägt die Verantwortung für das gescheiterte Projekt?
> - Wer informiert die Mitarbeiter über den geplanten Abbau der Arbeitsplätze?
> - Wer nimmt den lästigen Herrn Müller-Butterbier ins Team?

Leider haben Verteilungskonflikte oft die fatale Neigung, auch nach ihrer Regelung keinen Frieden zu gewähren. Statt dessen ziehen sie fast immer Folgekonflikte nach sich. Wer als „Sieger" den „Zankapfel" errungen oder den „Schwarzen Peter" weitergegeben hat, fühlt sich oft so sehr gestärkt, daß er seine Macht noch weiter ausbauen will. Er überlegt, was er als nächstes erobern soll. Und schnell findet sich etwas, was noch einem anderen gehört, diesem aber streitig machen könnte. In jedem Unternehmen gibt es auf jeder Hierarchieebene Menschen, die ständig damit beschäftigt sind, ihre Machtbereiche auszubauen. Das können Karrieristen sein, die sich hochkämpfen, oder auch Raffgierige, die nie mit dem zufrieden sind, was sie haben, die immer noch bei anderen etwas sehen, was sie sich aneignen wollen.

Der zweite Grund für einen Folgekonflikt kann in der Demütigung des Verlierers eines Verteilungskonflikts liegen. Er schämt sich für den „Gesichtsverlust" seiner Niederlage und sinnt auf Rache und öffentliche Genugtuung.

Verteilungskonflikte treten in schlecht geführten Unternehmen oder Unternehmensbereichen sehr viel häufiger und härter auf als in gut geführten. Man kennt harte Verteilungskonflikte zum Beispiel in Zusammenhang mit der Nachfolgeregelung, wenn in der Unternehmensspitze ein Führungsvakuum entstanden ist. Vor allem in traditionellen Familienunternehmen spielen sich solche Kriege um Macht- und Einflußbereiche ab, wenn der alte „Gründervater" abtritt. Vergleichbare „Mini-Dallas"-Dramen kann man auch innerhalb von Abteilungen beobachten, wenn sich unter einer schwachen Führungskraft die Mitarbeiter untereinander bekriegen.

Verteilungskonflikte im eigenen Bereich lassen sich – leider – fast nur durch „Machtworte" „von oben" regeln. Das sollte dann auch zügig geschehen, bevor die betroffenen Parteien sich zu heftig „gefetzt" haben. Oft hoffen Führungskräfte viel zu lange, daß die Mitarbeiter sich doch noch untereinander friedlich einigen. Es kommt jedoch fast nie zu einer kooperativen Lösung der betroffenen Parteien. Fast immer wird der Stärkere im Verteilungskampf den Sieg davontragen. Er hat es nicht nötig, im Interesse der Harmonie auf etwas zu verzichten. Da liegt dann auch schon der Keim für Folgekonflikte.

Als Führungskraft müssen Sie sich immer auch bewußtmachen, daß Ihre Mitarbeiter sehr aufmerksam beobachten, wie Sie selbst bei den Verteilungskonflikten in der Führungsetage um Macht oder Ressourcen abschneiden. Wenn Sie da um des lieben Friedens willen immer wieder nachgeben oder gar verlieren, büßen Sie schnell auch die Achtung Ihrer Mitarbeiter ein. Die wenigsten können über sich einen Vorgesetzten ertragen, der im Unternehmen unter seinesgleichen als „Loser" auftritt.

2. Zielkonflikte

Zielkonflikte gibt es in zwei unterschiedlichen Ausprägungen.

1. *Zwei Parteien verfolgen gegensätzliche Ziele.*

Wenn zum Beispiel in einem Unternehmen die Frage zu klären ist, welche Fertigungen weiterhin in Deutschland und welche billiger im Ausland durchzuführen sind, bilden sich meistens Parteien mit unterschiedlichen Zielen. Die eine Partei verfolgt das Ziel, möglichst viele Arbeitsplätze in Deutschland zu erhalten. Das kann aus „moralischen" Gründen oder auch aus persönlicher Machtlust das Ziel sein. Die andere Partei verfolgt statt dessen das Ziel, möglichst kostengünstig zu produzieren. Auch hier sieht man durchaus bei sich selbst die „höhere Moral" oder die Chancen für persönliche Machterweiterungen.

Diese Art des Zielkonflikts ist im Grunde eine weitere Variante des Verteilungskonflikts: Wer kann sich mit den eigenen Zielen am besten durchsetzen?

2. *Mit einer Sache oder einem Vorhaben sollen widersprüchliche Ziele erreicht werden.*

Hierbei handelt es sich um den klassischen Konflikt, der oft mit der Redewendung „Wasch mich, aber mach mir den Pelz nicht naß" umschrieben wird. Widersprüchlichkeit in Zielen kann man häufig bei Projekten erleben. Einerseits will man durch das Projekt dringend notwendige Neuerungen einführen, andererseits will man nicht an das Tabu der „Besitzstandswahrung" rühren.

> In einem Unternehmen sollte im Rahmen des Projektes zur Reorganisation die hierarchische Struktur verschlankt werden, gleichzeitig sollte jedem Mitarbeiter und jeder Führungskraft die bisherige Position erhalten bleiben.
> In einer Versicherung sollte die DV von Grund auf erneuert und an modernste Standards angepaßt werden. Gleichzeitig mußte weiterhin jede Anwendung wie gewohnt laufen.

Man findet solche Zielwidersprüche überall, auch im Privatleben:

> Man will einen superbilligen Urlaub, verlangt jedoch gleichzeitig Top-Service.
> Die Kinder sollen zu selbständigen Menschen heranwachsen, jedoch aufs Wort gehorchen.
> Im Politischen kennt man folgende Zielwidersprüche: Man will besser vor Kriminalität geschützt werden, gleichzeitig wehrt man sich gegen den „Überwachungsstaat". Es sollen mehr Arbeitsplätze geschaffen werden, aber ein Unternehmen, das sich vergrößern will, muß heftig um Genehmigungen kämpfen.

Zielwidersprüche können zu Machtkämpfen oder auch zu lähmenden Endlosdiskussionen führen. In Unternehmen kennt man dieses Phänomen bei Projekten, deren wesentliche Arbeit darin besteht, sich in Meetings zu treffen und nach zähem Verhandeln um die eine oder andere Zielpriorität letztlich nur zu dem Ergebnis zu kommen, daß man einen neuen Meetingtermin braucht. Kein Wunder, daß man heute vielfach die mangelnde Entscheidungsbereitschaft von Führungskräften beklagt. Aus Angst, es sich mit irgendwem zu verderben oder eine Fehlentscheidung zu treffen, neigen schwache Führungskräfte eher dazu, die Zielpriorisierung von einem Meeting zum nächsten zu verschieben. Vor allem bei unbereinigten Zielkonflikten kann man oft beobachten, wie konfliktscheue Manager die Probleme verschleppen und damit letztlich verschärfen.

Dieses Phänomen kennen wir aus der Politik unter dem Begriff „Reformstau". Einerseits möchte man ja wohl die notwendigen Entscheidungen auf den Weg bringen, andererseits dürfen bestimmte Lobbyisten und Wählergruppen nicht vergrault werden.

3. Rollenkonflikte

Die typischen Rollenkonflikte gibt es in drei Varianten:

Eine Person wird in ihrer Rolle nicht anerkannt.

Dieser Konflikttyp ist besonders von Fällen bekannt, wenn aus einem Kollegenkreis eine Person zum Vorgesetzten wird. Sie tut sich mit dieser neuen Rolle oft sehr viel schwerer als ein neuer Vorgesetzter, der von außen geholt wurde.

In einen Rollenkonflikt können auch Berufsanfänger oder ehemalige Auszubildende geraten. Irgendwann sind sie gleichwertige Fachleute, werden von den Kollegen oft jedoch weiterhin als „Anfänger" gesehen und so behandelt. Da hilft manchmal nur noch der Wechsel in einen anderen Bereich oder zu einem anderen Arbeitgeber.

Eine Person kann sich nicht mit der Rolle abfinden, die sie zu spielen hat.

Diese Form des Rollenkonflikts kommt relativ häufig vor, wenn man eine Person wegen ihres hohen Fachwissens zur Führungskraft macht. Dann spricht man wohl auch vom „Edelsachbearbeiter". Anstatt die Führungsrolle anzunehmen, hält die Person an ihren gewohnten Sachaufgaben fest.

> Ein anderes Beispiel für diese Form des Rollenkonflikts kennt man zur Zeit in vielen Banken oder Sparkassen. Die Unternehmensleitungen wollen, daß ihre Kunden- und Vermögensberater aktiv verkäuferisch agieren. Wenn sie ihre variablen Gehaltsanteile erreichen wollen, müssen sie Verkaufsziele erreichen und bestimmte Produkte forcieren. Die Kunden- und Vermögensberater lehnen diesen Anspruch jedoch ab. Für sie ist „Verkäufer" ein Schimpfwort. Sie lehnen sich offen oder auch versteckt dagegen auf, an ihren Verkaufszahlen gemessen zu werden.

Eine Rolle ist zu besetzen, und zwei oder mehr Personen kämpfen darum.

Hierbei handelt es sich um eine Form des klassischen Verteilungskonflikts. Es ist zum Beispiel die Rolle des Teamleiters zu besetzen, und mehrere Bewerber streben diese Position an.

Ein solcher Konflikt muß schnell entschieden werden. Je länger um eine Position und die damit verbundene Rolle gekämpft wird, desto härter werden die Fronten zwischen den Kontrahenten und ihren jeweiligen Anhängern. Ein solcher Konflikt findet nämlich fast nie nur zwischen den Bewerbern statt. Jede Partei versucht – wie bei einem politischen Kampf – möglichst viele Parteigänger um sich zu scharen. Dabei entstehen oft Fronten, die sich in der späteren Teamarbeit immer wieder als störend erweisen werden.

4. Wahrnehmungskonflikte

Konflikte können auch dadurch entstehen, daß verschiedene Personen eine unterschiedliche Wahrnehmung von einem Sachverhalt oder einer Person oder einem Vorgang haben. Man spricht dann wohl auch von Meinungsverschiedenheiten. Aus der Familie kennen wird das, wenn Eltern sich nicht einigen können, welches Erziehungsverhalten das beste ist. Was dem einen zu streng erscheint, sieht der andere als völlig angemessen an. Auch Geschmacksunterschiede, verschiedene Bildungsniveaus, Weltanschauungen und kulturelle Unterschiede können zu Wahrnehmungskonflikten führen. Der eine Nachbar möchte zum Beispiel den Vorgarten durch Schwäne verschönen, die er aus alten Autoreifen geschnitzt hat, der andere Nachbar sieht dadurch das Ansehen der Wohngegend gefährdet. Pferdefleisch ist für manchen ein Genuß, aber nicht für jeden. Das Recht auf gleichgeschlechtliche Partnerschaften sieht der eine als längst überfälliges Menschenrecht, der andere schaudert bei dem Gedanken.

In Rußland gibt es das Sprichwort: „Jeder betrachtet die Welt vom Kirchturm seines Dorfes aus." Kein Wunder, daß es unterschiedliche Vorstellungen darüber gibt, wie die Welt ist oder sein sollte.

> Typische Wahrnehmungskonflikte kennen wir nach jeder Wahl von den Politikerkommentaren. Wenn zum Beispiel in einem Bundesland eine rechtsradikale Partei unerwartet hohe Ergebnisse erreicht, dann stellt sich der CDU-Vertreter auf den Standpunkt, es handele sich um die Schuld der SPD, weil diese durch ihre „Paktiererei" mit den Linken grundsätzlich Extremismus salonfähig gemacht habe. Die SPD hingegen sieht die Schuld ganz klar bei der CDU. Die habe viel zu lange die Probleme der kleinen Leute ignoriert und damit Protestwähler auf den Plan gerufen.

Man sagt, daß Politiker sich nach jeder Wahl das Ergebnis „schönreden". Sie deuteln so lange daran herum und interpretieren die Fakten so lange hin und her, bis sie schließlich ein Bild davon haben, wie es ihnen gefällt. So kann man auch die eigene Wahrnehmung (oft unbewußt) steuern. Das ist auch der Grund, warum es immer wieder vorkommt, daß bei Wahrnehmungskonflikten jede

Partei fest überzeugt ist, selbst die Fakten ganz objektiv zu betrachten. Mit der Wahrnehmung der anderen Partei muß wohl etwas nicht stimmen.

Wahrnehmungskonflikte kennen wir im Unternehmen sehr stark bei den Auseinandersetzungen zwischen Unternehmensleitung und Betriebsrat oder den Entscheidungsfindungsprozessen in Projekten, wenn darum gerungen wird, welche Problemlösung die beste ist. Bei solchen Konflikten wird oft statt eines Wahrnehmungsunterschieds der Gegenpartei auch böse Absicht oder Dummheit unterstellt.

Wahrnehmungsunterschiede führen ebenfalls oft zu endlosen Diskussionen. Jede Partei hat für sich die Überzeugung, die Dinge richtig zu sehen, und sucht nach den Argumenten, die der anderen Partei endlich „die Augen öffnen".

5. Beziehungskonflikte

Diese sind oft die heikelsten, die unüberwindbarsten und gleichzeitig fast immer die am meisten unterschätzten. Beziehungskonflikte treten zwischen Personen auf. Mitarbeiter können sich nicht sehen und nicht riechen. Man spricht dann von „Chemieproblemen". Häufig wissen die Betroffenen selbst nicht konkret, warum ihnen die jeweils andere Person unsympathisch ist. Manchmal versuchen sie sich ihre Abneigungen selbst zu erklären. Dann suchen sie beim Kollegen nach Gründen, wodurch die Abneigung verursacht sein könnte. Manchmal kann sich auch eine spontane Abneigung zu einem kontinuierlichen Prozeß von gegenseitigem Ärgern und Provozieren entwickeln. Dann läppern sich mit der Zeit tatsächlich greifbare Gründe zusammen, wofür man sich jeweils gegenseitig Vorwürfe macht.

Führungskräfte wollen von Beziehungskonflikten oft nichts hören. „Rauft euch zusammen." – „Sie müßten doch gut miteinander auskommen, Sie haben doch beide in München studiert." Solche und ähnliche Appelle sind sinnlos. Wenn man sich nicht mag, mag man sich nicht. Da sind die Gefühle immer stärker als jeder Versuch, sich zusammenzureißen. Besser ist es, wenn man als Vorgesetzter bei unüberwindlichen Abneigungen die Betroffenen möglichst räumlich und in der Arbeitsorganisation voneinander trennt. Man muß verlangen, daß sich die beiden Kontrahenten auf geschäftsmäßiger Ebene korrekt zueinander verhalten, sollte sie jedoch nicht zu einer „Versöhnung" zwingen, die einfach nicht möglich ist.

Es ist für die Führungskraft auch nicht ratsam, nach den konkreten Ursachen der Abneigung zu forschen. Das bringt nichts. Manchmal ist es einem der Betroffenen auch unangenehm, genau zu sagen, was ihm am anderen zuwider ist. Manchmal ist es auch „nur so ein Gefühl". Wie soll man sich da erklären?

> Ein großes Problem zwischen Mitarbeitern kann Ekel sein. Das kommt häufiger vor als man denkt. Der eine zieht nach dem Essen endlos geräuschvoll an den Backenzähnen oder rülpst gedankenlos, der andere kommt um vor Brechreiz. Vielen Menschen scheint heute gar nicht mehr bewußt zu sein, was Ohrenpuhlen,

Fingernägelkauen oder Achselschweiß bei Mitmenschen an Ekel auslösen kann. Der Angewiderte mag dann oft nicht dem Vorgesetzten die wahren Gründe nennen, warum er lieber nicht mehr mit dem anderen so eng zusammenarbeiten möchte, und zieht sich scheinbar unsinnige Begründungen aus dem Ärmel: „Wir haben so unterschiedliche Sachgebiete zu bearbeiten." „Mein Kollege möchte so viel frische Luft, das ist mir zu kalt." Wenn jetzt der Vorgesetzte auf diese vorgeschobenen Gründe einsteigt und diese Scheinprobleme zu lösen versucht, dann bleibt der Konflikt – meistens noch verschärft – bestehen.
Mitarbeiter können sich auch durch ihr Verhalten bis an die Grenzen des Erträglichen nerven. Wenn der eine tagein, tagaus zwischen elf und zwei Uhr alle paar Minuten jeden Vorbeikommenden mit „Maaaahhhlzeit" begrüßt, dann ist das zwar nicht welterschütternd, aber doch eine harte Probe für den Zimmerkollegen, der das ein paar Jahre seines Lebens ertragen soll. Schlüpfrige Witze, lahme Berichte aus dem Privatleben, detailgetreue Nacherzählungen von Fernsehfilmen, politische oder religiöse Bekehrungen, Schlamperei, Übergriffe auf die Schreibtischschubladen der Kollegen, lautes Telefonieren ...

Es gibt tausend Möglichkeiten, wie Kollegen sich durch Kleinigkeiten langsam, aber sicher in Zorn bringen können. Meistens kommt es zwar irgendwann zu einem Streit, meistens ist es jedoch am besten, wenn der Vorgesetzte sich erst gar nicht einmischt. Mancher Streit muß als „reinigendes Gewitter" einfach sein.

Der Vorgesetzte muß sich jedoch einmischen, wenn er erkennt, daß ein Mitarbeiter durch Fehlverhalten, mangelnde Körperpflege oder aus anderen Gründen ein konfliktträchtiges Klima produziert. Es kann nicht angehen, daß die Mitarbeiter während der bezahlten Arbeitszeit mehr durch solche Streßsituationen belastet werden als durch ihre Aufgaben. Konflikte wie sexuelle Übergriffe, Mobbing, Intrigantentum und ähnliche können sich nur da entwickeln, wo Führungskräfte aus Fehleinschätzung oder Verantwortungslosigkeit die „Zügel zu lange schleifen" lassen.

Wie gesagt, man kann im Unternehmen oder im eigenen Bereich niemals dauerhaft ein völlig konfliktfreies Umfeld schaffen. Manche Dinge entwickeln sich in regelmäßigen Abständen von selbst. Manches liegt wohl auch in der Natur von uns Menschen. Irgendwie sind wir alle „Platzhirsche", „Raub-" und „Rudeltiere". Manches kann sich durch schlechte Organisation, Fehlinformationen oder akute Krisen entwickeln. Dennoch kann man immer wieder erleben, daß viel mehr Konflikte auftreten als nötig, daß viele Konflikte unnötig heftig ausbrechen und daß häufig die Scheu vor der aktiven und rechtzeitigen Behandlung von Konflikten die Probleme verschärfen. Man will es solange nicht wahrhaben, bis es „knallt". Das muß nicht sein.

2 Kämpfer und Taucher – Das individuelle Konfliktverhalten

2.1 Bleiben Sie sachlich! – Sind Gefühle peinlich?

Das Konfliktgeschehen, sowohl bei akuten Ausbrüchen von Konfrontationen als auch bei stetigen Reibereien und Ärgerlichkeiten, findet auf zwei Ebenen statt. Die eine ist deutlich erkennbar im Verhalten und Argumentieren. Die andere findet versteckt in der Gefühlswelt und im Denken statt. Da die emotionale und intellektuelle Belastung durch einen Konflikt oft ungleich stärker ist als das, was sich in zum Teil knappen Worten oder bewußt höflichem Verhalten ausdrückt, kann man die Ebenen des Konfliktgeschehens recht gut durch das Bild eines Eisbergs veranschaulichen.

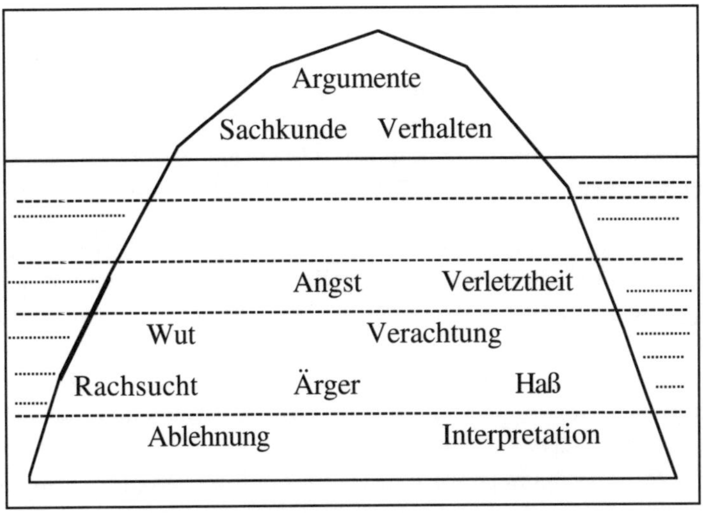

Abbildung 2: Zwei Ebenen des Konfliktgeschehens

In unserer Gesellschaft gelten Gefühlsausbrüche meistens als peinlich. Man schreit nicht wie ein kleines Kind herum. Mit den Türen zu knallen, gehört sich nicht. Wer sich in Wortwahl und Ton vergreift, muß mit einer Anzeige rechnen. Wer sich nicht im Griff hat und womöglich durch eine unsichere Stimme innere Verletztheit zeigt, macht sich lächerlich.

Es gilt als korrekt, sich kühl, logisch, sachlich und vernünftig zu verhalten. Wer kann das, wenn die eigene Ehre auf dem Spiel steht, wenn man enttäuscht wird, wenn man hart um etwas kämpfen muß, wenn man sich angegriffen fühlt, wenn man provoziert wird ...?

Wir erleben es bei privaten und beruflichen Konflikten immer wieder, daß eine Partei die Nerven verliert und laut wird, weint oder sich sonstwie „blamiert". Die andere Partei bleibt hingegen eiskalt und kann womöglich noch mit pädagogischen Argumenten aufwarten:

> „In diesem Ton sollten wir nicht miteinander reden."
> „Vielleicht sollten wir das Thema vertagen, bis Du Dich wieder im Griff hast."
> „Jetzt versuchen Sie doch einmal, etwas ruhiger zu bleiben."
> „Ich glaube nicht, daß Ihr Verhalten uns weiterhilft."
> „Jetzt bleiben Sie doch sachlich!"

Wir kennen diese brenzligen Konfliktsituationen, wenn die eine Partei vor Emotionen fast platzt, während die andere eiskalte Bemerkungen von sich gibt, die zwar „vernünftig" sein mögen, mit ihrem Zynismus jedoch den ohnehin Aufgeregten in die Raserei treiben können.

Schlimm ist, daß noch viel später der Emotionalere sich bei der Erinnerung an den Vorfall schämt, während der kalte Zyniker sich daran weiden kann, nicht „aus der Rolle gefallen" zu sein.

Die Idealvorstellung vom „Ruhigbleiben" im Konfliktfall ist für manche Menschen unerreichbar. Sie regen sich so auf, daß sie nicht nur heftige Gefühle entwikkeln, sie können auch nicht verhindern, daß man ihnen diese anmerkt. Für solche Menschen kommt bei einem Konflikt zum konkreten Anlaß immer auch die Belastung des eigenen „Fehlverhaltens" hinzu. Diejenigen, die im Konflikt eher dazu neigen, innerlich zu „vereisen", haben nicht nur den Vorteil, daß sie tatsächlich viel logischer, taktischer, trickreicher und strategischer denken können, sie können auch im nachhinein immer mit erhobenem Zeigefinger auf ihr vorbildliches Konfliktverhalten im Unterschied zu den „Ausfällen" der Gegenpartei hinweisen.

Gefühlsausbrüche können sich jedoch auch zum Statussymbol entwickeln. Der Chef „darf" cholerisch brüllen, wenn ihm etwas nicht paßt. Die Mitarbeiter sollten sich das lieber verkneifen. Gelegentlich liest man in der Presse von „Temperament"-Ausbrüchen von Bankenbossen, Unternehmensgründern und anderen Paradiesvögeln des Top-Managements.

Die kühlen Denker, die sich im Konflikt „vernünftig" verhalten – und dabei oft sehr bewußt das tun und sagen, was andere ausrasten läßt! –, gehen meist davon aus, daß jeder die Möglichkeit hätte, sich genauso vernünftig zu verhalten wie sie selbst. Sie sehen in der Emotionalität der anderen schlechtes Benehmen oder reine Disziplinlosigkeit. Die Emotionalen hingegen beneiden die Kühlen und versuchen womöglich – meist vergeblich – ein Leben lang, ebenfalls ihre Gefühle unter Kontrolle zu bekommen.

Warum manche Menschen in Konflikten eher kühl und andere vergleichsweise schnell aufgeregt werden, versuchen Psychologen und Mediziner herauszufinden. Es gibt zu dem Thema verschiedene Denkmodelle. Ist es angeboren? Haben wir unser Konfliktverhalten von Kindheit an den Großen abgeschaut und so gelernt? Liegt es am Stoffwechsel oder an traumatischen Erfahrungen? Liegt die Ursache in einer Mischung von all dem?

Ist das emotionale Reagieren auf Konflikte „normaler“ als das rationale? Kann es sein, daß die kühlen Logiker auch in der Liebe nicht zu Gefühlen fähig sind? Sind die Emotionalen „krank“ und „haltlos“?

An dieser Stelle soll ein ganz grobes Schema ein wenig zu erklären versuchen, woran es liegen könnte, daß manche Menschen eher in die eine Richtung des Verhaltens neigen und andere eher in die andere. Grundsätzlich trägt jeder von uns beide Möglichkeiten in sich. Ob wir mehr emotional oder mehr rational reagieren, hat auch mit dem Konfliktanlaß, mit unserer allgemeinen Streßsituation und mit der Plötzlichkeit oder Dauerhaftigkeit des Problems zu tun. Ganz wesentlich liegt es auch daran, wie sehr uns das Problem interessiert und persönlich betrifft.

Das grobe Schema geht von dem Ansatz aus, daß unser Gehirn in drei Bereiche aufgeteilt ist:

1. *Hirnstamm oder Stammhirn*

Hier werden die Reflexe gesteuert. Auch der kälteste Logiker macht keine Analyse mehr, wenn ihm ein Stein entgegengeschleudert wird. Blitzschnell weicht er aus. In akuten Situationen sind die Reflexe viel schneller als das Denken.

2. *Zwischenhirn*

Hier werden die Gefühle gesteuert. Aus Erfahrung wissen wir, daß unsere Gefühle oft sehr viel mächtiger sind als unser Verstand. Ein überaus vernünftiger Mensch kann sich zum Beispiel beim Autofahren so aufregen, daß er vor Wut seinen bisherigen ruhigen Fahrstil aufgibt und sich in gefährliche Reaktionen steigert. Im Hinblick auf unsere Gefühle sprechen wir auch von „blind vor Wut“ oder von der Liebe, die blind macht. Jeder weiß auch aus dem Berufsleben, daß Ärger über einen Kunden, Angst vor einem Fehler oder Nervosität vor einem Gespräch mit dem Chef die Konzentration auf die Sacharbeit verhindern können.

3. *Großhirn*

Hier wird das Denken gesteuert. Dieses kann – abhängig von der rechten oder linken Hirnhälfte – mehr intuitiv und kreativ oder eher analytisch sein. Unser Großhirn ist zwar das „vernünftigste“ Gehirn, es ist jedoch entwicklungsgeschichtlich das jüngste und kann bei plötzlichen oder emotionalen Situationen schnell ins Hintertreffen geraten. Die Mediziner haben herausgefunden, daß wir im Großhirn – im Stirnbereich – die Zentrale für die soziale Kontrolle unseres Verhaltens haben. Das ist, salopp gesagt, unsere „innere Gouvernante“.

Man kann sich nun vorstellen, was in einem Konflikt passiert. Die Person, die sich sehr aufregt, agiert vor Wut oder Angst im wesentlichen aus dem Zwischenhirn. Auch die „innere Gouvernante“ kommt nicht zum Zuge. Und schon passieren „Ungezogenheiten“ wie Türenknallen, Brüllen und Fluchen. Wenn der Gegner des Konflikts emotional nicht so stark betroffen ist, dann bleibt bei dem das Großhirn voll funktionsfähig. Er kann strategisch, taktisch oder auch

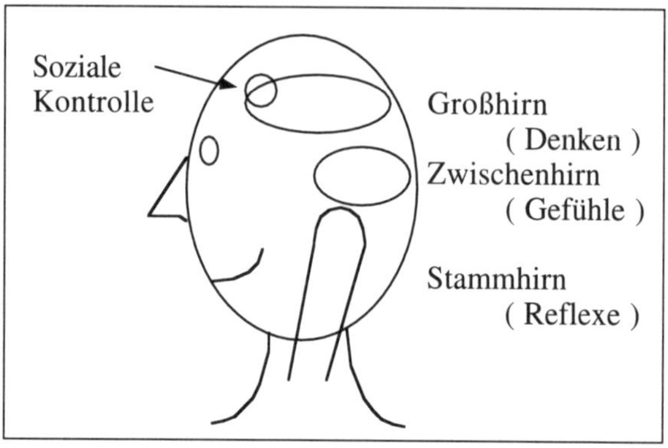

Abbildung 3: Unsere Gehirnbereiche

gezielt tückisch den anderen weiterhin zur Weißglut treiben. Empört oder sogar zynisch genußvoll nimmt dann dessen „innere Gouvernante“ das schlechte Benehmen der aufgeregten Gegenseite zur Kenntnis.

Aber wehe, wenn der kalte Logiker es zu bunt treibt! Am Ende rutscht der Emotionale vom Zwischenhirn in die Reflexe und schlägt zu. Das nennt man dann „Affekthandlung“.

Man geht davon aus, daß etwa 15 Prozent der Menschen auch bei harten Konflikten noch in der Lage sind, innerlich ganz ruhig zu bleiben. Die Mehrheit jedoch regt sich auf und wird zunehmend mehr durch Gefühle als durch Logik

Abbildung 4: Der rationale und der emotionale Kontrahent

und Denken gesteuert. In unserer Gesellschaft jedoch gilt das verstandesorientierte Verhalten als „gut“ und das gefühlsgesteuerte Verhalten als „schlecht“ oder auch als „peinlich“. Die in Konflikten mehr gefühlsgesteuerten Menschen können sich jedoch meist im Beruf oder in der Öffentlichkeit noch „zusammenreißen“. Zu Hause jedoch kann es zu heftigen Dramen wie Heulkrämpfen und Prügeleien kommen. Mancher ist klug genug, sich durch Sport oder Holzhakken die Wut aus dem Leibe zu arbeiten. Andere glauben, sich pausenlos auch im stillen Kämmerlein noch „beherrschen“ zu müssen. Beruhigungsmittel, hektisches Rauchen, Nägelknabbern, Freßorgien und Alkoholmißbrauch sollen dann die Gefühle betäuben.

Heute geht man davon aus, daß die Neigung angeboren ist, ob man eher gefühlsbetont oder mehr rationalorientiert durchs Leben geht. Das gilt nicht nur für Konflikte, sondern auch für Liebe, Begeisterungsfähigkeit und andere Gefühle. Neben dieser angeborenen Neigung spielen dann natürlich Erziehung und gesellschaftliche Konventionen eine Rolle. Wenn man zum Beispiel kleinen Jungen von früh an beibringt, daß „schwache“ Gefühle ihre „Mannesehre“ vernichten, dann können sie später als „von Natur her“ gefühlsorientierte Generaldirektoren zwar noch cholerische Anfälle bekommen, die Enttäuschung über einen Karriereknick wird jedoch scheinbar stoisch hingenommen und lediglich mit einem Magenleiden quittiert.

> Wenn nun im beruflichen Umfeld zwei Kontrahenten aufeinanderprallen, kann man es ganz oft erleben, daß der eine sich sehr aufregt und langsam aber sicher die Kontrolle über sein Verhalten und „Benehmen“ verliert und manchmal lieber das letzte Wort behält und dafür strategische Ziele aufgibt. Der andere lehnt sich zurück, zeigt durch jeden Muskel seiner Mimik, wie dumm ihm der andere vorkommt, und stichelt womöglich noch mit Gouvernantenermahnungen wie: „So bleiben Sie doch ruhig.“ – „Jetzt denken Sie doch mal logisch.“ – „In welchem Ton reden Sie eigentlich mit mir?!“ – „Regen Sie sich doch nicht gleich so auf.“ Dieser Gefühlskalte kann später auch oft derjenige sein, der durch spitze Bemerkungen immer wieder „zündelt“. Der Emotionale schämt sich im nachhinein für seinen Gefühlsausbruch. Der Kalte wird es auch nicht versäumen, ihn regelmäßig daran zu erinnern, wie peinlich sein Auftritt damals war.

Das Fatale ist, daß bei Außenstehenden oft der Kalte als derjenige gilt, der am meisten dazu beigetragen hat, den Konflikt zu entschärfen und „vernünftig“ zu regeln. Dem Emotionalen geben die nicht betroffenen Zeugen oft auch noch die Schuld an der Heftigkeit des Konflikts. Damit tut man ihm oft bitter Unrecht.

Als Führungskraft sollten Sie sich diese Problematik wirklich bewußt machen und in Zukunft gezielter bei Konflikten unter Ihren Mitarbeitern darauf achten, ob es nicht vielleicht auch in Ihrem Team einen gibt, der sich immer so vorbildlich im Griff hat und tatsächlich auf ganz fiese Art in die Zwischenhirne der anderen piekt.

2.2 Sieg oder Frieden – Motive des Konfliktverhaltens

Die Art, wie der einzelne Betroffene mit einer Konfliktsituation umgeht, wird vor allem durch zwei Grundrichtungen der inneren Absicht beeinflußt. Die beiden sich oft widersprechenden Absichten sind:

1. *Ich will Frieden haben.*
2. *Ich will recht behalten und mich durchsetzen.*

Am liebsten möchten wir bei einem Konflikt natürlich beides. Das geht der Gegenseite jedoch genauso. Deshalb sind auch fast immer beide Seiten fest überzeugt, persönlich äußerst friedliebend zu sein, wenn nur die Gegenseite nicht so darauf bestehen würde, etwas durchsetzen zu wollen, was dumm, ungerechtfertigt oder boshaft ist.

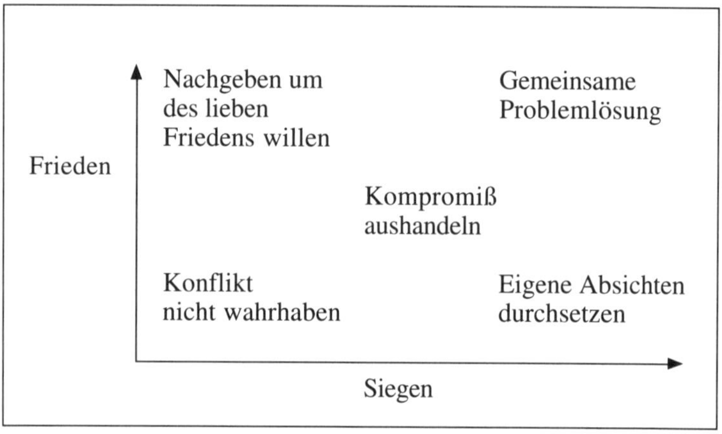

Abbildung 5: Die Grundrichtung der Motive des Konfliktverhaltens

Wenn man die beiden Grundabsichten als Achsen betrachtet, ergeben sich grob betrachtet fünf wesentliche Standpunkte des Konflikts.

1. Eigene Absichten durchsetzen

Hinter diesem Standpunkt steht das Motiv des persönlichen Siegeswillens. Man hat ganz klare Vorstellungen, wie der Konflikt zu regeln ist, und wird alles daran setzen, die eigenen Vorstellungen durchzudrücken.

Die Techniken können dabei recht unterschiedlich sein. In primitivem Umfeld kann vielleicht eine Prügelei zeigen, wer als Sieger aus dem Konflikt herausgehen wird. Im Nachbarschaftsstreit kann man zum Beispiel gegen den anderen vor Gericht ziehen. Im Unternehmen spricht der Chef ein „Machtwort“, weil er kraft seiner Position die Macht hat, seinen Willen durchzusetzen. Konflikte zwischen Kindern und Eltern werden nicht selten durch Quengeln, Nerven und Nörgeln so geregelt, daß am Ende das Kind seinen Willen bekommt, damit endlich Ruhe ist. Wer sich dem Gegner unterlegen fühlt, kann durch Manipulationen, Tricks und Intrigen die eigenen Ziele durchzudrücken versuchen. Eine häufige Taktik ist auch die des moralischen Drucks.

> *Annegret Müller:* „Entweder ich bekomme die Projektleitung, oder Sie sind frauenfeindlich."
> *Achmed Faruk:* „An Ihrer Entscheidung kann ich ja ablesen, ob Sie nun Rassist sind oder nicht."
> *Vorgesetzter:* „Das hätte ich nicht gedacht, daß Sie sich so wenig engagieren wollen."
> *Mitarbeiter:* „Sie können es sich natürlich leisten, so autoritär zu sein."

Gebräuchlich sind auch Formulierungen wie: „Wenn Sie nur einen Funken Anstand besitzen, dann werden Sie ja wohl ..." – „Das wird dann an Ihnen liegen, daß die Arbeit nicht fertig wird." – „Können Sie denn gar keine Rücksicht nehmen?" Die Botschaft ist immer die gleiche: „Entweder ich bekomme meinen Willen, oder Sie sind ein Schurke." Andere Taktiken auf dem Weg zum persönlichen Ziel sind auch Drohungen, Erpressung, Verführung oder Überreden.

Das Ergebnis ist in jedem Fall, daß man sich mit den eigenen Vorstellungen gegenüber dem anderen durchgesetzt hat. Und genau hier liegt auch oft die Schwäche dieser Konfliktlösung. Der andere erkennt früher oder später, mehr oder weniger verärgert, daß er der Verlierer war. Vielleicht sinnt er auf Rache oder verlangt bei nächster Gelegenheit eine Gegenleistung.

Es mag sehr befriedigend sein, siegreich aus einem Konflikt hervorzugehen, ob es auf lange Sicht immer klug ist, das sollte man sich gut überlegen. Wer zu oft siegreich aus Konflikten hervorgeht, kann sich den Ruf eines Egoisten erwerben und läuft Gefahr, eines Tages keine Freunde und Helfer mehr zu haben. Bei der ersten Schwäche stürzen sich die bisher Unterlegenen rachsüchtig auf ihn.

2. Nachgeben um des lieben Friedens willen

Hinter diesem Standpunkt steht das Motiv, daß man Frieden und Harmonie mit der Gegenseite haben möchte. Vielleicht ist man vom Naturell her extrem friedfertig und leidet unter dem Konflikt mehr als unter einer Niederlage. Vielleicht kann man es sich auch nicht leisten, mit dem anderen zu streiten, weil der sich rächen könnte oder sonstwie am „längeren Hebel" sitzt. Vielleicht gibt man auch aus taktischen Gründen nach, um später in einer wichtigeren Sache einen Vorteil zu haben. Vielleicht ist einem der Anlaß des Konflikts auch viel zu unwichtig, als daß man sich die Mühe macht, etwas durchsetzen zu wollen.

Der Vorteil des Nachgebens besteht zunächst darin, daß der aktuelle Konflikt beendet ist und die Gegenseite sich freut. Sehr oft zieht dieses Nachgeben jedoch Folgekonflikte nach sich. Die Gegenseite hat ihren Sieg viel zu leicht errungen und könnte davon ausgehen, daß das in Zukunft immer so bequem ist. Das führt dann schnell zu einer zunehmenden Dreistigkeit. Dann kommt es zu dem Phänomen: „Der Klügere gibt so lange nach, bis er der Dümmere ist."

Nicht selten kann man auch beobachten, daß die friedlichen Nachgeber im Grunde mit dem Sieg des Gegners doch unzufrieden sind. Sie fangen dann an anderer Stelle an, sich zu beklagen und zu nörgeln: „Ich bin hier ja nur der Depp." – „Mit mir kann man es ja machen." – „Ich bin ein Mobbing-Opfer!"
Häufig laben sich die „Friedensengel" auch daran, daß sie sich selbst die „edleren Motive" und den besseren Charakter zuschreiben. Sie ziehen aus ihren Konfliktniederlagen ihre persönlichen moralischen Siege: „Seht mich an, ich streite mit keinem. Schaut auf den bösen anderen. Der ist ein Egoist."

Wer zu oft in Konflikten nachgibt, wird schließlich nicht mehr für voll genommen und nervt auch fast immer die anderen durch demonstratives Auftreten als Opfer oder Märtyrer.

3. Konflikt nicht wahrnehmen

Es gibt Menschen, die im Konfliktfall nichts hören und nichts sehen. Es kann sein, daß für sie der Konflikt gar nicht existiert. Das passiert bei extrem unsensiblen und sachbezogenen Menschen. Diese bekommen Stimmungen, menschliche Probleme und Streitfälle gar nicht mit. Wenn ein anderer sie darauf anspricht, daß sehr wohl ein Konflikt zu bearbeiten wäre, dann haben die Verweigerer oft sogar höchst logische Argumente parat, warum es gar nicht sein kann, daß hier ein Konflikt besteht.

Man kennt dieses Phänomen gut aus der Eheberatung. Der eine Partner ist in der Ehe nicht mehr glücklich. Der andere verweigert jedoch eisern die Bearbeitung des Problems und findet sogar „logische" Argumente: „Ich gehe nicht fremd. Ich bringe genügend Geld nach Hause. Andere haben es auch nicht besser als du." Da kann man nichts machen. Man kann sich mit einem solchen Menschen arrangieren oder sich scheiden lassen. Der Betroffene wird nie verstehen, warum er geschieden wurde.

Ähnliches Verweigern kennt man von sehr sachorientierten Führungskräften, die einfach nicht begreifen können, daß ihre „atmenden Funktionseinheiten" Menschen mit Gefühlen, Wünschen und Persönlichkeitsmerkmalen sind.

Eine andere Form des Verweigerns ist das Abtauchen. Es gibt Menschen, die bei Konflikten sofort die Flucht ergreifen und unauffindbar sind, bis sich die Wogen wieder geglättet haben. Bei einer Führungskraft handelt es sich hierbei ganz eindeutig um Arbeitsverweigerung. Es ist die Pflicht einer Führungskraft, sich um die Konflikte im eigenen Bereich zu kümmern. Man muß sich nicht in alles einmischen und kann auch gelegentlich von den Mitarbeitern verlangen: „Macht das unter euch aus." Es geht jedoch nicht an, daß der Vorgesetzte sich immer aus dem Staub macht, wenn es problematisch wird.

Die dritte Form der Verweigerung ist das „Unter-den-Teppich-kehren". Kleinste Anzeichen führen sofort zum Vertuschen, Verharmlosen oder Unterdrükken. Es kann nicht sein, was nicht sein darf.

Wer Konflikte nicht wahrhaben will, verursacht fast immer genau dadurch sehr viel schwerwiegendere Probleme. Bei einem Vorgesetzten, der sich feige vor Schwierigkeiten versteckt, kann es zu Mobbing oder anderen „Teamverwilderungen" kommen. Bei konfliktblinden „Logikern" und bei ängstlichen „Beschwichtigern" schwelen Konflikte viel zu lange vor sich hin und kommen irgendwann durch einen völlig banalen Anlaß zur Explosion.

4. Kompromiß aushandeln

Hinter diesem Standpunkt steht die Erkenntnis, daß man im Leben nicht immer alles haben kann, aber auch nicht auf alles verzichten sollte. Die Neigung zum Aushandeln von Kompromissen ist meistens den Pragmatikern eigen. Sie wissen zwar, was sie am liebsten als Lösung hätten, geben sich jedoch nicht der Illusion hin, daß sie es ganz ohne Zugeständnisse an die Gegenseite bekommen können. Der Pragmatiker weiß auch, daß es auf lange Sicht fast nie gut ist, die Gegenseite in die Verliererrolle zu drängen.

Die Grundhaltung des Kompromisses kann lauten: „Ich will soviel wie möglich für mich herausholen und gleichzeitig nicht den anderen vernichtend schlagen." Ideal ist es, wenn beide Seite gleichzeitig zu diesem pragmatischen Ansatz fähig sind.

Leider kommt es immer wieder zu „faulen" Kompromissen. Dann zieht eine Seite sehr wohl im Vergleich zur anderen den kürzeren. Oft ist die eine Partei geschickter im Verhandeln oder hat mehr Macht. Leider sind die meisten Menschen oder auch Kriegsgegner erst dann zum Kompromiß bereit, wenn sie nach vergeblichen Kämpfen um Sieg oder Niederlage erkennen müssen, daß sie sich in eine Patt-Situation gebracht haben. Dann wollen sie im Grunde nicht wirklich einen Kompromiß. Sie haben halt nur erkannt, daß sie den Sieg nicht erreichen können. Das bekannteste Beispiel kennen wir aus dem Konflikt zwischen Israel und den Palästinensern. In Wahrheit wollen beide Parteien jeweils für sich den Totalsieg über den anderen. In einer solchen Situation wird auch nicht ernsthaft an einem dauerhaften Frieden durch Kompromiß gearbeitet. Tatsächlich verhandelt man zwar, bleibt jedoch gleichzeitig wachsam, ob sich nicht doch noch eine günstige Gelegenheit ergibt, den anderen zu besiegen. Außerdem muß man wachsam bleiben, weil man dem anderen auch nicht in seinen Absichten trauen kann. Solche Kompromisse sind fast immer „faul" und ziehen schnell wieder Folgekonflikte nach sich.

In Unternehmen kennt man ähnliche Kompromißlösungen oft zwischen Karrierekonkurrenten oder zwischen Geschäftsführung und Betriebsrat.

5. Gemeinsame Problemlösung

Die gemeinsame Konfliktlösung ist das Ideal. So kann ein Konflikt allerdings nur dann bereinigt werden, wenn beide Parteien gleichermaßen fähig und bereit dazu sind. In der Regel ist jedoch jede Partei für sich überzeugt, persönlich genau diesem Ideal zu entsprechen, leider ist der Gegner ein „Holzkopf" oder „Bösewicht".

Eine wirklich gute gemeinsame Problemlösung kann dann entwickelt werden, wenn ein neutraler und von beiden Seiten anerkannter Dritter die Moderation übernimmt. Andernfalls kommt es doch an den allzu menschlichen Schwächen wieder zum Streit.

Eine gemeinsame Problemlösung kann auch dann entwickelt werden, wenn der denkbare Konflikt noch gar nicht ausgebrochen ist und wenn noch keine Gefühle verletzt und keine Schäden entstanden sind. Nur mag dann meistens noch keiner auch nur an die Möglichkeit eines zukünftigen Konflikts denken. Also läßt man die Sache auf sich beruhen.

> Das bekannteste Beispiel ist die Regelung für einen möglichen Scheidungsfall noch vor der Hochzeit. In diesem Zustand der Verliebtheit könnte man ganz fair miteinander klären, wie man die Dinge regeln würde, sollte es jemals notwendig werden. Aber nein, an solche schrecklichen Sachen möchte man gar nicht denken.

Im Unternehmen gehört die vorbeugende gemeinsame Problemlösung zur Konfliktkultur. Aber auch hier trifft man eher auf Berührungsängste als auf den Mut, das Befürchtete einmal zu durchdenken.

Wer im Unternehmen und im Privatleben die ehrliche Absicht hat, Konflikte möglichst zu vermeiden und zu vermindern, der muß sich um die Bereinigung und Regelung kümmern, lange bevor „es“ passiert ist.

Die Grundfragen sind dann:

- Welche Konflikte könnten hier entstehen?
- Wer könnte was wollen oder nicht wollen?
- Wie sollte das Problem fair und dauerhaft gelöst werden?
- Was können wir tun:
  - um es zu verhindern,
  - um die möglichen Schäden für beide Seiten begrenzt zu halten,
  - um Folgekonflikte zu vermeiden?

Die gemeinsame Problemlösung kommt leider nur selten vor. Fast immer ist wenigstens eine Partei doch nicht dazu bereit oder in der Lage.

Die Kompromißregelung ist leider meistens erst die Folge vergeblicher Kämpfe um Sieg oder Niederlage.

Die häufigsten Grundabsichten sind:

1. *eigene Absichten durchsetzen und*

2. *Nachgeben um des lieben Friedens willen.*

Mit welcher dieser Grundabsicht eine Person an einen Konflikt herangeht, hängt von verschiedenen Einflußfaktoren ab:

- *Persönlichkeitstyp*
Es ist ganz einfach so, daß manche Menschen bereits von ihrem Charakter her friedfertiger oder auch feiger sind als andere. Manche sind dagegen streitlusti-

ger oder auch mutiger. Ob das angeboren oder durch die Sozialisierung erworben ist, spielt für den jeweiligen Konflikt keine Rolle.

- *Selbstbeherrschung*

Manche geraten bei einem Konflikt förmlich in einen Gefühlsrausch und können sich dann kaum noch mit klarem Kopf der Sache widmen. Blinde Wut, tödlicher Haß, rasende Gier oder auch lähmende Angst bestimmen dann das Verhalten. Choleriker neigen selbstverständlich im Konflikt dazu, „alles oder nichts" durchzusetzen. Liebesbedürftige geben statt dessen lieber nach, als in Kauf zu nehmen, daß andere böse mit ihnen sind. Kalte Taktierer können ganz bewußt abwägen, in welchem Fall sie lieber nachgeben und wann sie lieber kämpfen.

- *Macht und Einfluß*

Wer sich in der stärkeren Position sieht, wird vermutlich härter um den eigenen Sieg kämpfen als eine Person, die sich von vornherein als unterlegen wahrnimmt und vielleicht durch Nachgeben die eigene Haut retten möchte.

- *Rechtsbewußtsein*

Wer die eigenen Ansprüche und Vorstellungen für gerechtfertigt hält, neigt auch eher zum Kämpfen als eine Person, die innerlich zweifelt, ob die eigene Meinung wirklich die richtige ist und die eigenen Ansprüche wirklich gerechtfertigt sind.

- *Erfahrungen*

Wer den Gegner kennt, kann sich darauf einstellen. Wenn man weiß, daß der andere nicht lange durchhält, geht man vermutlich ganz anders an den Konflikt heran, als wenn man es mit einem „harten Brocken" zu tun hat.

- *Strategische Überlegungen*

Man kann bei einem unwichtigen Konflikt auch bewußt nachgeben, weil man größere und langfristigere Ziele nicht gefährden will. Umgekehrt kann es auch wichtig sein, in einem kleineren Konflikt hart aufzutreten, damit man in Zukunft vom Gegner oder von Beobachtern für voll genommen wird.

- *Wichtigkeit*

Bei Problemen, die einem persönlich nicht besonders am Herzen liegen, wird man sich in der Regel weniger aufwendig engagieren.

- *Wertschätzung*

Das eigene Konfliktverhalten wird auch stark vom persönlichen Menschenbild geprägt. Wer sich selbst für die Krone der Schöpfung hält und in den Mitmenschen Dummköpfe, Versager oder Schurken sieht, der kämpft rücksichtsloser als jemand, der immer auch darauf bedacht ist, andere nicht zu demütigen und das Gesicht verlieren zu lassen.

- *Ehrgefühl*

Wem die Meinung anderer weitgehend egal ist, der steckt auch einmal zurück und läßt den Gegner siegen. Wer jedoch in jedem Konflikt die Gefahr sieht, sich zu blamieren, der macht auch noch aus dem kleinsten Anlaß einen Kampf um die persönliche „Ehre".

Aus den obigen Ausführungen kann man ein paar Grundregeln für den beruflichen Alltag ableiten:

1. Man sollte möglichst lange vor dem Ausbruch eines Konflikts antizipieren, was theoretisch passieren kann, und die Probleme – wie oben beschrieben – gemeinsam lösen oder Regeln dafür festlegen, bevor sie überhaupt auftreten.
2. Man sollte stets strategisch denken und sich immer fragen, ob man nicht lieber auf einen kleinen Sieg verzichtet, wenn man dafür das große Ziel nicht gefährdet.
3. Man muß von Zeit zu Zeit ganz klar deutliche Siege erringen. Wer den Ruf hat, zu friedfertig zu sein, der weckt bei Kollegen, Vorgesetzten oder Mitarbeitern unnötig Eroberungsgelüste.
4. Man sollte von Zeit zu Zeit auch großzügig auf einen möglichen Sieg verzichten. Das fördert die Sympathie und kann ebenfalls weitere Konflikte verhindern.
5. Man tut gut daran, sich im eigenen Unternehmen durch gute Beziehungen eine gewisse „Hausmacht“ aufzubauen. Man braucht immer einmal Unterstützung im Konfliktfall.
6. Man sollte immer auch bereit sein, anderen beizustehen. Kollegialität ist eine der Grundlagen für die harmonische Zusammenarbeit.
7. Man muß sich unbedingt mit Techniken und Taktiken der Konfliktregeln auskennen. Man muß verhandeln und auch manipulieren können. Wer das nicht kann, ist denen, die es können, immer unterlegen.

2.3 Logisch, lieb und laut – Varianten des Konfliktverhaltens

Wie sich der einzelne im konkreten Konfliktfall verhält, ist weniger durch den Anlaß, sondern mehr durch den Persönlichkeitstyp, das Temperament und oft auch durch die Lebenserfahrung geprägt. Man kann bei den meisten Menschen feststellen, daß sie bei beruflichen und privaten Konflikten ein ähnliches Verhalten an den Tag legen.

> Leider fallen zu Hause einige Hemmungen weg. Wer im Beruf noch die Fäuste ballt und mit den Zähnen knirscht, der kann bei der Familie womöglich hemmungslos herumbrüllen und sogar zuschlagen. Wer im Beruf mit spitzen Bemerkungen und Zynismen den Gegner in Rage bringt, der kann sich beim Ehepartner mit dem Satz: „Auf dein Niveau lasse ich mich herunterziehen“ aus der Gesprächsbereitschaft zurückziehen und durch eisiges Schweigen oder höchstens sarkastische Bosheiten den anderen quälen. Wer im Beruf noch zu beschwichtigen versucht, mag zu Hause nur noch schmeicheln und betteln.

Ganz grob lassen sich drei Grundmuster des Konfliktverhaltens unterscheiden:

1. *logisch-sachlich gesteuertes Verhalten (kühl bis eisig)*
2. *emotional gesteuertes Verhalten (aufbrausend und heißblütig)*
3. *beziehungsorientiertes Verhalten (warmherzig bis anschmiegsam)*

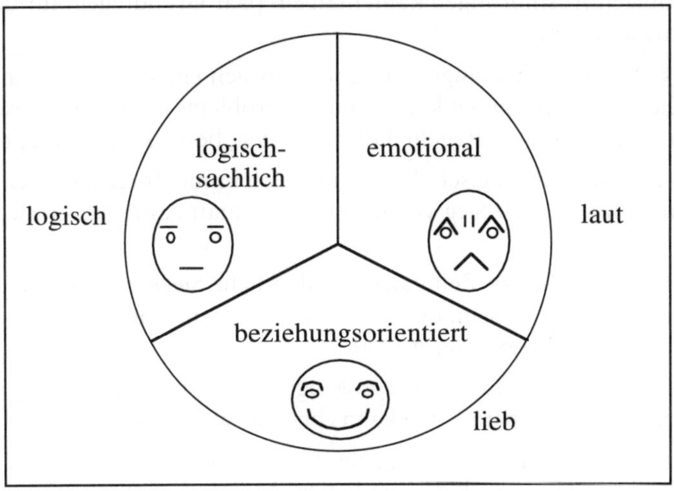

Abbildung 6: Die drei Grundvarianten des Konfliktverhaltens

Obwohl an dieser Stelle die drei Grundmuster einzeln so dargestellt werden, als zeige eine Person genau eines dieser Grundmuster, muß man sich der Tatsache bewußt sein, daß letztlich jeder von uns auch in dieser Hinsicht ein „Mischtyp" ist. Gleichwohl weiß man aus der Lebenserfahrung, daß manche Menschen vom Naturell sehr viel heftiger und aufbrausender reagieren als andere. Andere Menschen hingegen verstehen es scheinbar immer, völlig kalt zu bleiben.

1. Das logisch-sachlich gesteuerte Verhalten

Es gibt Menschen, die können auch bei härtesten Konflikten und sogar noch bei persönlichen Angriffen und Bedrohungen ganz klar denken. Laut eigenen Aussagen sehen sie oftmals das Problem, das Verhalten der Gegenpartei und die eigene Position wie aus einer Distanz. Je mehr der Gegner sich aufregt und ausfällig oder auf eine andere Art emotional wird, desto ruhiger werden die logisch-sachlich Gesteuerten. Sie lassen sich nicht zu unbedachten Äußerungen hinreißen, fallen nicht aus der Rolle und lassen sich nicht unter Druck setzen. Schweigend nehmen sie zur Kenntnis, was die Gegenseite Kluges oder Dummes von sich gibt. Eiskalt behalten sie ihre eigenen Strategien vor Augen und können entsprechend wie Schachspieler taktieren.

Diese Menschen gehen häufig zunächst scheinbar unterlegen und womöglich „niedergebrüllt" aus einem Konflikt heraus. Im nachhinein muß der andere jedoch oft erkennen, daß ihn der „kalte Logiker" ausgetrickst hat.

Diese sehr selbstkontrollierten Menschen haben leider oft eine höchst wirksame Waffe zur Verfügung: Sie können – häufig mit ganz wenigen, aber wohlgesetzten Worten – messerscharfe Zynismen von sich geben, die den anderen in die Raserei

treiben. Dann lehnen sie sich womöglich zurück, grinsen süffisant und bitten den anderen ganz ruhig, sich doch ein wenig besser zusammenzureißen.
Für Außenstehende sieht es dann so aus, als sei der cholerisch Tobende der „Schuldige“. Tatsächlich hat der kalte Logiker bewußt mit den Gefühlen seines Gegners gespielt.

Vor allem Führungskräfte müssen sich immer wieder bewußtmachen, daß bei Konflikten unter den Mitarbeitern nicht selten derjenige der Verursacher von Gefühlsausbrüchen und offenen Streitereien ist, der sich scheinbar am besten benimmt. Nicht derjenige, der mit den Türen knallt, ist der „Schuldige“, sondern derjenige, der still und zynisch den anderen ausrasten läßt.

Eine andere wirkungsvolle „Waffe“ der logisch-sachlich Gesteuerten ist ihre beneidenswerte Fähigkeit, eisern schweigen zu können. Bevor die sich zu einer Äußerung hinreißen lassen, die man später gegen sie verwenden oder auf die man sie „festnageln“ könnte, da gehen sie lieber „zu wie Austern“.

Diese kalten Logiker werden von ihren Menschen oft um die Ruhe beneidet, mit denen sie Angriffe und Probleme scheinbar wegstecken können. Man beneidet sie um ihre souveräne Überlegenheit auch in bedrohlichen Situationen. Was man oft unterschätzt, sind die seelischen Probleme dieser Menschen. Sie stehen scheinbar kühl und überlegen, innerlich oft jedoch nicht selten völlig ratlos und bedrückt den Gefühlen anderer gegenüber. Im Berufsleben mag es ein großer Vorteil sein, wenn man eigene Gefühle nicht mühselig in Schach halten muß, weil man sie gar nicht hat. Im Privatleben kann das ein Manko sein. Die innere Kälte bezieht sich nämlich nicht nur auf Konflikte, sondern auch auf Liebe, Zusammengehörigkeit, Begeisterung und die Fähigkeit, Freunde – und nicht nur Diskutierpartner – zu finden und auch mal „sich gehen zu lassen“.

Wer zu diesem distanzierten und selbstkontrollierten Verhalten fähig ist, eignet sich bei einigem rhetorischen Geschick vortrefflich als Verhandler in harten Auseinandersetzungen. Diese Leute können nicht nur sehr strategisch bei ihrem vorher geplanten Taktikkonzept bleiben, sie können auch Manipulationen anderer durchschauen und abwehren. Daß sie selbst einmal gelernte Manipulationstechniken treffsicher anwenden können, versteht sich von selbst.

Es kann jedoch sein, daß diese kalten Logiker so gründlich überlegen, daß ihnen die notwendige Schlagfertigkeit fehlt. Das wäre zum Beispiel der Fall, wenn sie vor einer Betriebsversammlung strittige Dinge vortragen und heftige Gegenwehr aus dem Zuhörerkreis auffangen müßten. Wie versteinert stehen sie vor den Emotionen der Gegner und bringen kein Wort heraus.

Für Außenstehende ist bei einem kalten Logiker nicht zu erkennen, was sich eigentlich hinter der Fassade der unbewegten Miene („Poker-Face“) abspielt. Mancher dieser scheinbar gefühlskalten Denker ist in Wirklichkeit hochsensibel und leidet selbst darunter, daß er Gefühle nicht zeigen kann oder nicht einmal verspürt. Psychosomatische Leiden, vor allem im Magen-Darm-Bereich, sind oft die Folge. Das wissen dann aber auch nur engste Angehörige.

Es gibt jedoch auch die völlig „verkopften“ Denker. Mit unbestechlicher Logik verfolgen sie die Ziele, die sie für richtig halten. Dabei können sie eine erschrekkende Gleichgültigkeit für die Gefühle anderer an den Tag legen. Das gibt es bei ihnen nicht, daß sie notfalls auch einmal Fünfe gerade sein lassen oder die Wahrheit ein wenig flexibel betrachten, wenn damit einem anderen ein Dienst erwiesen werden könnte. Eiskalt wird der Konflikt bis auf die Spitze getrieben, ohne Rücksicht auf Verluste.

So extrem wie hier beschrieben, ist natürlich keiner der „kalten Logiker". Jeder ist, wie gesagt, ein Mischtyp. Der Logiker kann durch seine ruhige Art und durch seine Selbstkontrolle einen Konflikt sehr gut zum vernünftigen und dauerhaften Ende führen. Er kann ihn jedoch auch ebenso erfolgreich gezielt und diskret immer wieder neu aufflackern lassen. Und er kann mit seinen Gegnern Katz und Maus spielen.

2. Das emotional gesteuerte Verhalten

Es gibt Menschen, die bei Konflikten sofort und schon aus vergleichsweise geringen Anlässen emotional reagieren. Die innere Erregung läßt sich an zitternden Händen, erhöhter Stimmlage, hektischem Atmen, geschwollenen Adern und anderen körperlichen Veränderungen auch dann erkennen, wenn die betroffene Person versucht, sich zu beherrschen. Häufig gelingt die Selbstbeherrschung einem emotional reagierenden Menschen jedoch im Streß des Konflikts nicht mehr. Es kann zu Wutausbrüchen bis hin zu cholerischen Anfällen kommen. Fäuste werden geschüttelt, Schimpfworte gebrüllt und Türen geknallt. Das kann sich steigern bis zu wüsten Beleidigungen, Drohungen und sogar körperlichen Angriffen. Vor allem, wenn der Gegner seinerseits ruhig bleibt oder gar versucht, den Aufgeregten zu „beruhigen", kann sich die Situation bis ins Unkontrollierbare steigern.

Tragisch ist oft, daß dem emotional reagierenden Menschen irgendwo, ganz hinten im Bewußtsein, klar ist, daß er sich gerade „blamiert" und zum Spielball seiner Gefühle macht. Sein Verstand weiß, daß es viel klüger wäre, sich zu beruhigen und rational das Problem zu lösen oder den Gegner zu besiegen. Er kann jedoch in der Situation nicht mehr dem Verstand gehorchen. Die Gefühle reißen ihn wider besseren Wissens mit.

Während der kalte Logiker sehr genau weiß, was er im Konfliktfall sagt, falls er sich überhaupt äußert, so kann der Emotionale seine Worte nicht mehr kontrollieren. Er wird laut und ausfällig. Hinterher könnte er sich auf die Zunge beißen, aber dann ist es zu spät. Wenn er Pech hat, wird er auch noch wegen Beleidigung angezeigt oder gefeuert.

Vor allem Führungskräfte sollten sich und den Mitarbeitern immer wieder bewußtmachen, daß man bei einem Choleriker nicht jedes Wort auf die Goldwaage legen sollte. Das heißt nicht, daß diese Leute einen Freibrief bekommen und sich in Zukunft hemmungslos austoben und verbal um sich schlagen dürfen. Aber man sollte sehr wohl kritisch betrachten, welche womöglich elegant geflüsterte Bosheit des kühlen Gegners ihn überhaupt so in Rage gebracht hat.

Einen wirklich netten Zug haben die emotional gesteuerten Persönlichkeiten: Sie sind fast nie nachtragend oder rachsüchtig. Sie brüllen ihre Gefühle und Meinungen spontan aus sich heraus, sind stinksauer bis aggressiv, können jedoch nach Beendigung des Konflikts das Thema dann ruhen lassen. Auch bei späteren Folgekonflikten bleiben sie immer aktuell beim Anlaß. Sie neigen nicht dazu, „tote Hunde auszugraben". Vorbei ist vorbei.

Bei Auseinandersetzungen mit anderen Parteien sollte die Führungskraft niemals emotional gesteuerte Personen als Verhandler einsetzen. Das geht immer schief. Man kann ihnen die besten Verhandlungstechniken und Taktiken beibringen, das bringt gar nichts, wenn später im Eifer des Gefechts ein Vertreter der Gegenpartei den Emotionalen ärgert und provoziert.

Bei Konflikten im Team zwischen einem kalten Logiker und einem Emotionalen sollte sich die Führungskraft auch nicht aus der Verantwortung stehlen mit der Begründung: „Rauft euch zusammen, ihr seid schließlich erwachsen." Langfristig wird sich ein solcher zwischenmenschlicher Konflikt mit hoher Wahrscheinlichkeit bis zur bösesten Eskalation – womöglich bis zu körperlichen Angriffen – steigern. Der kalte Logiker kann zwar sehr geschickt den Emotionalen provozieren, er unterschätzt jedoch fast immer die Gefahr, die es mit sich bringt, eine solche Persönlichkeit bis zur Grenze zu reizen.

Die Emotionalen werden sowohl gefürchtet als auch verachtet. Es gehört sich nicht, wie sie sich verhalten. Das ist peinlich und unklug. Als untergebener Mitarbeiter hat man mit dieser Veranlagung im Hinblick auf die Karriere ein großes Manko. Gefürchtet werden Vorgesetzte mit cholerischen Attacken. Sie halten ihre Mitarbeiter in Angst und Schrecken. Man weiß nie genau, wann der nächste Anfall fällig ist und was ihn auslöst. Cholerische Chefs wirken auf Mitarbeiter zum Teil tückisch wie Zeitbomben, deren nächste Explosion schwer abzuschätzen ist. Manchmal kann man als Mitarbeiter einen Fehler machen und der Chef schaut wohlwollend darüber hinweg. Manchmal hat er vielleicht an anderer Stelle schon Streß gehabt und geht auf den kleinsten Anlaß hin „ab wie eine Rakete".

Choleriker wissen um ihre ihnen auch selbst peinliche Schwäche. Manche haben sogar Angst vor dem, was sie womöglich einmal in blinder Wut anrichten könnten. Sie versuchen deshalb in Zeiten außerhalb von Streß und Konflikten besonders liebenswürdig und nett zu sein. Da sie emotional gesteuert sind, sind ihre „freundlichen Phasen" ebenso echt wie ihre aggressiven im Zorn. Auch das kann die Mitmenschen irritieren. Sie erleben den Emotionalen als eine unberechenbare Person mit zwei Gesichtern.

Während der kalte Logiker dazu neigt, seinen Ärger in sich hineinzufressen oder bis ins Unbewußte zu drücken, läßt der Emotionale seinen Gefühlen freien Lauf. Das hat auch langfristig Auswirkungen auf die körperliche Gesundheit. Der kalte Logiker „verdaut" seine Gefühle nicht und wird anfällig für Magen- und Darmbeschwerden. Dem Choleriker jedoch rast das Herz und steigt das Blut in den Kopf. Bluthochdruck kann die Folge sein oder auch, daß ihn „der Schlag trifft".

Nicht nur Choleriker gehören zu den emotional gesteuerten Menschen. Es gibt im Hinblick auf Konfliktverhalten auch die Weinerlichen. Das sind Menschen, die sich ganz allgemein schwach und unterlegen oder auch als Versager fühlen. Im normalen Alltag treten sie selbstbeherrscht und manchmal sogar mit einer arroganten Maske der Überlegenheit auf. Im Streß und bei Konflikten mit Menschen, die ihnen nicht deutlich unterlegen sind, werden sie sofort zu „Jammerlappen". Sie verlangen vom Chef, daß er sie gefälligst motiviert und für sie eintritt. Sie klagen, daß die ganze heutige Menschheit von einem schrecklichen Egoismus geprägt ist und daß sie, da sie ja leider nicht solche „Ellenbogenmenschen" sind, in einer solch bösen Welt wohl immer ungerecht behandelt werden. Die Weinerlichen kommen recht schnell vom eigentlichen Thema des Konflikts ab und verbreiten sich ganz allgemein über die Belastungen, unter denen sie zu leiden haben. Der Konflikt wird weniger als ein zu lösendes Problem gesehen, sondern in erster Linie als ein weiterer persönlicher Sargnagel. Die eigene Belastung, die gesundheitlichen Folgen etc. werden großzügig ausgebreitet.

Es wäre falsch, zu vermuten, daß es sich bei den Weinerlichen im wesentlichen um Frauen handelt. Kann sein, daß diese aufgrund ihrer Sozialisation leichter einmal in Tränen ausbrechen. Männliche „Jammerlappen" weinen nicht, sie beklagen sich über die Ungerechtigkeit der Oberen, den Egoismus der Kollegen und über die heutigen Zeiten ganz allgemein. Jeder Wirt kennt die typischen „Heul-Säufer", die mit jedem weiteren Gläschen tiefer in die unverschuldete Tragik ihres Lebens sacken.

Die Konfliktbotschaft der Weinerlichen ist im wesentlichen: „Ich bin im Recht, aber viel zu sanft und edel, um gegen euch brutale Bösewichter eine Chance zu haben." Sie sprechen das schlechte Gewissen und das latente Helfersyndrom anderer gezielt an, damit andere sich gefälligst für ihre Ziele stark machen. Eine Führungskraft sollte sich davor hüten, sich vom „Jammerlappen" in die Rolle des Beschützers drängen zu lassen. Im Unternehmen soll man zwar auch auf die Schwachen Rücksicht nehmen, man sollte jedoch keine emotionalen „Pflegefälle" heranziehen. Die Mitarbeiter sehen es sehr kritisch, wenn der Chef sich immer wieder vom weinerlichen Gehabe des Hilflosen „einwickeln" läßt.

So unterschiedlich Choleriker und Weinerliche zunächst wirken mögen, als emotional gesteuerte Persönlichkeiten haben sie eine grundsätzliche Gemeinsamkeit: Für sie ist immer die eigene Person mit den eigenen Zielen, Absichten und Befindlichkeiten der Mittelpunkt des Konflikts. Die anderen sind Gegner, die es niederzubrüllen oder in ein schlechtes Gewissen zu treiben gilt.

3. Das beziehungsorientierte Verhalten

Es gibt Menschen, die bei einem Konflikt in erster Linie das Ziel der möglichst schnellen Friedensfindung anstreben. Sie wollen in Harmonie mit anderen leben und können auch nur schwer Konflikte zwischen Dritten ertragen. Sie bieten sich als Friedensstifter, Vermittler oder Schiedsrichter an. Ihnen ist es nicht unbedingt wichtig, herauszufinden, wer „angefangen" hat oder wer die berechtigsten Ansprüche stellt. Sie konzentrieren sich auf die Ansätze, die eine Einigung möglich machen.

Als Neutrale in einem Konflikt, der sie persönlich gar nicht betrifft, sind solche „Friedensstifter“ oft ideal. Beide Parteien erkennen, daß jemand uneigennützig nach einem für alle akzeptablen Ausweg sucht. So gelingt es den Beziehungsorientierten sehr oft, eine scheinbar verfahrene Situation wieder zu entwirren.

In einem Konflikt, in der eine solche Person selbst betroffene Partei ist, sieht das schon anders aus. Da führt dieser Wille zum Frieden, diese starke Sehnsucht nach Wiederherstellung der Harmonie, oft zur persönlichen Niederlage. Sowohl die „kalten Logiker“ als auch die Emotionalen erkennen bewußt oder instinktiv, daß der Beziehungsorientierte die Situation nicht lange aushält. Er wird viel zu früh nachgeben und zu jedem faulen Kompromiß bereit sein, damit endlich wieder Ruhe einkehrt. „Friede, Freude, Eierkuchen“, so könnte das Motto dieser Menschen lauten.

Der Vorgesetzte tut gut daran, sich von seinem beziehungsorientierten Mitarbeiter beraten und warnen zu lassen. Mit seinen feinen Antennen für Stimmungen und Strömungen kann er oft lange vor einem offenen Ausbruch erkennen, daß sich ein Konflikt anbahnt. Er weiß auch instinktiv immer von Anfang an, welche Kollegen zum Beispiel in einem Projekt gut zusammenarbeiten können und welche man lieber getrennt einsetzt.

Leider lassen Führungskräfte sich oft nicht gerne beraten. Sie nehmen die Warnungen und Hinweise des Beziehungsorientierten nicht ernst. „Der hört die Flöhe husten“, heißt es womöglich. Aus Angst vor Konflikten im eigenen Bereich will manche Führungskraft sich anbahnende Probleme einfach nicht wahrhaben, bis es dann zu spät ist. Der Beziehungsorientierte will natürlich auch keinen Konflikt mit seinem Chef. Also wird er nach ein paar leisen Warnungen und Andeutungen am Ende gar nichts mehr sagen, um sich nicht als „Katastrophenmelder“ unbeliebt zu machen. Fast jeder Beziehungsorientierte macht im Laufe seines Lebens immer wieder die Erfahrung, daß man ihn für die Ursache des Konflikts hält, nur weil er als erster das Problem erkannt und benannt hat.

Obwohl beziehungsorientierte Menschen zu fast allem an Verzicht, Beschwichtigung und Nachgeben bereit sind, wenn es denn nur dem Frieden dient, können sie ungewollt sehr wohl auch die Ursache von zwischenmenschlichen Konflikten werden. Von ihnen kann oft der sogenannte „Gruppenterror“ ausgehen. In ihrem ständigen Bemühen um Harmonie, Liebe und Freundschaft übersehen sie bei anderen gelegentlich das berechtigte Bedürfnis nach Distanz. Sie möchten am liebsten wie Glucken ihre Küken ständig um sich haben. Sie können es nicht verstehen, wenn ein Kollege nicht mit dem ganzen Trupp zur Kantine geht, wenn jemand im Beruf nicht über familiäre Dinge reden möchte, wenn jemand seinen privaten Freundeskreis streng vom Kollegenkreis trennt. Sie können es auch nicht ertragen, wenn sie erleben, daß andere, die sich nicht mögen, auf Distanz gehen. Mit geradezu missionarischem Eifer macht sich der Beziehungsorientierte daran, die „Einzelgänger“ ins Boot zu holen und die, die sich nicht mögen, ständig in bester Absicht zusammenzuführen. Daß er damit nervt, kann er nicht einsehen.

Ein beziehungsorientierter Mitarbeiter kann sogar ungewollt selbst zum Außenseiter im Kollegenkreis werden. Das passiert zum Beispiel, wenn er sich zu stark um ein gutes Verhältnis zum Vorgesetzten bemüht. Das wird unter Umständen von den anderen als „Einschleimerei“ angesehen und führt zu Ablehnung oder gar zum Mobbing.

Beziehungsorientierte ertragen keine Konflikte und nicht einmal neutrale Distanz. Sie selbst wollen ständig mit jedem gut Freund sein und wollen auch in ihrer Umwelt sehen, daß jeder jeden lieb hat. Von ihnen kann friedensfördernde menschliche Wärme ausgehen. Es kann aber auch sein, daß sie mit ihrer einnehmenden Art anderen die Luft zum freien Atmen nehmen.

Die hier als eine Typologie dargestellten drei Varianten des Konfliktverhaltens kennt man in dieser „reinrassigen“ Form nur sehr selten. Auch der kälteste Logiker zeigt irgendwann, daß ihm der Kragen platzt. Auch der feurigste Choleriker kann sich schließlich bremsen, bevor er das tut, was sich nicht mehr rückgängig machen läßt. Auch der liebevollste Beziehungsmensch hat irgendwann keine Lust mehr, sich mit den Problemen herumzuschlagen. Wir alle haben von allen drei Verhaltensvarianten einen Anteil an Disposition in uns. Individuell sind die unterschiedlichen Ausprägungen.

Vor allem für die Führungskraft ist es wichtig, sich bewußtzumachen, daß die Möglichkeit des einzelnen Mitarbeiters, sein bisheriges Konfliktverhalten zu ändern, nur sehr begrenzt sind. Kein Gefühlsorientierter kann sich eines Tages aufgrund vernünftiger Überlegungen bewußt entschließen, ab sofort nie wieder emotional zu reagieren. Auch ein eiskalt rationaler Denker kann nicht beschließen, ob sofort mehr Gefühle zu entwickeln. Dem Beziehungsorientierten kann man vielleicht raten, sich ein „dickeres Fell“ zuzulegen; ob er das schafft, ist höchst fraglich.

Wir müssen notgedrungen die Mitarbeiter so nehmen, wie sie sind. Wir können ja nicht einmal uns selbst das „optimale“ Konfliktverhalten zulegen!

2.4 Die innere Haltung bestimmt das Kommunikationsverhalten

Wenn in einem Konflikt die Gegensätze aufeinanderprallen, kann man oftmals an bestimmten Formulierungen und am Tonfall erkennen, in welcher Haltung die Betroffenen zueinander stehen.

Man denke zum Beispiel an den Ehemann, der sich selbst bescheinigen würde, mit seiner Frau eine partnerschaftliche Beziehung zu pflegen. Im Eifer des Konflikts rutscht ihm dann heraus: „Mein liebes Kind ...“ Vielleicht würde er es nicht einmal erkennen, daß diese Formulierung eine Herabsetzung – ein Kleinmachen – ist, wenn man ihn darauf aufmerksam machen würde.

In der inneren Haltung werden drei mögliche Ebenen unterschieden:

1. *Die Haltung von oben herab*
2. *Die Haltung auf gleicher Ebene*
3. *Die unterwürfige Haltung dem (vermeintlich) Überlegenen gegenüber*

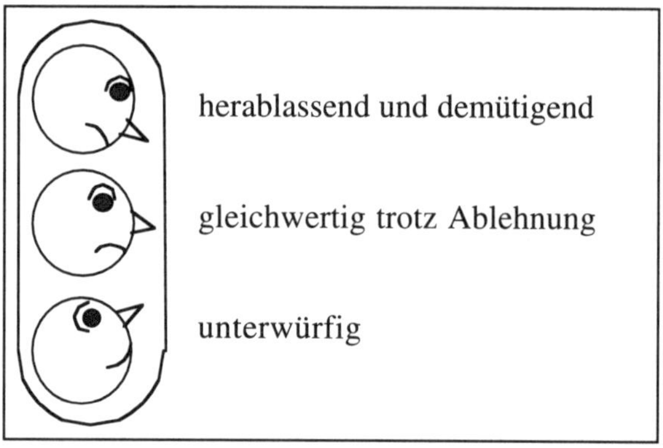

Abbildung 7: Die innere Haltung zur Gegenpartei

1. Die Haltung von oben herab

Diese Haltung stammt aus der Überzeugung, dem anderen überlegen zu sein. Das kann ein Mehr an Macht oder auch Wissen sein. Überlegen fühlt sich häufig auch die Person, die für sich die größeren Siegchancen im aktuellen Konflikt sieht. Eine andere Ursache für diese Haltung kann in traditionellen Vorurteilen liegen. Männer neigen häufig Frauen gegenüber dazu, wie das obige Beispiel zeigt. Man kann es bei älteren Menschen gegenüber den „unreifen" jungen Kollegen erleben und auch umgekehrt, wenn die jungen Mitarbeiter die „Alten" als rückständig betrachten. Deutsche zeigen dieses Verhalten den ausländischen Kollegen gegenüber. Umgekehrt kann man zunehmend in multikulturellen Teams erleben, daß strenggläubige Ausländer den „verlotterten" und „gottlosen" Deutschen gegenüber eine herablassende Haltung einnehmen, die sich im Konflikt manchmal völlig überraschend hart zeigt.

Es gibt natürlich auch herablassendes Verhalten als Überspielung innerer Unsicherheiten und als Trotz. Das erinnert dann an pubertäres Imponiergehabe.

Bei der Haltung von oben herab wird immer versucht, über die Diskussion um den aktuellen Streitfall hinaus, den anderen in seiner ganzen Persönlichkeit klein zu machen, zu erniedrigen und seine Unterlegenheit spüren zu lassen. Der Ton in der Kommunikation kann sein:

- gehässig
- verächtlich
- bedrohlich
- liebevoll, wie einem Kind gegenüber
- befehlend, wie einem Dienstboten gegenüber
- belehrend, wie einem Schüler oder Dummkopf gegenüber
- nachsichtig, wie einem Entmündigten gegenüber

Die andere Person fühlt ganz klar oder subtil die Herablassung. Vor allem, wenn sie in „liebevoller“, belehrender oder nachsichtiger Maske daherkommt, fällt die Gegenwehr schwer. Man fühlt sich gedemütigt, hat jedoch nichts wirklich Greifbares in der Hand, woran man festmachen könnte, daß der andere sich „im Ton vergriffen“ hat.

2. Die Haltung auf gleicher Ebene

Bei dieser Haltung wird trotz aller Gegensätze und sogar Feindschaft letztlich die Würde des anderen gewahrt. Auch offene Aggression, Beleidigung und Manipulation muß nicht unbedingt zu herablassendem Verhalten führen. Der Gegner wird immer noch ernst genommen.

3. Die unterwürfige Haltung dem (vermeintlich) Überlegenen gegenüber

Wer im Konflikt Angst vor einer Niederlage hat oder befürchtet, daß durch den Konflikt eine persönlich wichtige Beziehung gefährdet wird, der kann versuchen, durch Unterwürfigkeit den anderen „gnädig“ zu stimmen. Diese Haltung ist als Taktik oder emotionale Erpressung gar nicht so selten. In der Regel ist jedoch Angst oder Hoffnungslosigkeit der Hintergrund.

Wenn bei einem Konflikt beide Parteien auf gleicher Ebene miteinander kommunizieren, dann kann auch nach härtesten und bösesten Auseinandersetzungen später eine Versöhnung wieder gelingen. Das liegt daran, daß bei einer Kommunikation auf gleicher Ebene auch bei Verstößen gegen Regeln der Fairneß letztlich immer noch die Menschenwürde des jeweiligen Gegners gewahrt bleibt.

Wenn bei einem Konflikt beide Parteien von oben herab reagieren, kann häufig später auch noch eine Versöhnung gelingen. Oft ist der Frieden dann jedoch nicht dauerhaft. Es ist, als lägen auch in Zukunft beide Parteien immer noch auf der Lauer, ob es nicht doch noch einmal eine gute Gelegenheit gibt, den anderen zu unterwerfen.

Wenn nur eine der Parteien sich herablassend verhält, ist die „Dauerfeindschaft“ oder auch „Dauerverbitterung“ sicher. Es gibt dann keine Versöhnung. Es kann höchstens zu einem Scheinfrieden kommen. Dabei kann man fast immer feststellen, daß der Herablassende am Ende der offenen Auseinandersetzungen auch das Ende des Konflikts vermutet. Der Gedemütigte weiß, daß die Sache nicht erledigt ist.

Auch bei Unterwürfigkeit kann im Grunde keine wirkliche Versöhnung stattfinden. Die sich selbst kleinmachende Partei wird auch in Zukunft in der vermutlich berechtigten Sorge leben müssen, daß der stärkere andere schnell mal wieder zum Gegner wird. Auch dieser mag sich nicht wirklich mit dem Unterwürfigen versöhnen. Im Grunde verachtet er den „Kriecher“.

Jeder Führungskraft sei geraten, sich und den Mitarbeitern wenigstens einmal ein Kommunikationstraining für Konfliktsituationen zu gönnen. „Richtiges Streiten“ kann und muß man lernen, wenn es einem nicht von Natur aus mitgegeben ist.

2.5 Drei Ansatzpunkte zur Konfliktbewältigung

Wer sich in einem Konflikt befindet, kann grundsätzlich von drei Ansatzpunkten her das Problem zu bewältigen versuchen.

1. Aktive Problemlösung

Hier liegt das Problem im Vordergrund. Dieses soll pragmatisch gelöst werden. Es geht weder um persönliche Triumphe über den anderen noch um dessen Niederlage. Die Frage nach Sieg oder Niederlage ist überhaupt nicht wichtig. Wichtig ist, daß das Problem möglichst vernünftig aus der Welt geschafft wird. Das kann durch Verhandlungen, Feilschen, Kompromiß, Nachgeben etc. erreicht werden.

Diese Art der Konfliktbewältigung ist die ideale. Wenn das Problem so geregelt wird, daß keine unnötigen Verletzungen der Gefühle oder auch der beruflichen, finanziellen oder physischen Existenz erfolgen. Leider kommt diese Variante der Konfliktbewältigung fast nie vor. In der Realität, vor allem bei Konflikten im beruflichen Umfeld, ist es fast immer so, daß beide Parteien jeweils für sich überzeugt sind, rein vernünftig die beste Problemlösung anzustreben. Leider, leider ist die jeweilige Gegenseite zu dumm, zu verbohrt, zu verblendet oder zu bösartig, endlich zu begreifen, was hier überhaupt die vernünftigste Lösung ist.

Deshalb sind auch fast immer die gutgemeinten Appelle an Konfliktgegner, sich doch bitte in Ruhe zu besprechen und zu einigen, sinnlos. Beide Parteien nehmen für sich in Anspruch: „Ich will das ja, aber die anderen stellen sich stur."

Wer wirklich den festen Willen hat, in Zukunft Konflikte möglichst zu verhindern oder wenigstens friedlich zu regeln, der sollte sich vor allem in dieser Hinsicht kritisch selbst befragen, welches eigentlich die eigenen Motive sind. Mancher, der sich selbst den Willen zu konfliktfreiem Zusammenleben und -arbeiten bescheinigt, will in Wirklichkeit nur herausfinden, wie man es geschickt anstellen kann, andere auf die eigene Linie zu bringen, ohne daß die sich zu heftig dagegen wehren. Das ist nicht mit „aktiver Problemlösung" gemeint.

2. Aktive Überkompensierung

Hierbei geht es ganz entschieden um den eigenen Sieg und um die gewollte Niederlage bis Vernichtung des anderen. Häufig ist der aktuelle Konflikt nur ein gegebener Auslöser für Auseinandersetzungen, die ihre wahre Ursache ganz woanders haben.

> Es kann sich um den Wunsch handeln, frühere eigene Niederlagen endlich zu „rächen". Uneingestandene und oft unbewußte Minderwertigkeitsgefühle werden im Konflikt reaktiviert. „Ich darf um keinen Preis mein Gesicht verlieren. Ich muß die Demütigung einer Niederlage verhindern." Das können die Botschaften aus dem Unterbewußtsein sein, die im Bewußtsein oft umgedeutet werden: „Ich muß mutig für die Wahrheit oder die richtige Sache eintreten."
> Aktive Überkompensierung kann auch die Folge von Haß auf den Gegner oder auf das sein, wofür er steht. Der andere ist der Feind und muß geschlagen werden. Bei Tarifauseinandersetzungen kann es vorkommen, daß sich die Vertreter der

gegnerischen Parteien innerlich gegenseitig als „Kommunisten“ oder „Ausbeuter“ sehen, was man in der Verbalisierung natürlich weiterhin als „Verhandlungspartner“ bezeichnet.
Auch bei Ehestreitigkeiten kann am Ende der Haß so weit gehen, daß man nicht mehr nur geschieden werden will, dem anderen muß auch noch die Steuerfahndung an die Fersen gehängt werden. Der soll „bluten“!

Aktive Überkompensierung kann auch vorkommen, wenn eine Partei vor Dritten als besonders mutig, kämpferisch oder erfolgreich dastehen will.

Ein Rebellionsführer, der innerlich längst eingesehen hat, daß Friedensverhandlungen klug wären, kann diese oft nicht führen, weil er dann womöglich im eigenen Lager nicht mehr anerkannt würde. Die Befürchtung lautet: „Wenn ich mich mit dem Gegner einige, verliere ich meine eigenen Anhänger.“ Auch rebellische Aufsteiger im Unternehmen können aus taktischen Gründen gezwungen sein, „Schaukämpfe“ zu führen. Man kennt das, wenn sich zum Beispiel ein Mitarbeiter zum Wortführer der Kollegen gegen den Vorgesetzten macht. Es muß gar nicht sein, daß er einen persönlichen Grund für die harten oder sogar unfaire Attacken hat. Der Vorgesetzte ist vielleicht enttäuscht, weil er doch damals den jungen Mitarbeiter so sehr gefördert hat, und nun greift ausgerechnet dieser ihn so hart an. Man muß sich dann klar machen: „Der Rebell meint nicht mich. Er will vor den anderen als starker Vertreter ihrer Interessen erscheinen.“ Betriebsräte müssen von Zeit zu Zeit solche „Schaukämpfe“ führen damit die Kollegen sich überhaupt noch für Betriebsratswahlen mobilisieren lassen.

Um das vorrangige Ziel, den eigenen Sieg, zu erreichen, werden alle fairen und unfairen Mittel von Kampf, Aggression und Tricks eingesetzt. Dann ist es unter Umständen auch wichtig, den Konflikt möglichst publikumswirksam auszutragen. Darin liegt oft dann auch die Quelle für spätere Folgekonflikte. Der unterlegene Gegner kann eine solche Niederlage, die auf unmoralischen Mitteln beruhte und so öffentlich stattgefunden hat, nicht auf sich sitzen lassen.

3. Passive Konfliktvermeidung

Hierbei wird die aktive Auseinandersetzung mit dem Problem oder dem Gegner einfach verweigert. Man sitzt die Probleme aus, ignoriert sie, redet sie weg oder zieht sich persönlich davon zurück.

In der Ehe kennt man dieses Verhalten, wenn sich der eine Partner in Schweigen oder Überarbeitung oder ständige Abwesenheit verkriecht und hofft, dadurch den Auseinandersetzungen entkommen zu können.
Im Unternehmen kennt man die passive Konfliktvermeidung bei übertriebenen Harmonie-Vorgesetzten, die lieber alles unter den Teppich kehren, als sich mit unangenehmen Themen zu befassen. Oft steckt die kindliche Hoffnung dahinter: „Wenn ich nicht hinschaue, dann ist das Problem nicht da.“ Oder: „Wenn ich mir die Hände vor die Augen halte, dann bin ich selbst versteckt und habe nichts damit zu tun.“ Vorrangiges Ziel dieser Art der Konfliktbewältigung ist Harmonie um jeden Preis. Bloß keinen Streit, bloß keine Auseinandersetzungen, bloß keine unangenehmen Situationen.

Nicht nur Feiglinge und Schwache ziehen sich auf diese Technik zurück. Sie kommt auch bei den zwanghaft „Positiv-Denkern“ vor und bei den Menschen, die aus „moralischen“ Gründen grundsätzlich gegen jede Form der „Feindschaft“ sind und in jedem Konflikt angstvoll die Wurzel einer solchen „Feindschaft“ wittern.

Es kann auch gelegentlich klug sein, wenn man zum Beispiel „aus einer Mücke keinen Elefanten macht“. Für eine Führungskraft ist die starke Neigung zu passiver Konfliktvermeidung jedoch fatal. Die erzwungene Scheinharmonie ist viel zu brüchig, als daß sie dauerhaft Konflikte verhindern könnte.

3 Was passiert, wenn es passiert?

3.1 Die Anatomie eines Konflikts

Wer Konflikte verhindern oder lösen will, braucht ein grundsätzliches Verständnis dafür, was sich bei jedem Konflikt eigentlich abspielt. Die „Anatomie" von Konflikten ist immer ähnlich. Die Anlässe mögen unterschiedlich sein. Die Heftigkeit von offenen Ausbrüchen oder auch die Tiefe der Gefühle von Verletztheit, Wut oder Enttäuschung mögen sich von Fall zu Fall unterscheiden, die grundsätzlichen Phasen des Geschehens bleiben ähnlich.

In Konflikttrainings für Führungskräfte wird fast immer das Augenmerk auf den Umgang mit offenen Auseinandersetzungen gelegt. Schlichtungstechniken oder „Moderation" von Konfliktsituationen werden geübt. Im Grunde kommen solche Verfahren zu spät. Dann ist der Konflikt bereits offen ausgebrochen und macht sich im Arbeitsablauf störend bemerkbar. Oft kann man dann auch im Rückblick rekonstruieren, wie es lange vor dem Ausbruch angefangen hat.

Besser ist es, wenn man als Führungskraft nicht bis zum Ausbruch wartet und bis zuletzt hofft, daß sich die Probleme von selbst regeln. Wer schneller auch an kleinen Vorboten erkennt, daß sich Probleme anbahnen, kann gezielt gegensteuern und die Dinge regeln, solange die Beteiligten noch ruhiger an das Thema herangehen und noch nicht so emotionalisiert sind, daß sie das Bedürfnis haben, sich neben dem eigentlichen Anlaß auch noch um „verletzte Ehre", „Gesichtsverlust", „Beleidigung" und „Rachlust" zu kümmern. Wer Konflikte zu lange schwelen läßt, läuft Gefahr, daß am Ende niemand mehr „nur" das Problem lösen, sondern gleich den Gegner vernichten oder zumindest demütigen will.

Zur Anatomie eines Konflikts gehören:

- die immer gleiche Struktur des Ablaufs bis zur Eskalation,
- die typischen Gefühle der Beteiligten und der interessierten Zeugen,
- die typischen Wahrnehmungsverzerrer,
- die typischen Wirkungsbereiche von Konflikten.

Wer über das Offensichtliche hinaus gar nicht versteht, was sich im Konfliktfall eigentlich abspielt, kann auch nicht vorbeugend oder schlichtend eingreifen.

Die Fähigkeit zu konstruktivem Umgang mit Konflikten gehört zur sozialen Intelligenz. Hier liegt oft die Schwäche von Führungskräften, die nicht wegen ihrer Führungsqualifikation, sondern wegen ihrer Fach- und Sachqualifikation befördert wurden und sich dann nicht von der Sacharbeit trennen können. Solche „Edelsachbearbeiter" durchschauen häufig sehr wohl, was im Konflikt die „vernünftigste" Lösung wäre oder warum sich der Streit doch gar nicht „lohnt". Was sie oft nicht verstehen, ist das, was sich in den Betroffenen abspielt und welchen Einfluß die angeblich nicht Beteiligten haben. Wer die Menschen jedoch in ihren Gefühlen und bewußten und unbewußten Absichten nicht versteht, kann auch nicht aktiv verhindern, mildern oder bereinigen. Niemand löst einen Konflikt mit Appellen wie: „Denkt doch mal logisch!“ – „Reißt euch zusammen, ihr seid schließlich erwachsen!“ – „Einigt euch!“

3.2 Es liegt im Auge des Betrachters

Es ist eine Binsenweisheit, daß wir Menschen niemals die Dinge um uns herum nur sachlich wahrnehmen, sondern immer auch beurteilen, bewerten und umdeuten. Der Volksmund kennt reichlich Sprüche zu der Tatsache, daß das, was dem einen die „Eule“ ist, dem anderen sehr wohl die „Nachtigall“ sein kann.

Erziehung, Weltanschauung, persönliche Absichten, Hoffnungen und Befürchtungen, Tageslaune, Erfahrungen, seelische Grundhaltung, Vorlieben und Abneigungen, persönliche Wertmaßstäbe, individuelle Ziele ... Alle diese Einflüsse wirken sich darauf aus, wie wir das einschätzen, was wir über unsere Sinne wahrnehmen. Was für den einen am Verhalten des anderen noch erträglich oder verständlich ist, kann den anderen zutiefst entrüsten. Was der eine als verlegenes Lächeln interpretiert, ist dem anderen ein zynisches Grinsen. Was für den einen ein terroristischer Anschlag ist, bewertet der andere als Freiheitskampf.

> Es liegt uns einfach im Blut, die Dinge durch die eigene Brille zu sehen und immer auch zu bewerten. Wir können nicht einmal neutral zur Kenntnis nehmen, daß der Kollege eine neue Aktentasche hat. Nein, wir müssen zwanghaft entscheiden, ob wir sie schön oder häßlich, praktisch oder unpraktisch finden. Wir beurteilen, ob es richtig ist, soviel Geld für eine Tasche auszugeben oder ob es sich gehört, mit einem solchen „schäbigen Sonderangebot“ zur Arbeit zu erscheinen. Es gibt natürlich auch Kollegen, die gar nicht bemerken, wer mit welcher Aktentasche zum Dienst kommt. Die haben dann vielleicht einen messerscharfen Blick für gute oder schlechte Tischmanieren, für „vernünftige“ Autos oder „Protzkarossen“, für ...

Man kann sagen: Es nimmt nicht jeder alles wahr. Aber jeder nimmt das, was er wahrnimmt, stets verzerrt wahr.

Von all dem, was an Reizen ständig auf uns einstürzt, filtern wir nur das heraus, wofür wir individuell Antennen haben. Der eine mag eine feine Antenne für die Stimmung der Kollegen haben, der andere nimmt immer nur wahr, wie sie angezogen sind. Woran liegt das?

Wir filtern aus dem, was sich unseren Sinnesorganen an Reizen bietet, nur das heraus, was

- uns interessiert,
- unsere Meinung bestätigt,
- uns in Zorn bringt,
- uns erheitert
- oder sonstwie emotional berührt.

Was uns völlig gleichgültig ist und keine Gefühle bei uns auslöst, nehmen wir oft gar nicht bewußt wahr.

> Jeder kennt das Phänomen aus dem täglichen Leben, daß sich unsere Wahrnehmungsschärfe auch ständig ändert. Manchmal ist man in so guter Stimmung, daß man kleine Ärgerlichkeiten gar nicht zur Kenntnis nimmt oder blitzschnell großzügig übersieht. An anderen Tagen liegen die Nerven blank, und schon beobachtet man, wie der Kollege schon wieder ...! Ein anderes Phänomen ist einem auch vertraut: wenn heftige Gefühle die Wahrnehmung einschränken. Man ist dann „blind vor Wut" oder „vor Liebe blind". Man denke nur an Eltern, die einfach nicht sehen wollen, daß ihre Kinder genau das tun, was sie bei den Kindern anderer Leute sofort erkennen und verurteilen. „Unser Junge tut das nicht", heißt es dann, und die Nachbarn denken sich: „Natürlich tut er das. Der vor allen anderen!"
>
> Wir machen auch gelegentlich die Erfahrung, daß man bei anderen „auf taube Ohren" stößt. Man redet sich den Mund fusselig, um jemanden von etwas Unklugem abzuhalten oder zu etwas Vernünftigem zu veranlassen, aber nein, der andere kapiert das nicht! Dabei ist der andere nicht dumm. Er will einfach nicht hören.
>
> Umgekehrt kommt es auch vor, daß wir plötzlich Dinge viel krasser sehen oder viel bewußter wahrnehmen als zuvor. Das passiert, wenn wir dadurch unsere Meinungen, Vorurteile und unser Weltbild immer wieder bestätigen können. Wer davon ausgeht, daß Frauen „anders" führen, der sieht das gleiche Verhalten bei einem männlichen Vorgesetzten völlig anders als bei einer Chefin. Wer darüber informiert wird, daß Kollege Müller beim letzten Arbeitgeber wegen kleiner Unregelmäßigkeiten entlassen wurde, der erkennt auf der Stelle den verschlagenen Blick in Müllers Augen. Vorher war da nichts zu sehen.

Die zwanghafte Beurteilungsneigung und die Fähigkeit zur punktuellen Blind- und Taubheit gilt ganz besonders für Konflikte. Wir glauben natürlich, daß wir (anders als die anderen!) die Zusammenhänge richtig und rein sachlich betrachten und korrekt beurteilen. Das stimmt nicht. Wir versuchen immer auch nach schuldig/unschuldig zu unterscheiden. Wir wollen gerechte Forderungen von ungerechten trennen. Daß dabei die eigenen Forderungen immer zumindest ein wenig berechtigter wirken, als die der anderen, ist verständlich.

Im Hinblick auf die Wahrnehmung von Konflikten gibt es ein paar Grundregeln, derer man sich – vor allem auch bezüglich der eigenen Wahrnehmungsverzerrungen – unbedingt bewußt sein sollte:

1. Jede der Parteien und auch jeder nicht betroffene Zeuge und jeder „Einmischer" hat eine eigene Auffassung davon, welches der Teilprobleme das wichtigste ist und welches zuerst gelöst werden muß.
2. Jede der Parteien hat eine eigene Interpretation des bisherigen Hergangs. Jede sieht den Anfang an einer anderen Stelle und sucht die Ursache in einem anderen Anlaß.
3. Jede der Parteien hat eigene Vorstellungen von der „Gerechtigkeit" oder Berechtigung der Ziele, Absichten, Entscheidungen und Handlungen.
4. Jede Partei hat das Bestreben, selbst am Konflikt unschuldig zu sein oder zu erscheinen und deutet deshalb auch notfalls eigenes Verhalten um oder entwickelt schonende „Erinnerungslücken".

5. Jede Partei hat das Bestreben, der Gegenpartei die Schuld an dem Konflikt, eine irrige Vorstellung oder zumindest Dummheit in die Schuhe zu schieben. Entsprechend werden aktuelle und frühere Verhaltensweisen der Gegenseite interpretiert, immer wieder in Erinnerung gebracht oder auch ignoriert. Wichtig ist, daß die Dinge so wahrgenommen werden, daß sie die eigene Theorie über die vermuteten Ziele und Taktiken der anderen Seite bestätigen. Jede Partei denkt sich über die Gegenseite: „Das machen die doch nur, weil ..."
6. Jede Partei hat ihre eigene „Wenn-dann-Theorie". Diese Theorie ist ein Gedankenmodell, wozu man selbst eventuell bereit wäre, wenn zunächst die Gegenseite bestimmte Bedingungen erfüllt. „Die müssen erst mal ... Dann werde ich ..."
7. Jede Partei sieht für sich unterschiedliche Risiken eines zu frühen Nachgebens. Man befürchtet, der andere könnte das ausnutzen, Unbeteiligte könnten das als Schwäche auslegen, man könnte „das Gesicht verlieren".
8. Jede Partei möchte von Dritten die Bestätigung, recht zu haben und richtig zu handeln. Man sucht Parteigänger, von denen man weiß, daß sie die gleiche Meinung vertreten wie man selbst. Man versucht möglichst viele andere davon zu überzeugen, daß man selbst im Recht ist. Man beschönigt den eigenen Standpunkt und stellt Fehler und Irrtümer der Gegenseite besonders kraß heraus.
9. Jede Partei weiß, daß die Gegenseite ebenfalls versucht, unbeteiligte Dritte zu beeinflussen. Das erkennt jede Seite glasklar als miese Manipulation. Jede Partei erkennt, daß die „Dummen" sich von der Gegenseite und die „Vernünftigen" von den eigenen Argumenten überzeugen lassen.
10. Jede Partei erkennt die Weisheit des Richters oder Schlichters an, der den eigenen Standpunkt stärkt.

Es ist immer wieder die Aufgabe einer Führungskraft, schlichtend bei Konflikten unter Mitarbeitern einzugreifen. Häufig wird dann der Fehler gemacht, nach den Anfängen zu forschen. Wer hat wem was zuerst angetan? Man will der Wahrheit auf den Grund kommen und so gerecht sein, sich die Sache von beiden Seiten schildern zu lassen. Nicht selten weiß man dann am Ende gar nicht mehr, worum es eigentlich geht.

Für eine Führungskraft – anders als für einen Strafrichter – ist es fast immer unprofitabel, sich in die Historie eines Konflikts zu versenken. Der Strafrichter muß Beweise und Zeugenaussagen auswerten und dann den Schuldigen ermitteln und seiner gerechten Strafe zuführen. Das ist nicht die Aufgabe einer Führungskraft. Diese muß vielmehr dafür sorgen, daß bestehende Probleme beseitigt werden, damit ab sofort wieder zügig und möglichst streßfrei weitergearbeitet werden kann. Der Blickwinkel des Richters ist: „Was ist passiert, und wer hat schuld?" Der Blickwinkel der Führungskraft ist: „Was hindert zur Zeit an der effektiven Weiterarbeit? Was muß geregelt werden, damit die Arbeit hier weitergehen kann?

Was muß getan werden, daß Folgekonflikte gar nicht erst aufkommen?“

Jede Führungskraft, die sich in einer Schlichterrolle findet, muß sich auch bewußtmachen, daß sie niemals einen sachlichen Blick auf das Problem wirft. Sie wird immer die eine Partei lieber mögen als die andere, dem einen mehr trauen als dem anderen, die Gefühle und Verhaltensweisen des einen besser verstehen und leichter akzeptieren können als die des anderen. Der Mitarbeiter, der einem sympathischer ist, hat in der Regel auch die „besseren“ Argumente. Das ist kein Zufall. Nicht nur die betroffenen Konfliktparteien nehmen die Dinge verzerrt wahr. Das gilt auch für Außenstehende. Es ist schon viel geholfen, wenn man sich das zumindest bewußtmacht. Die tiefe Überzeugung, daß man sehr wohl die Dinge neutral sieht und die Lage richtig einschätzt, die bleibt einem allerdings trotzdem erhalten.

3.3 Das Gift und seine Wirkungsbereiche

Konflikte werden nie sachlich erlebt. Sie verursachen immer Gefühle von Zorn, Angst, Haß, Rachsucht, Über- oder Unterlegenheit. Es gibt natürlich immer auch diejenigen, denen ein Konflikt so richtig Spaß macht. Lustvoll werfen sie sich ins Gefecht und würden lieber eine Auseinandersetzung schüren als vermeiden. Langeweile, Bosheit oder „gerechter“ Zorn können die Triebfedern solchen Verhaltens sein.

Auch die vom Konfliktanlaß eigentlich nicht betroffenen Kollegen, Mitarbeiter, Führungskräfte und nicht zuletzt auch Kunden bekommen von den Problemen etwas mit. Wenn Führungskräfte streiten, kann das die Mitarbeiter sehr amüsieren. Es ist einfach immer spannend zu sehen, wie sich das „Gigantenringen“ um Macht, Einfluß etc. entwickelt. Es kommt auch vor, daß die Mitarbeiter vor Angst erstarren. Sie wissen nicht, wie sie sich verhalten sollen, damit zum Beispiel der eigene Vorgesetzte nicht den Verdacht bekommt, man paktiere mit der Gegenseite.

> Der Streß eines Konflikts wirkt sich fast immer auch auf die Kunden aus. Man reagiert sich am Kunden ab oder kann auf kritische Kunden nicht mehr mit ausreichender Geduld reagieren. Es kommt wohl auch zu dem Phänomen: „Meine Kunden – deine Kunden.“ Jeder der Konfliktgegner weitet seinen Ärger auf den Kollegen auch auf dessen Kunden aus. Sollte man zum Beispiel durch Zufall einen Kunden des Kollegen am Telefon haben, so wird man ihn viel weniger zuvorkommend behandeln als die eigenen.

Konflikte vergiften immer das Klima. Da sie sich emotional auswirken, beeinflussen sie auch das Verhalten und die innere Einstellung zu den Mitmenschen, den Aufgaben, dem Unternehmen.

Betriebliche Konflikte wirken sich besonders auf folgende vier Bereiche aus:

1. Kommunikation

Man redet nicht mehr offen miteinander, sondern schweigt sich aus oder schreit sich an. Vielleicht redet man auch gar nicht mehr, sondern schreibt Aktennotizen oder E-Mails. Man kann auch kaum noch das, was die Gegenseite mündlich oder schriftlich von sich gibt, einfach aufnehmen. Man fängt an zu interpretieren, welche versteckten Botschaften sich wohl hinter welchen Formulierungen verbergen könnten. Man überlegt sich auch genauer, wer was erfahren darf oder nicht. Man läßt sich auch nicht mehr „in die Karten" schauen und schottet lieber ab oder bringt sogar gezielte Fehlinformationen in Umlauf.

Die Kommunikation zwischen den Betroffenen und auch zwischen denen, die sich aus organisatorischen oder anderen Gründen als „Partei" verstehen, wird gekennzeichnet durch folgende Merkmale:

- Unaufrichtigkeiten von kleinen Wahrheitsverschönerungen bis zu glatten Lügen.
- Mißdeutungen in möglichst negative Richtung. Dem Gegner wird grundsätzlich eine böse Absicht unterstellt.
- Irreführungen durch ungewollte Mißverständnisse und Fehlinterpretationen oder durch bewußte Manipulationen.
- Geheimniskrämerei oder auch aggressive „Offenheit" von Taktlosigkeiten bis zu Beleidigungen.
- Drohungen und Andeutungen, was alles passieren könnte, sollte die Gegenpartei sich weigern ...
- Zynismen und tückische Tiefschläge, die bewußt darauf abzielen, den Gegner emotional zu verletzen und vor anderen lächerlich zu machen.

Darüber hinaus bringt jeder Konflikt mit sich, daß sehr viel bezahlte Arbeitszeit mit Tratsch und Gerede vergeudet wird.

2. Wahrnehmung

Je länger ein Konflikt dauert, desto verengter wird die Wahrnehmung. Man sieht den eigenen Standpunkt immer positiver und alles, was dem auch nur leicht widersprechen könnte, wird immer negativer gesehen. Am Ende ist man völlig blind für neue Aspekte und kann gar nicht mehr kritisch distanziert auf das Problem schauen.

Ein großer Teil der Energie, die eigentlich in die Frage gehen sollte, wie man den Konflikt möglichst schonend wieder lösen könnte, wird verschwendet für fruchtlose Betrachtungen, wer wohl „schuld" hat.

Versöhnungsversuche des Gegners werden als Tücke oder als Schwäche ausgelegt. Man sieht die Dinge nicht mehr, wie sie sind, sondern interpretiert sie um, bis sie einem so erscheinen, wie man es möchte oder befürchtet. Fehlverhalten der Gegenseite wird sofort erkannt und löst Empörung aus. Eigenes Fehlverhalten gilt als „Notwehr" oder „gerechte Strafe".

Zunehmend sieht man nicht mehr nur den Ärger mit dem Gegner, sondern fällt Pauschalurteile über „die Sorte“. Wer sich zunächst noch über Frau Meier geärgert hat, kommt bald zu der Erkenntnis, daß man mit „den Weibern“ einfach nicht zusammenarbeiten kann. Der einzelne Konflikt wird zum Beweis hochstilisiert, daß „die vom Betriebsrat“, „die von der Revision“, „die aus der Geschäftsstelle München“ etc. irgendwie alle schrecklich sind.

3. Einstellungen

Je länger ein Konflikt dauert, desto negativer wird die innere Einstellung zum anderen. Das Phänomen kennen wir bei Ehekriegen aus dem Alltagsleben. Irgendwann muß es passiert sein, daß sich aus Liebe eine gewisse Ablehnung entwickelt hat, die sich mit fortschreitendem Konfliktgeschehen in Haß und Vernichtungswille verwandelt.

Aus banalen Anlässen, die man eigentlich zu einem früheren Zeitpunkt noch friedlich hätte regeln können, wird offene Feindschaft. Diese kann dann zu Handlungen oder Äußerungen führen, die späteres Verzeihen und Vertragen unmöglich machen.

Nicht nur die Einstellung zum Gegner entwickelt sich in negative Richtung. Man kann auch die Unbeteiligten nicht mehr neutral betrachten. Wer paktiert mit dem Gegner? Wer solidarisiert sich mit mir? Wem kann ich hier noch trauen?

Hilfsbereitschaft, Höflichkeit, Konzentration auf die Aufgaben, Spaß an der Arbeit, Solidarität mit dem Unternehmen verschwinden schrittweise. Statt dessen entwickelt sich ein rauher oder auch ein kalter Ton. Man legt plötzlich Wert auf klare Dienstanweisungen, kann sich nicht mehr über das gerade noch notwendige Maß engagieren, verschwendet Ressourcen oder leistet sich hier und da ein wenig Sabotage.

4. Aufgabenbezug

In einem konfliktfreien Umfeld arbeiten Kollegen, Mitarbeiter und Führungskräfte miteinander. Man tauscht sich aus über die Arbeit, hilft sich gegenseitig und interessiert sich für das, was die anderen tun. Man freut sich mit den anderen bei Erfolgen und steht sich bei Problemen bei.

Je mehr das Betriebsklima durch offene oder auch unterschwellige Konflikte vergiftet wird, desto mehr legt jeder einzelne Wert darauf, „seinen eigenen Kram“ zu machen. Man zieht klare Grenzen der Zuständigkeiten und sichert sich ab, daß einem die Fehler der anderen bloß nicht in die Schuhe geschoben werden können. Helfen? Mir hilft hier auch keiner!

Daß sich durch diese Vergiftung der Kommunikation, Wahrnehmung, Einstellung und Aufgabenbezogenheit auch höchst materielle Schäden ergeben, versteht sich von selbst. Es geht nicht mehr nur um die Nerven der Betroffenen oder um die Sache, um die gerade gestritten wird. Es geht ganz klar auch darum, daß durch die Bereinigung und – besser noch: rechtzeitige Vermeidung –

von Konflikten wirtschaftliche Schäden vermieden werden müssen. Keine Führungskraft darf sich dabei aus der Verantwortung ziehen.

Wenn Sie Führungsverantwortung tragen, dann müssen Sie sich um folgende Fragestellungen kümmern:

1. *Wie kommunizieren wir miteinander?*

- Welcher Ton herrscht im Team oder im Unternehmen?
- Welchen Diskussionsstil pflegen wir in Besprechungen?
- Ist die Kommunikation eher offen und auch gelegentlich locker oder eher taktierend?
- Werden einzelne Formulierungen auf die Goldwaage gelegt, oder darf man auch mal „ins Unreine" reden?
- Wird großer Wert auf die Einhaltung von Dienstwegen gelegt?
- Hat die Hierarchie zu viel Einfluß auf die Umgangsformen?
- Herrscht ein zu ungezwungener Ton?
- Gibt es häufig ein gereiztes Klima mit scharfen Untertönen?
- Kommt es zu Schmollen?
- Werden öfter folgende Ausreden benutzt: „Hat mir keiner gesagt." oder „Hat mich ja keiner gefragt."?

2. *Wie sehen wir uns gegenseitig?*

- Herrscht eine Stimmung von freundschaftlichem Vertrauen?
- Beobachten wir uns gegenseitig mißtrauisch?
- Unterstellen wir uns gegenseitig schlechte Absichten?
- Ist unser Verhalten von Wertschätzung und Höflichkeit geprägt?
- Wie wird intern über die Kunden geredet? Abfällig?
- Wie schnell kommt es in der Regel nach Konflikten wieder zu einer reibungslosen Zusammenarbeit?
- Wie hoch ist der „Tratschpegel"? Wie steht es bei uns um Gerüchte?

3. *Wie stehen Vorgesetzte und Mitarbeiter zum Unternehmen?*

- Wie gehen wir mit den Ressourcen um?
- Gibt es Abteilungsdenken oder gar „Bunkermentalität"?
- Wie gut funktioniert die bereichsübergreifende Zusammenarbeit?
- Wie reden wir im privaten Umfeld über das Unternehmen?

4. *Welcher Arbeitsstil wird hier gepflegt?*

- Arbeiten die Teams harmonisch miteinander?
- Interessiert man sich für das, was die anderen tun?
- Herrscht ein Klima von offenem Austausch, oder zieht sich jeder auf die eigene Kostenstelle zurück?
- Wird übertrieben viel bis in die Nacht hinein getan?
- Fällt den Mitarbeitern pünktlich zum Feierabend alles aus den Händen?

- Arbeiten wir kundenorientiert, oder ziehen wir uns ganz klar auf das zurück, was exakt in der persönlichen Stellenbeschreibung steht?

Grundsätzlich sollte man sich fragen:

- Macht es mir noch Spaß, hier Führungskraft zu sein?
- Würde ich mir, wenn ich die Chance hätte, lieber ein anderes Unternehmen suchen?
- Macht es vermutlich meinen Mitarbeitern noch Spaß, in meinem Bereich zu arbeiten?
- Bin ich den anderen Führungskräften ein guter Kollege? Wie kann ich mit den anderen auskommen?
- Ist die Zusammenarbeit zwischen mir und dem Betriebsrat von Offenheit und Vertrauen geprägt?
- Dürften die Kunden wissen, wie es bei uns intern abläuft?

Je kritischer Sie auch ohne konkreten Konfliktanlaß regelmäßig diesen Fragen nachgehen, desto besser stehen Ihre Chancen, unterschwellige Probleme frühzeitig zu erkennen und behandeln zu können.

3.4 Konfliktpole als persönliche Festungen

Die meisten Konflikte im beruflichen Umfeld gehen um irgendeinen Sachverhalt oder um einen „Zankapfel".

> Wer bekommt das schönere Büro?
> Wie hoch soll die Prämie sein?
> Steht dem Mitarbeiter eine Beförderung zu?
> Kann man verlangen, daß am Samstag der Arbeitsstau erledigt wird?
> Wer bekommt den Schlüssel zum Archiv?
> Wer hat die Projektverzögerung zu verantworten?
> Sollen auch die Mitarbeiter über 50 in das Zielvereinbarungssystem eingebunden werden?
> Darf bei der Anreise zum Seminarort ein Taxi genommen werden?
> Welcher der Vorstände kann sich mit seiner Strategie durchsetzen?

Bei den Sachverhalten oder „Zankäpfeln" kann es sich um große und strategisch wichtige Dinge oder auch um den täglichen Kleinärger handeln, der an jedem Arbeitsplatz von Zeit zu Zeit entsteht. Dabei stehen das Ausmaß der negativen Gefühle und die Heftigkeit des individuellen Durchsetzungswillens nicht immer in nachvollziehbarer Relation zur Wichtigkeit des Kernproblems. In der Regel weitet sich ohnehin das Konfliktgeschehen sehr schnell aus. Irgendwann geht es nicht mehr nur um die Frage, ob man ein Taxi nehmen darf oder nicht oder wie hoch die Prämie sein muß oder ... Irgendwann geht es auch um Dinge wie die Verteidigung der eigenen „Ehre" oder „ums Prinzip" oder auch nur um den Wunsch, der Gegenseite etwas „heimzuzahlen".

Manche Konflikte haben nicht einmal einen konkreten Sachverhalt als Ursache oder einen „Zankapfel“, um den man streiten könnte. Sie basieren lediglich auf:

Vorurteilen

Kollegen eigener oder anderer Abteilungen werden abgelehnt, weil sie einer bestimmten Nationalität, Gesellschaftsschicht oder Generation angehören, einen bestimmten Beruf ausüben, zur „falschen“ Religionsgemeinschaft gehören oder durch Kleidung und Verhalten ausdrücken, daß sie „anders“ sind. Manche Leute mag man nicht, weil man ganz sicher fühlt, daß die einen nicht mögen. Vor allem Mitarbeiter in untergeordneten Positionen fühlen sich schnell einmal diskriminiert, weil sie davon ausgehen, daß „die da oben“ sie verachten. Dann reicht der kleinste Anlaß, und schon bestätigt sich, was man „von denen“ schon immer vermutete.

„Chemie“

Wo Personen sich instinktiv „nicht riechen“ können, braucht es auch keinen konkreten Sachverhalt oder „Zankapfel“. Da stellen sich die Konflikte ganz von selbst ein.

Aber auch die Konflikte, die „nur“ auf Vorurteilen oder „Chemie“-Problemen beruhen, werden in der Regel an konkreten Themen festgemacht. Man regt sich darüber auf, daß die Kollegen anderer Nationalität viel zu laut sind, daß die Chefsekretärin die Putzfrau herablassend anspricht, daß der Vorstand den Betriebsrat vorsätzlich falsch informiert hat, daß die Buchhaltung sich aus der Reiseplanung des Vertriebs heraushalten soll. Irgendwas findet sich immer, was zum Anlaß genommen wird, die zugrundeliegende Abneigung dingfest zu machen. An irgendeinem Thema wird immer demonstriert, daß man selbst im Recht ist und sich dieses oder jenes von der Gegenseite ja wohl nicht bieten lassen muß. Aus den gegensätzlichen Standpunkten im Streit um den Sachverhalt, den Zankapfel oder das Thema entwickeln sich auf beiden Seiten die sogenannten „Konfliktpole“.

Bei einem konkreten Sachverhalt baut jede Seite kontinuierlich die Beweislage aus, daß der eigene Standpunkt der richtigere und berechtigtere ist. Bei jedem Zankapfel entwickelt jede Partei immer festere Begründungen, warum die eigenen Ansprüche gegenüber denen der Gegenpartei vorrangig sind. Bei Vorurteilen und „Chemie“-Problemen werden mehr und mehr Beweise für die Minderwertigkeit oder Schlechtigkeit der Gegenseite zusammengetragen.

Wir Menschen streben danach, auch vor Unbeteiligten über unsere Konflikte zu reden. Das macht es notwendig, daß wir überzeugend formulieren können, warum wir im Recht sind. Auch wenn wir gerade nicht über das Thema reden, beschäftigt ein Konflikt uns emotional so sehr, daß wir ganz in Gedanken immer wieder die Sache durchgehen und in unserem eigenen Sinne von allen Seiten beleuchten.

Zunehmend wird der eigene Standpunkt gefestigt. Immer weniger ist man bereit, die Dinge auch einmal aus der Sicht des anderen oder eines neutralen Beobachters zu betrachten. Schließlich hat sich jede Partei auf ihrem Konfliktpol wie in einer Festung eingerichtet.

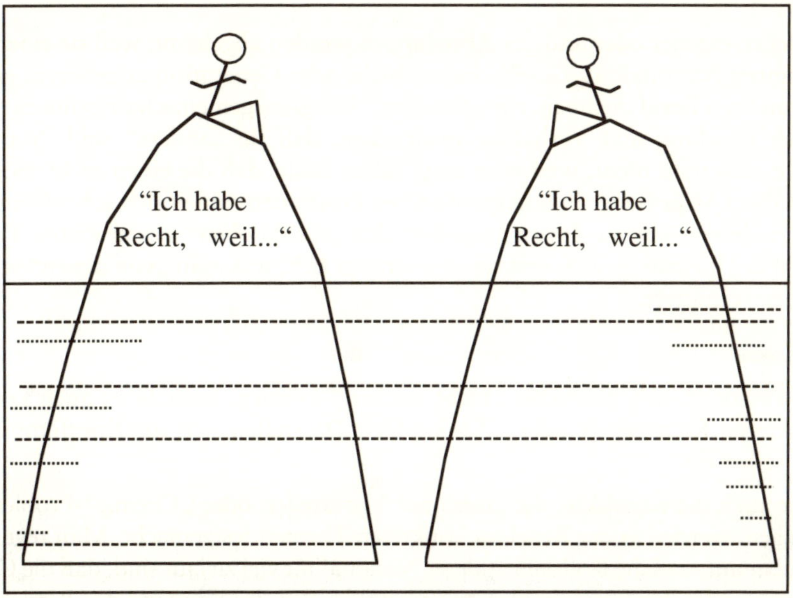

Abbildung 8: Jeder sieht auf seinen „Konfliktpol"

Alles, was vielleicht doch die bisherige Meinung über die eigene Berechtigung oder die der Gegenseite wieder in Frage stellen könnte, wird abgewehrt. Das kann einfach nicht sein, daß man sich irrt oder gar Unrecht zu verantworten hat! Jede Partei mauert fleißig daran: „Ich bin im Recht und die Gegenpartei nicht."

Die Positionen sind unverrückbar. Jede Seite arbeitet an der eigenen Argumentation. Irgendwann wäre es ohne Gesichtsverlust gar nicht mehr möglich, vom eigenen Pol herunterzukommen und der Gegenpartei einen Schritt entgegenzugehen. Dann wird es noch wichtiger, die eigene Festung mit stichhaltigen Beweisen und logischen Argumenten auszubauen. Die Fronten verhärten sich. Es geht dann nur noch um alles oder nichts.

Wenn sich zwei Parteien so auf ihre eigenen Konfliktpole zurückgezogen haben, daß sie sich strikt weigern, auch nur einen Schritt in Richtung Kompromiß oder gar gemeinsame Problemlösung zu gehen, dann ist eine Einigung ohne neutralen Moderator gar nicht mehr denkbar. Selbst wenn einer der Kontrahenten sich zu einem Friedensangebot aufraffen würde, wäre ein Erfolg unwahrscheinlich. Der Gegner würde ein solches Angebot gar nicht so erkennen, wie es gemeint ist. Für ihn sähe das eher aus wie ein mieser Trick oder auch wie die von ihm seit langem erwartete Niederlage des anderen, der „endlich zu Kreuze kriecht".

Als Beispiel kann man sich die verhärteten Fronten zwischen Israel und den Palästinensern vorstellen. Ohne Unterhändler, die von beiden Parteien akzeptiert werden, ist da nichts mehr in Richtung Frieden zu erreichen.
Derartige Frontverhärtungen gibt es auch zwischen Eheleuten, die irgendwann nur noch über ihre Anwälte miteinander verkehren können. Friedensappelle wohlmeinender Freunde sind dann völlig sinnlos.

In Unternehmen führen derartig festgefahrene Konflikte zwischen Vorständen oder anderen hohen Managern immer zu Machtkämpfen bis zum klaren Kriegsergebnis von Sieg und Niederlage. Der Verlierer muß dann gehen.

Wer als Führungskraft im eigenen Team solche Verhärtungen feststellt, muß sich kritisch fragen, wie das überhaupt passieren konnte. Solche Prozesse entwickeln sich nicht über Nacht. Da hat ein Konflikt viel zu lange unerledigt wachsen können. Die betroffenen Mitarbeiter kann man dann kaum noch zu einer profitablen Zusammenarbeit bewegen. Man sollte sie trennen. Sie sollten in Zukunft weder den Arbeitsplatz noch die Aufgabe teilen. Sie würden ganz zwanghaft immer mehr gegen- als miteinander arbeiten. Eine räumliche Trennung und klar abgegrenzte Aufgabenzuteilungen sind notwendig. Das muß auch der größte Friedensapostel unter den Führungskräften akzeptieren. Ab einem bestimmten Zeitpunkt sind die jeweiligen Konfliktpole einfach zu sehr voneinander entfernt und zu vereist, als daß man da jemals wieder Kollegialität und menschliche Wärme erreichen könnte. Es gibt nun einmal zerrüttete Ehen, die notgedrungen geschieden werden müssen, genauso gibt es auch im beruflichen Umfeld zerrüttete Beziehungen, die nicht mehr neu aufgebaut werden können.

Wenn Sie als Führungskraft in Ihrem Bereich einen solchen Fall extremer Konfliktpole haben, dann sollten Sie im Interesse der Vermeidung zukünftiger Konflikte ganz klar rechtzeitig die Konsequenz ziehen und notfalls auch einen Mitarbeiter aus dem Team entfernen. Wenn Sie das nicht übers Herz bringen und immer wieder hoffen: „Die vertragen sich wieder“, dann verschleppen Sie die Probleme.

Bevor Sie zu der Extrementscheidung kommen, den einen oder den anderen Kontrahenten zu entfernen, können Sie als Vorgesetzter einen letzten Versuch zur friedlichen Bereinigung des Problems vornehmen.

Gehen Sie so vor:

1. Holen Sie beide Parteien zusammen, und sagen Sie beiden gleichzeitig, daß Sie die Absicht haben, eine für beide gültige Entscheidung zu treffen. Lassen Sie sich von beiden Seiten bestätigen, daß man bereit ist, sich Ihrer Entscheidung zu unterwerfen.

   Dieses Vorgespräch dürfen Sie auf keinen Fall getrennt mit den Parteien führen! Das würde unnütz zu Mißtrauen führen, was Sie wohl mit der jeweiligen Gegenseite besprochen haben. Bei diesem Vorgespräch sollten Sie auch eine inhaltliche Diskussion zum Konflikt ablehnen.

2. Geben Sie beiden Parteien etwa eine Woche Zeit, sich auf die Konflikterörterung vorzubereiten. Wer sich rhetorisch nicht fit genug fühlt, kann sich schriftlich vorbereiten.
3. Treffen Sie sich nach einer Woche mit beiden Parteien gemeinsam wieder. Losen Sie aus, welche Partei anfängt. Jede Partei bekommt einen festen Zeitrahmen (10 bis maximal 30 Minuten) zur ungestörten Schilderung des eigenen Standpunkts. Anschließend kann jede Partei kurz (5 bis 10 Minuten) Ergänzungen anfügen.

   Sie selbst halten sich aus Diskussionen heraus. Sie hören nur zu und stellen lediglich Fragen, wenn Ihnen die Sachverhalte nicht ganz klar sind. Treiben Sie weder die eine, noch die andere Partei in die Enge. Lassen Sie auch nicht zu, daß sich vor Ihren Ohren beide plötzlich wieder in Wortgefechte verbeißen.
4. Ziehen Sie sich zur Entscheidung zurück. Nach spätestens zwei Tagen müssen Sie sich entschieden haben.
5. Teilen Sie beiden Parteien gleichzeitig Ihre Entscheidung mit. Sie können begründen, müssen das jedoch nicht. Auf keinen Fall lassen Sie sich auf ein Wortgefecht mit der unterlegenen Partei ein. Lassen Sie auch nicht zu, daß der „Gewinner" triumphiert.
6. Beobachten Sie im Verlauf der folgenden Tage, ob beide Parteien sich an Ihre Entscheidung halten und ob der Konflikt damit beendet ist. Falls nicht, muß die Person, die den Konflikt weiterhin pflegt, zumindest bestraft, notfalls aus dem Team entfernt werden. Es geht nicht an, daß Ihre Entscheidung als Vorgesetzter weniger wichtig genommen wird als der persönliche Siegeswille eines der Kontrahenten. Dadurch würde nicht nur für diesen Konflikt, sondern auch für zukünftige Fälle Ihre Autorität untergraben.

3.5 Wenn man nicht mehr miteinander reden kann

Betriebliche Konflikte werden in der Regel verbal ausgetragen. Dabei kann es sich um heftige Wortwechsel handeln oder auch um das Verweigern des Gesprächs und eisiges Schweigen. Es kann sich um direkte Auseinandersetzungen handeln oder auch um die indirekte Vermittlung von Botschaften über diverse Kanäle wie Aktennotizen, vage Andeutungen in Meetings, bei denen jeder weiß, wer gemeint ist, oder um die Nutzung bekannter Tratschwege.

> In primitiven Gesellschaften, unter Betrunkenen und unter Kindern werden Konflikte gerne auch durch Raufereien und körperliches Kräftemessen entschieden. Einen Manager mag es gelegentlich so sehr in den Fingern jucken, daß er schließlich mit der Faust auf den Tisch knallt. Aber schon das gilt als unbeherrschtes und „ungehöriges" Verhalten.

Wir gehen gerne davon aus, daß es doch möglich sein muß, daß in einer zivilisierten Gesellschaft von Erwachsenen Probleme offen diskutiert und geklärt werden. Kein Wunder, daß neutrale Außenstehende gerne an die Konfliktgegner appellieren: „Jetzt besprecht das doch in Ruhe miteinander!" Oder: „Darüber muß man doch reden können. Setzt euch einfach mal zusammen."

Auch als Führungskraft könnten Sie versucht sein, Konflikte zwischen Mitarbeitern durch offene Gespräche bereinigen zu wollen. Ratlos stehen Sie dann vor dem Phänomen, daß die beiden Gegner sich nicht „vernünftig" aussprechen, sondern immer tiefer in immer bösere Wortwechsel verstricken. Man wird laut, vergreift sich im Ton und hört dem anderen nicht mehr zu oder versteht vorsätzlich falsch.

Vielleicht haben Sie auch schon bei sich selbst erlebt, wie schwer es Ihnen fällt, bei einem Konflikt die eigene Zunge im Zaum zu halten. Vielleicht haben Sie sich auch schon gelegentlich im nachhinein für das geschämt, was Sie gesagt haben und wie Sie es von sich gegeben haben. Es kann auch sein, daß Sie im Konfliktgespräch von den Äußerungen der Gegenpartei so überrascht waren, daß Ihnen erst Stunden später – viel zu spät – eingefallen ist, was Sie hätten sagen sollen. Auch das ist höchst ärgerlich.

Durch unsere Erziehung meinen wir, daß wir Konflikte ruhig und sachlich in klärenden Gesprächen bereinigen sollten. Aber im akuten Fall spielen uns unsere Gefühle oft dann doch diesbezüglich einen Streich. Wir werden laut, vergreifen uns in der Wortwahl, regen uns über den Unsinn oder die Frechheiten der Gegenseite auf und stellen schließlich fest, daß das als Klärung gemeinte Gespräch alles nur noch verschlimmert hat.

Woran liegt es, daß Menschen in einer Konfliktsituation kaum noch in der Lage sind, „vernünftig" über das Problem zu reden und sich in einem „ruhigen" Gespräch zu einigen?

Die fünf typischen Barrieren, die einer positiven Kommunikation im Wege stehen, sind:

1. Individuelle Sichtweise

Es fängt schon damit an, daß bei einem Konflikt jeder der Betroffenen eine andere Sichtweise auf das Problem hat. Man unterscheidet sich in der Wahrnehmung, was eine gute oder weniger gute Lösung wäre, man schätzt die Wichtigkeit und Dringlichkeit der Teilprobleme unterschiedlich ein, man beurteilt die Berechtigung der jeweiligen Ansprüche unterschiedlich und macht sich jeweils ein eigenes Bild von den mehr oder weniger finsteren Absichten der Gegenseite. Häufig ist es sogar so, daß nur eine der Parteien den Konflikt als solchen erkennt, während die andere darüber lächelt und gar nicht einsieht, warum man sich überhaupt mit der „Banalität" befaßt.

Die Konsequenz ist, daß man sich gegenseitig immer wieder über die „wahren" Sachverhalte und die „objektive" Sichtweise zu belehren versucht. Aber nur die wenigsten Menschen mögen es, wenn man sie im „Oberlehrerton" anspricht.

Außerdem macht es reizbar, wenn man „sich den Mund fusselig redet" und die andere Seite zu „dumm" ist, die Zusammenhänge „richtig" zu verstehen.

2. Angst vor Schuldzuweisungen

Bei Konflikten geht den meisten Menschen blitzartig der Gedanke durch den Kopf: „Kann man mir in diesem Zusammenhang die Schuld geben?" Sobald ein Zwist auftaucht, fangen viele schon vorbeugend damit an, sich zu rechtfertigen und schon mal die mögliche Schuld oder Ursache für das Problem weit von sich und vielleicht sogar in Richtung des Gegners zu schieben. Kein Wunder, daß in einer solchen Situation schon eine Frage als Unterstellung und eine Aussage des anderen als Angriff gewertet werden. Jede Partei geht nämlich instinktiv davon aus, daß der jeweilige Gegner ebenfalls die Schuldzuweisung von sich ablenkt. Wo eigentlich eine offene Aussprache stattfinden sollte, entwickelt sich ein Wortgefecht.

Die Konsequenz ist, daß sich eine zunächst vielleicht noch ganz ruhige Aussprache zu dem Thema unversehens in Rechtfertigungen, Angriffe und Gegenangriffe steigert. Und schon fühlt man sich „im falschen Ton" angesprochen und ist beleidigt.

3. Gefühls- und Verstandesorientierung

Die wenigsten Menschen können Verstand und Gefühl in sinnvollem Gleichgewicht halten. Die einen brausen auf der Stelle auf oder zucken angstvoll zusammen oder steigern sich in Kampfeslust. Sie reagieren zu emotional und können vor lauter Gefühlswallungen nicht mehr strategisch ihre Ziele im Auge behalten. Sie wollen jetzt im Gefecht der Auseinandersetzungen recht behalten oder siegen oder zumindest nicht „das Gesicht verlieren". Die anderen bleiben eiskalt und beobachten womöglich mit zynischem Grinsen, wie die Gegenseite langsam aber sicher die Fassung verliert und „aus der Rolle fällt". Wieder andere haben gar kein Verständnis für die verletzten Gefühle, die Ängste und den Ärger auf der Gegenseite. Angewidert nehmen sie zur Kenntnis, wie der Aufgeregte sich „schlecht benimmt", laut wird oder sogar flucht.

Die Konsequenz ist, daß mancher im Konflikt völlig den Überblick verliert und vor Wut Dinge tut oder sagt, die er später bitter bereut. Dann kann sich ein zunächst kleines Problem zu einer persönlichen Katastrophe entwickeln. Es kommt auch immer wieder vor, daß die Ungleichheit in der Gefühls- und Verstandesorientierung dazu führt, daß der „kalte Denker" seine Chance nutzt und den „Choleriker" auch noch bewußt reizt. Eine andere mögliche Konsequenz ist, daß sich ein Empörter vom aufgeregten Gegner abwendet und im verletzenden Gouvernantenton von sich gibt: „Auf diesem Niveau lasse ich nicht mit mir reden." Ende der Kommunikation.

Emotionalere Menschen gehen aus solchen Situationen immer als Verlierer hervor, ganz egal, ob sie im eigentlichen Konflikt grundsätzlich im Recht wären oder nicht.

4. Gefühle als Fiktion oder Fakten

Typisch für uns Menschen ist in der Regel, daß wir unsere eigenen Gefühle als Realität erleben, die der anderen jedoch oft unterschätzen, gar nicht glauben oder für Unsinn halten. Bei anderen wollen wir meistens einen „vernünftigen Grund" für die Gefühle sehen, um diese überhaupt anerkennen zu können. Wenn man zum Beispiel erlebt, daß der Gegner im Konflikt sich sehr ärgert, dann kann es vorkommen, daß man sich denkt, der andere habe gar keinen Grund, sich zu ärgern. Und schon sagt man es: „Regen Sie sich doch nicht so auf!"

> „Jetzt bleiben Sie doch mal ruhig, und lassen Sie sich die Zusammenhänge erklären!" Man meint es vielleicht sogar gut und will dem anderen helfen, seine negativen Gefühle loszuwerden. Aber das geht nicht. In Konflikten kommt es immer wieder vor, daß die eine Partei der anderen vorwirft, die „falschen" Gefühle zu haben. Auch der Versuch, einem anderen die Gefühle mit sachlichen Begründungen auszureden, schlägt unweigerlich fehl. Gefühle sind von ihrer Natur her „unvernünftig" und damit dem Zugriff der Logik entzogen.

Die Konsequenz ist, daß die Person, deren Gefühle nicht akzeptiert werden, sich selbst in ihrer Persönlichkeit abgelehnt fühlt. Man kann sich nicht mehr sagen: „Ok, wir haben wohl eine unterschiedliche Meinung zu dem Thema." Statt dessen sagt man sich: „Der andere lehnt mich ab. Der ist gegen mich." Wie kann man dann noch gemeinsam einen Konflikt im Gespräch regeln, wenn man im Konfliktgegner einen persönlichen Gegner oder gar Feind sieht?

3.6 Machtunterschiede

Jeder Konflikt führt automatisch dazu, daß sich jede Partei instinktiv in ihrer Macht mit dem Gegner vergleicht. Das gilt auch für die Leute, die eigentlich davon ausgehen, nicht hierarchisch orientiert zu sein. Im Eifer des Konflikts kommt es trotzdem ganz schnell zu dem Gedanken: „Das muß ich mir nicht bieten lassen! Von dem nicht! Von dem schon gar nicht!" Aha, demnach gibt es sehr wohl Leute, von denen man sich das bieten lassen müßte?

Die Machtunterschiede müssen nicht immer hierarchisch begründet sein. Rhetorische Unter- oder Überlegenheit können sich in der Machtfrage ebenfalls entscheidend auswirken. Eine andere „Macht" kann auch darin liegen, daß die eine Partei ein dickeres Fell hat und die Unannehmlichkeiten des Konflikts besser aushält. Wer empfindlicher reagiert oder mehr darunter leidet, gerade beim Gegner nicht „beliebt" zu sein, der ist auch dadurch auf der schwächeren Seite.

Im betrieblichen Umfeld wird heute die Machtfrage sehr tabuisiert. Heute wird der partnerschaftliche und kooperative Führungsstil propagiert. Man tut, als sei es gar nicht wahr, daß der Vorgesetzte mehr Macht hat als der Untergebene, der nicht einmal mehr als solcher bezeichnet werden darf. Im Konflikt wirkt sich diese Tabuisierung fast immer aus. Es kann vorkommen, daß plötzlich doch wieder der Vorgesetzte darauf pocht, am längeren Hebel zu sitzen. Es kann umgekehrt auch dazu führen, daß sich der Vorgesetzte kaum noch traut, seine Ziele durchzusetzen, weil er befürchtet, als autoritär abgestempelt zu werden.

Das nutzt ein gerissener Mitarbeiter durchaus auch für seine eigenen Ziele. Eine weitere Variante der Machtfrage kann sich daraus ergeben, daß eine der Parteien einen „besseren Draht nach oben“ hat als die andere. Wenn zum Beispiel zwei Mitarbeiter mit eigentlich gleicher Position in der Hierarchie einen Konflikt miteinander haben, dann kann sich die Person, die mit dem Vorgesetzten besser auskommt, auch bessere Siegeschancen ausrechnen. Die andere fühlt sich nicht nur unterlegen, sondern auch noch ungerecht behandelt. Leider werden auch solche unterschiedlichen Beziehungen zu Ranghöheren tabuisiert. Die meisten Führungskräfte legen großen Wert darauf, daß ihnen angeblich alle Mitarbeiter gleich nahestehen, daß sie „gerecht“ sind. Tatsächlich kann man es gar nicht verhindern, daß einem einige Mitarbeiter sympathischer sind als andere. Für deren Anliegen und Sichtweisen hat man dann natürlich auch viel mehr Verständnis.

Die Konsequenz ist, daß die Tabuisierung eines real sehr wohl vorhandenen Machtgefälles dazu führt, daß man sich zwar sehr bemüht, die Form zu wahren und scheinbar partnerschaftlich und sachlich miteinander zu diskutieren, daß sich jedoch unterschwellige Drohgebärden und doppeldeutige Bemerkungen einschleichen. Manipulationstechniken werden angewendet, und es kommt zu schwierigen taktischen Kommunikationsmanövern.

Die fünf hier dargestellten Kommunikationsbarrieren lassen sich nur schwer überwinden. Mißverständnisse, Angriffe, Ausflüchte, Beschönigungen, Dramatisierungen, Drohungen, Beleidigungen und andere kommunikative Schwierigkeiten kommen zum ursprünglichen Konfliktanlaß hinzu.

Ein weiteres Problem besteht nicht selten darin, daß ein aktueller Konflikt alte Wunden wieder aufreißt. Plötzlich fällt dem einen wieder ein, was der andere ihm schon in früheren Fällen angetan hat. Man erinnert höhnisch an frühere Niederlagen und Irrtümer des Gegners und hofft gleichzeitig, daß eigene frühere Fehler nicht erneut ans Licht gezerrt werden.

Weiterhin besteht ein typisches Kommunikationsproblem darin, daß die Menschen sich von ihrem Temperament her stark unterscheiden. Mancher will sofort die Dinge besprechen und möglichst auf der Stelle klären. Ein anderer weicht den Gesprächen lieber erst einmal aus, um die Sachlage zuvor gründlich von allen Seiten gedanklich zu beleuchten. Der eine drängt auf das Streitgespräch, der andere wehrt ab, und beide unterstellen sich gegenseitig böse Absichten bei ihrem Bestreben zu reden oder zu schweigen.

Kein Wunder, daß so viele Appelle, einen ungelösten Konflikt doch bitte offen und kooperativ zu besprechen, ins Leere laufen oder mehr zur Eskalation als zur Schlichtung beitragen!

Für Sie als Führungskraft sollten unbedingt folgende Regeln gelten:

1. Versuchen Sie Konflikte so früh wie möglich zu regeln. Aufschieben und Vertuschen in der Hoffnung, daß sich die Dinge vielleicht doch noch von selbst klären, wirken sich fast immer verstärkend aus. Je länger ein Konflikt schwelt, desto entschiedener haben die Betroffenen sich auf ihre jeweiligen Konfliktpole zurückgezogen, desto schwieriger ist die Überwindung der typischen Kommunikationsbarrieren.
2. Versuchen Sie selbst, möglichst ruhig und sachlich zu reagieren. Seien Sie jedoch mit emotionalen Äußerungen anderer nachsichtig. Überhören Sie es einfach, wenn der andere sich im Ton vergreift oder laut wird. Spielen Sie nicht die Gouvernante, die auf „Benimm" pocht, wenn der andere vor Gefühlswallungen bebt.
3. Sie müssen sich natürlich nicht unbedingt der Sichtweise der Gegenseite anschließen, aber Sie sollten grundsätzlich bedenken, daß auch Sie vermutlich keinen objektiven Blick auf das Problem haben. Außerdem kann es sein, daß Sie sich irren. Es ist schon viel gewonnen, wenn Sie wenigstens an die Möglichkeit denken, daß Sie den falschen Standpunkt vertreten.
4. Denken Sie als Führungskraft immer daran, daß Sie weder Staatsanwalt noch Polizist sind. Sie sollen keine „Schuldigen" feststellen, sondern die sinnvolle Weiterarbeit möglich machen. Schauen Sie nach vorne: „Wie kann das Problem möglichst zügig und mit möglichst wenig Reibungsverlusten gelöst werden?" Schauen Sie nicht nach hinten: „Wer hat angefangen?"
5. Akzeptieren Sie die Tatsache, daß es Machtgefälle gibt. Sie wissen es, Ihre Mitarbeiter wissen es. Tabuisierungen verschleiern und verkomplizieren. So wie es Gehaltsunterschiede gibt, so gibt es auch Unterschiede in der Durchsetzungsmacht. Je offener man damit umgeht, desto offener kann auch diskutiert werden.

3.7 Kleiner Anlaß, große Wirkung – Stufen der Eskalation

Viele Führungskräfte unterschätzen völlig, welche Schäden sich für das Unternehmen oder auch für die eigene Position daraus ergeben können, daß Mitarbeiter ihren Ärger über vermeintliche oder tatsächliche Ungerechtigkeiten, schlechte Behandlung, Überlastung und andere Probleme nicht bereinigen können. Es kommt immer wieder vor, daß die Führungskraft glaubt, man habe über die offenen Probleme gesprochen und damit sei es dann auch gut. Häufig gelingt es der Führungskraft durch ihre bessere Rhetorik, den Mitarbeiter in einem Konfliktgespräch so in die Enge zu treiben, daß dieser schließlich keine weiteren Argumente mehr vorbringen kann und klein beigibt. Für die Führungskraft ist damit der Konflikt vom Tisch. Für den Mitarbeiter kommt zu dem ursprünglichen und weiterhin nicht befriedigend geklärten Problem die demütigende Niederlage einer „verlorenen" Aussprache hinzu. Das können die wenigsten Menschen einfach so hinnehmen!

Um die „Anatomie" eines Konflikts wirklich zu verstehen, muß man wissen, in welchen typischen Eskalationsstufen sich manchmal scheinbar geringe Anlässe zu handfesten Skandalen entwickeln können.

> Man kennt das Phänomen von Eheproblemen. Der eine Partner ärgert sich über den anderen. Irgendwann reicht der Ärger für eine scheinbar plötzliche Attacke. Für den, der sich geärgert hat, war vielleicht nur ein geringer Anlaß der „Tropfen, der das Faß zum Überlaufen" brachte. Für den anderen kommt der Angriff womöglich völlig überraschend. Vielleicht wäre es weniger überraschend gewesen, hätte man schon vorher einmal auf den leicht genervten Unterton oder das mißmutig verzogene Gesicht geachtet.

Wenn nun die Nerven des schon länger verärgerten Partners durchgehen, kommt es leicht zu folgendem Phänomen: Vor Zorn werden die Anklagen gegen den anderen im „falschen Ton" vorgebracht und oft auch heftig aufgebauscht. Der überraschte Partner fällt aus allen Wolken und stellt als erstes fest, daß man so „unsachlich" kein „vernünftiges" Gespräch führen kann. Dieses wird dem bereits Genervten natürlich mit pädagogischem Zeigefinger gesagt.

> Das kann sich dann so anhören: „Schrei hier nicht so herum!" Oder: „Vielleicht sollten wir das Thema erst besprechen, wenn du dich wieder im Griff hast." Oder: „Merkst du eigentlich noch, in welchem Ton du mit mir sprichst?"
> Der Verärgerte ist nun auch noch gedemütigt. Im Grunde weiß er ja, daß es „sich nicht gehört", so unsachlich zu werden. Er schreit oder nörgelt noch herum, zieht sich dann jedoch zurück. Der „Pädagoge" ist zufrieden, weil er irrigerweise glaubt, dem anderen verdeutlicht zu haben, daß man so ja wohl nicht miteinander umgehen kann.

So ähnlich geht es auch häufig bei Konflikten im Unternehmen zu. Wenn ein konkreter Zankapfel wie zum Beispiel eine bestimmte Position oder Ressource zu erkämpfen ist, liegt der Fall ganz anders. Dann geht es bei den offenen Auseinandersetzungen oder bei den tückischen Strategien in der Regel unmißverständlich um das zu erobernde Objekt.

Die zunächst fast unmerklich verlaufenden Eskalationsprozesse sind typisch für Konflikte der folgenden Art:

- Mitarbeiter nerven sich gegenseitig oder passen von der „Chemie" her nicht zusammen.
- Ein Mitarbeiter fühlt sich im Vergleich zu den Kollegen zurückgesetzt oder im Verhältnis zur eigenen Leistung zu schlecht bezahlt.
- Mitarbeiter sind überlastet und sehen die Ursache im unfähigen Management.
- Das Betriebsklima ist schlecht.
- Ein Mitarbeiter kommt mit den eigenen Vorstellungen im Hinblick auf die Bearbeitung von Vorgängen nicht durch und muß sich einem Stil anpassen, den er für falsch hält.
- Mitarbeiter fühlen sich zu stark gegängelt oder zu sehr vernachlässigt.
- Mitarbeiter leiden unter internen Zuständen, die sie als „Pfusch" oder Chaos empfinden. Sie möchten gute Arbeit leisten, bekommen jedoch nicht ausreichend Zeit oder Ressourcen dafür.

- Mitarbeiter leiden unter dem Verhalten oder den Launen der Führungskraft.
- Mitarbeiter werden für Projekte oder Aufgaben herangezogen, die ihnen nicht liegen, die sie nicht wollen oder an deren Ziele sie nicht glauben.
- Mitarbeiter müssen Regeln und Vorschriften einhalten, deren Sinn sie nicht einsehen.

Auch bei solchen allgemeinen Unzufriedenheiten werden oft konkrete Anlässe genommen, um sich zu ärgern oder untereinander zu beklagen. Aber häufig sind die konkreten Ärgerlichkeiten nur Teile eines Gesamtkonflikts, der sich nicht genau definieren läßt. Auf jeden Fall ist man nicht glücklich am Arbeitsplatz und fühlt sich demotiviert.

Die typischen Eskalationsstufen von Konflikten in einem solchen Umfeld sind die gleichen wie im Ehekonflikt. Sie können sich vom ersten Ärger bis zu Kündigung/Scheidung und sogar bis zur reinen Rachsucht entwickeln.

Die Schnelligkeit der Eskalation hängt fast immer vom Temperament der betroffenen Person ab. Manche regen sich schnell auf, wollen das Problem sofort aus der Welt schaffen und werfen recht bald alles hin, wenn sie mit einer zügigen Lösung nicht durchkommen. Andere gehen jahrelang mißmutig zur Arbeit, beklagen sich immer und immer wieder über die schrecklichen Zustände und erreichen so womöglich sogar das Rentenalter nach mehreren verbitterten Jahrzehnten.

Man kann auch nicht davon ausgehen, daß immer die Eskalationsstufen der Reihe nach erreicht werden. Es kann vorkommen, daß in friedlicheren Zwischenphasen der Ärger auch einmal abgebaut wird. Das kann zum Beispiel durch einen Urlaub erreicht werden. Wenn das Problem jedoch weiterhin besteht, setzt der Ärger irgendwann auf der nächsthöheren Konfliktstufe wieder auf.

Die neun typischen Eskalationsstufen sind:

1. Verstimmung oder Verärgerung

Der Betroffene nimmt etwas wahr, was ihn ärgert. Je nach Mitteilungsbedürfnis oder Temperament wird der Ärger offen ausgesprochen oder nur in Gedanken gewälzt. Manchmal will man auch nichts dazu sagen, weil man die ansonsten gute Stimmung nicht verderben will, weil man die Sache selbst nicht so wichtig nimmt, weil man die Gefühle anderer nicht verletzen möchte ... Es gibt viele Gründe, warum mancher Ärger im akuten Fall unausgesprochen bleibt, später jedoch bei einem Streit plötzlich auch noch auf den Tisch kommt.

Fast alle Ärgerlichkeiten gehen gar nicht weiter als bis zu dieser Stufe. Der meiste Ärger, den man im Leben so hat, wird recht bald wieder vergessen. Daraus entwickeln sich keine Konflikte. Schlechte Laune hat jeder einmal. Geärgert wird man auch immer einmal wieder. Kein Problem.

2. Debatte oder Streit

Ärgerlichkeiten, die nicht verschwinden oder sich ständig wiederholen, kann man irgendwann nicht mehr schweigend ertragen. Der Betroffene hat das Bedürfnis, das Problem „auf den Tisch zu legen". Er will darüber reden und es aus der Welt schaffen. Leider fällt es vielen Menschen sehr schwer, unangenehme Dinge innerlich ruhig und selbstverständlich anzusprechen. Die meisten schieben unangenehme Aussprachen vor sich her und gehen sie vorab x-mal in Gedanken durch. Wenn sie dann endlich die Initiative ergreifen, sind sie nervös und ängstlich oder auch bereits so wütend, daß es sich wie ein Angriff anhört. Was als offene Aussprache geplant war, entwickelt sich unversehens zu einem Streit, zu zäher Wortklauberei oder gar zu zynischen Gegenangriffen seitens der Person, die jetzt zum ersten Mal erfährt, daß beim anderen ein Ärger bestand.

Häufig fühlt sich die Person, mit der der Verärgerte nun das Gespräch sucht, ungerecht behandelt. Man nimmt wahr, daß man ganz ahnungslos freundlich mit jemandem umgegangen ist, der offensichtlich schon eine Weile finstere Gedanken gegen einen hegte und nun plötzlich eine Liste von Vorwürfen aus dem Ärmel zieht.

> Man kennt solche Beispiele, wenn ein konfliktscheuer Vorgesetzter ein notwendiges Kritikgespräch mit seinem Mitarbeiter vor sich herschiebt. Er beobachtet den ahnungslosen Mitarbeiter, sammelt weitere Minuspunkte und überrascht den Arglosen eines Tages mit der Information, was sich alles an Kritikwürdigem angesammelt hat. Der Mitarbeiter ist nun seinerseits wütend, und schon ist der Streit da.
>
> Umgekehrt kann es sein, daß ein Mitarbeiter ein notwendiges Gespräch mit dem Vorgesetzten vor sich herschiebt. Irgendwann geht er dann doch hin, hat bereits ein flaues Gefühl im Magen und vielleicht auch eine etwas unsichere Stimme. Der Chef hört sich die Beschwerde an, spürt die Unsicherheit des Mitarbeiters und diskutiert dann aus seiner Position hierarchischer Überlegenheit und festerer innerer Stabilität heraus. Am Ende behält der Vorgesetzte das letzte Wort. Der Mitarbeiter gibt klein bei und verläßt unverrichteter Dinge, jedoch zusätzlich gedemütigt das Gespräch.
>
> Eine andere Situation kann sich ergeben, wenn zwei Mitarbeiter sich uneinig sind und ihr Problem vor dem Vorgesetzten als neutralem Schlichter vortragen. Fast immer gelingt es einem der beiden besser, seine Sicht zu schildern oder die Schuld des anderen herauszustellen. Mancher Vorgesetzter schickt die beiden wieder an die Arbeit mit einer Ermunterung wie: „Rauft euch zusammen. Ihr seid doch erwachsen." Andere Vorgesetzte geben ihrem Lieblingsmitarbeiter recht. Wieder andere glauben demjenigen, der sich in der Diskussion am besten ausdrücken konnte. Das Ergebnis ist, daß der Vorgesetzte meint, das Problem sei durch seine weise Intervention gelöst. Von den beiden Mitarbeitern geht der eine als zufriedener Sieger und der andere als geschlagener Verlierer aus dem Gespräch heraus.

Fast nie wird ein Konflikt in dieser Eskalationsstufe bereinigt. Wir meinen zwar immer, im offenen Gespräch müßten sich die Dinge besprechen und regeln lassen. Das ist fast nie der Fall. In der Regel gewinnt zu diesem Zeitpunkt der bessere Rhetoriker oder die Person, die ihre eigenen Gefühle am besten kontrollieren kann. Wer sein Anliegen nicht richtig in Worte fassen kann oder emotional wird, geht als Verlierer aus dem Gespräch.

Der Gewinner und auch – falls vorhanden – der Schlichter gehen davon aus, daß der Konflikt damit beendet ist. Für den Verlierer geht er weiter.

3. Kontaktabbruch

Im privaten Umfeld spricht man jetzt auch vom „Schmollen". Der Verlierer muß innerlich mit der erneuten Niederlage des Gesprächs fertig werden. Er wird still. Er meidet den Blickkontakt mit dem Gegner und geht weiteren Gesprächen aus dem Weg. In seinen Gedanken wälzt er das Problem weiter.

Der Gewinner nimmt manchmal nicht einmal wahr, daß der andere noch „schmollt". Für ihn ist das Thema oft schon nach kürzester Zeit vergessen. Es kann auch sein, daß er liebevoll und leicht herablassend den anderen fragt: „Wollen wir uns wieder vertragen?" Der Verlierer hört sehr wohl heraus, daß diese Formulierung die Botschaft verschleiert: „Kommst du nun wieder zur Vernunft?" Jetzt wird oft mit einem ja geantwortet. Richtiger wäre: „Nein, ich bin noch immer verärgert."

4. Soziale Ausweitung

Es gibt Menschen, die ihren Ärger in sich hineinfressen. Das sind jedoch die Ausnahmen. Das sind oft auch diejenigen, die scheinbar ganz friedlich das Problem zu den Akten legen und dann viel, viel später Rache nehmen, wenn sich der Gegner gar nicht mehr an den Konflikt erinnern kann.

> Die meisten Menschen haben das Bedürfnis, sich über ihre Sorgen mit anderen auszusprechen. Im Ehekonflikt wird jetzt mit Freunden, Eltern oder Geschwistern telefoniert und die Gemeinheit des Partners von allen Seiten beleuchtet.
> Im beruflichen Umfeld stehen zuerst natürlich die netten Kollegen zur Verfügung, bei denen man sich ausweint. Man spricht auch mit Freunden über den Ärger im Beruf, geht vielleicht zur Mobbingberatung oder fragt den Anwalt.

Was viele Führungskräfte jedoch unterschätzen, ist, daß mancher Mitarbeiter so wütend ist, daß er sich sogar vor Kunden beklagt! Bankberater, Verkäufer, Bedienungspersonal, Krankenpfleger, Stadtangestellte ... Sie alle finden ihre sympathischen Kunden, bei den man „sich auch mal aussprechen" kann.

> Das Zimmermädchen warnt den Gast vor dem Zahnbecher: „Die werden hier immer mit den alten Handtüchern blank gerieben."
> Der Kundenberater der Sparkasse gibt den Tip: „Rechnen Sie das immer noch mal nach. Bei unserer DV gibt es dauernd Probleme."

Rabenschwarze Andeutungen über internen Pfusch, Schmuddeligkeit, über unfähige Kollegen und ausbeuterische Methoden werden von erbosten Mitarbeitern liebend gerne an die Kundschaft weitergegeben. Man hat sogar das Gefühl, es sei eine Gewissenspflicht, die netten Kunden vor dem bösen eigenen Arbeitgeber zu warnen.

Mancher Konflikt wird von selbst auf dieser Eskalationsstufe beendet. Es kann sein, daß der bisherige Verlierer seinen Seelenfrieden wiederfindet, wenn er zufrieden feststellt, daß er sich mit seinen Anschwärzungen rächen konnte. Zu wissen, daß der eine oder andere Kunde in Zukunft zur Konkurrenz geht, kann die Stimmung dauerhaft heben. Wer sich im Kollegenkreis beklagt, hört hier vielleicht, daß es anderen auch nicht besser geht, daß alle wissen, wie grauenhaft unfähig der eigene Chef ist.

Es kommt jedoch häufig vor, daß ein Konflikt durch die soziale Ausweitung erst richtig handfeste Dimensionen annimmt. Der bisherige Verlierer hört von anderen: „Das kannst du dir nicht bieten lassen!" oder „Da mußt du unbedingt etwas unternehmen!" Die eigentlich unbeteiligten Dritten schütten noch Öl ins Feuer und geben Tips, wie man doch noch zum Sieg kommen kann. Für den Betroffenen kommt dabei die Erkenntnis heraus:

1. Ich bin im Recht. Die anderen sehen die Sache genau wie ich.
2. Ich wäre dumm, wenn ich nichts gegen das Unrecht unternehmen würde.
3. Es gibt gute Strategien.

5. Ideensammlung, Strategie und Planung

Der Betroffene durchdenkt das Problem, erkundigt sich bei anderen, denen es ähnlich erging, und grübelt, was er tun könnte. Mancher fängt jetzt an, die Stellenanzeigen in der Zeitung zu studieren oder sich rechtliche Auskünfte einzuholen. Lustvoll malt man sich aus, was der hilflose Chef wohl täte, würde man ihm die Brocken einfach hinschmeißen.

> Bei Eheproblemen geht einem jetzt durch den Kopf, wie man im Falle einer Scheidung Unterhalt und Erziehungsrecht regeln könnte. Man will ja nicht geschieden werden! Auf der anderen Seite, wenn man wollte, müßte der andere ganz schön bluten! Auch solche Gedankenspielereien machen Spaß.

Je klarer man sich ausmalt, wieviele Möglichkeiten man doch noch hat, sich selbst zum Sieg zu verhelfen und der Gegenseite eins auszuwischen, desto besser wird die Stimmung. Irrigerweise deutet die ahnungslose Gegenseite die offensichtlich gehobene Stimmung des bisher Schmollenden als Zeichen für die endgültige Erledigung des Konflikts. Das wiederum nimmt der Betroffene wahr. Es ärgert ihn erneut, daß man sein Anliegen tatsächlich nicht ernst nimmt. Er steigert sich zur nächsten Eskalationsstufe.

6. Andeutungen, Warnungen, Drohungen

Der Betroffene will endlich, daß die Gegenseite die Probleme als solche erkennt und möglichst zusammenzuckt. Der bisherige Sieger soll von seinem hohen Sockel herunter und merken, daß sein Sieg durchaus nicht so sicher ist, wie er wohl dachte.

> In der Ehe kämen jetzt zum Beispiel Andeutungen wie: „Gisela hat sich scheiden lassen. Sie ist wieder richtig glücklich." Oder: „Kollege Müller hat nach der Scheidung aufs Sorgerecht verzichtet. Das könnte ich nie." Leider bemerkt der andere fast nie, welche tiefere Botschaft hinter solchen scheinbar harmlosen Hinweisen stecken kann.

Im beruflichen Umfeld fallen jetzt Bemerkungen zu wundervollen Chancen, die man so am Arbeitsmarkt hat, zu Beziehungen, die man jederzeit nutzen könnte, zu den klaffenden Lücken, die man hinterlassen würde, sollte man ganz einfach gehen.

Die Erkenntnis, daß die eigenen Andeutungen nicht richtig verstanden werden, verärgert. Man wird einfach nicht für voll genommen! Der Zorn treibt das Geschehen auf die nächste Eskalationsstufe.

7. Offene Angriffe und soziale Ausfälle

Der Betroffene fühlt sich unverstanden, ärgert sich und steigert sich in negative Emotionen. Kleinste Anlässe führen zu lauten Angriffen, Türenknallen oder höhnischem Gelächter.

Häufig wird erst jetzt – zum ersten Mal seit dem fast vergessenen Gespräch von der zweiten Eskalationsstufe – der Gegenseite bewußt, daß der alte Konflikt noch offen ist.

Manchmal fällt der damalige Sieger jetzt aus allen Wolken und fragt sich verblüfft, was den Erbosten gestochen hat, den „alten Hund wieder auszugraben". Das Thema war doch längst vom Tisch! „Darüber haben wird doch schon gesprochen! Was hast du denn jetzt schon wieder?!"

Wenn man Glück hat, kommt jetzt endlich das längst notwendige „reinigende Gewitter". Wenn man Pech hat, folgt nur ein erneuter Versuch zu einer offenen Aussprache mit letztlich wieder einem rhetorischen Sieger und einem Verlierer. Danach setzt der Konflikt erneut auf Eskalationsstufe 3 wieder auf. Manche Ehe zieht sich über Jahre und Jahrzehnte damit hin, daß immer wieder die Probleme zwischen den verschiedenen Steigerungsstufen hin- und hertransportiert werden. Die Phasen wechseln zwischen partnerschaftlichen Aussprachen, eisigem Schweigen, giftigen Bemerkungen und offenen Streitereien.

Im beruflichen Umfeld sind die sozialen Ausfälle oft viel peinlicher und folgenschwerer. Das tut man einfach nicht, den Chef anbrüllen, aus dem Meeting rennen, schluchzend zur Toilette flüchten oder gegen den Kopierer treten. Man wird von den anderen dafür verspottet, man schämt sich und kann nach dem „Auftritt" unmöglich einfach so weiterarbeiten.

Jetzt geht es längst nicht mehr nur um den ursprünglichen Konflikt. Jetzt geht es um die eigene Ehre, um den allgemeinen Haß auf die Gegenseite, um die persönliche Rechtfertigung für die ganze peinliche Angelegenheit. Der Konflikt steigert sich zur nächsten Eskalationsstufe.

8. Rundumschläge

Jetzt will man den Gegner treffen, egal wo und wie. Man beschränkt sich nicht mehr auf die Durchsetzung des bisherigen Anliegens, man will ganz allgemein verletzen.

In der Ehe könnten nun Bemerkungen kommen wie: „Der Anblick deines versoffenen Vaters hätte mich warnen sollen, dich zu heiraten!" Oder: „Deine Schwester ist mindestens so eine Schlampe wie du!"

Auch im beruflichen Umfeld folgen jetzt oft genau die Beleidigungen, die eine Versöhnung für immer unmöglich machen:

> „Solche Sachen kannst du bei euch in Anatolien machen! Hier legen wir Wert auf Zivilisation!"
> „Kein Wunder, daß Sie als Frau hier arbeiten müssen. So eine wie Sie heiratet doch keiner!"
> „Im Grunde tun Sie mir ja leid, Herr Müller. Aber es ist schließlich nicht meine Schuld, daß Sie hier der kleinste sind."
> „Sie haben bisher noch nie einen Großkunden geholt. Vielleicht fehlt Ihnen da ganz einfach was im Hirn!"

Diese ungeheuerlichen Bosheiten sind fast nie so gemeint, wie sie gesagt werden. Das nutzt nichts. Danach kann eine Entschuldigung nichts mehr in Ordnung bringen. Manchmal kippt der Konflikt jetzt sogar um. Der bisherige Verlierer, der sich in seinem Zorn bis zu dieser Konfliktstufe gesteigert hat, kann durch seine bösen Rundumschläge kurzfristig zum Sieger werden. Der bisherige Verlierer ist so tief getroffen, daß er zum Verlierer wird, weil er im Moment keine passende Antwort darauf findet. Das gilt vor allem, wenn es sich um einen Konflikt vor Zeugen am Arbeitsplatz handelt. Vor allem dort wollen wird nicht in der Form beleidigt werden.

Jetzt ist die nächste Eskalationsstufe unausweichlich.

9. Krieg mit Vernichtungswille

Wenn die Ehestreitigkeiten bis hierher gekommen sind, dann reicht nicht mehr nur die Scheidung. Jetzt kommt es im Extremfall zu Mord oder Brandstiftung. Weniger extrem ist die anonyme Anzeige des anderen beim Finanzamt. Man könnte Nacktfotos an den Chef schicken oder ...

> Der Mitarbeiter eines Möbelhauses hat die Filiale angezündet. Ein Koch hat kurz vor seinem Abgang noch schnell gammelige Salatsoße untergerührt. Ein Programmierer setzte einen Virus ins System. Die Sekretärin fütterte den Reißwolf mit wichtigen Vertragsunterlagen.

Bei manchem ist der Haß so groß, daß selbst Schäden für die eigene Person hingenommen werden, wenn es nur gelingt, den Gegner zu vernichten oder mindestens hart zu treffen. Extrembeispiele kennt man aus der Skandalpresse, wenn zum Beispiel ein Gauner zuerst den Staatsanwalt anschießt und dann die Waffe gegen sich selbst richtet. Es gibt auch Männer, die lieber als Penner enden statt der Geschiedenen Unterhalt zu zahlen. Solche Extreme kommen natürlich nur äußerst selten vor. Dennoch sollten auch Sie als Führungskraft nie unterschätzen, was sich an Wut in einem Mitarbeiter aufstauen kann. Verlassen Sie sich nicht darauf, daß ein erboster Mitarbeiter nichts tut, was ihm letztlich selber schaden würde.

Verlassen Sie sich auch niemals darauf, daß offene Aussprachen mit „vernünftigen" Argumenten einen Konflikt bereinigen! Vor allem, wenn Ihre Mitarbeiter unmittelbaren Kundenkontakt haben, sollten Sie sensibel auf mögliche Verärgerungen und unerledigte Konflikte achten!

4 Strategisches Konfliktmanagement

4.1 Konflikte managen – handlungsfähig bleiben

Wie oben gesagt, wird bei Konflikten häufig viel zu viel Zeit und Energie in die Schuldfrage investiert. Das mag an unseren Erfahrungen aus der Kindheit liegen. Wenn wir als Kinder gestritten oder „etwas ausgefressen" oder „angestellt" haben, dann wollten wir natürlich möglichst der drohenden Strafe ausweichen. Wir haben entweder versucht, als völlig unschuldig zu erscheinen, oder haben wortreich erklärt, warum letztlich die Schuld anderer uns dazu gebracht hat, etwas zu tun, was wir nicht hätten tun sollen. Die zentralen Fragen unserer Eltern und Erzieher waren meistens:

„Wer war das?"
„Wer hat angefangen?"
„Warum hast du das getan?"

Die kindlichen Reflexe der Schuldabwehr bleiben uns bis ins Erwachsenenalter erhalten. Wir achten bei Problemen und Konflikten darauf, daß man uns „nichts anhängen" kann. Als Erwachsene entwickeln wir außerdem die gleiche Neigung wie unsere damaligen Erzieher. Vor allem Führungskräfte, die sich innerlich den Mitarbeitern gegenüber in einer pädagogischen Rolle sehen, können sich ähnlich verhalten wie schon damals die Kindergärtnerin: Den Schuldigen feststellen und bestrafen.

Diese innere Haltung gilt nicht nur für Konflikte mit einer möglichen Schuldfrage. Leicht verändert tritt sie auch bei Konflikten um „Zankäpfel" auf. Hier geht es weniger darum, etwas von sich abzuwehren, als umgekehrt Berechtigungsansprüche auf sich zu lenken. Auch dafür wird gerne in der Vergangenheit geforscht. Man beruft sich zum Beispiel auf ältere Rechte, wenn es um die Frage geht, wer das schönere Büro beziehen oder die freie Position als Teamleiter besetzen darf. Man stellt die im Vergleich zu den Kollegen überlegenen eigenen Erfahrungen und Kenntnisse heraus, wenn zum Beispiel um die richtige Vorgehensweise im Projekt oder um eine Entscheidung gerungen wird. Typisch für diese Art der Konflikte ist jedoch auch, daß nur wenige Menschen ihre eigenen Rechte oder Vorzüge darstellen können, ohne dabei auch noch diejenigen der Konkurrenten um den „Zankapfel" schlecht zu machen. Man verweist mehr oder weniger diskret auf bisherige Fehler, Dummheiten oder Schlechtigkeiten der Gegenpartei. Die tut natürlich das gleiche. Sehr schnell werden Gefühle verletzt, steht die eigene Ehre auf dem Spiel. Was eigentlich eine sachliche Auseinandersetzung mit dem Thema oder Problem sein sollte, wird zu einem handfesten Streit voller Emotionen.

Wer sich bei Konflikten zu sehr in die eigenen Gefühle verstrickt, verliert leicht den Blick für Proportionen und Prioritäten. Man schaut nicht mehr nach vorne und überlegt, was im Hinblick auf die weitere zukünftige Zusammenarbeit wichtig ist, sondern will jetzt im aktuellen Fall recht bekommen und möglichst auch noch Rache für das, was die anderen einem an Verletzungen zugefügt haben. Schwächere haben vielleicht gar keine Hoffnung auf die Durchsetzung persönlicher Ziele. Sie erstarren womöglich vor Angst und versuchen mit dieser „Totstell-Taktik“ den Konflikt unbeschadet zu überstehen.

Für Sie als Führungskraft ergeben sich im Hinblick auf das Managen von Konflikten zwei Anforderungen:

1. Sie selbst müssen Ihre Gefühle im Griff behalten und souverän auch dann handlungsfähig bleiben, wenn Ihnen eigentlich der Sinn nach emotionalen Reaktionen steht.
2. Sie müssen bei Konflikten mit Ihren Mitarbeitern oder zwischen Ihren Mitarbeitern deren Verlust an Rationalität ausgleichen und dafür sorgen, daß ein Konflikt nicht auf Dauer das Klima vergiftet und die erfolgreiche Weiterarbeit gefährdet.

Ob Sie als Betroffener eigene Konflikte oder als Neutraler diejenigen Ihrer Mitarbeiter managen müssen, drei Grundregeln gelten auf jeden Fall:

1. Bleiben Sie handlungsfähig.

Steigern Sie sich nicht in Ihre Gefühle von Wut, Frust, Ärger oder Angst hinein. Vergessen Sie auch archaische Leidenschaften im Hinblick auf Ihre „Ehre“. Stehen Sie souverän über den Gefühlsausbrüchen der anderen, lassen Sie sich nicht durch Beleidigungen oder Zynismen provozieren.

Beobachten Sie vielmehr wie ein Analytiker oder Schachspieler das Verhalten der anderen. Verfolgen Sie rational die Art, wie andere sich hineinsteigern, wie sie sich verhalten und mit welcher Taktik sie vermutlich als nächstes ihre Ziele durchzusetzen versuchen. Stellen Sie fest, wo die Stärken und Schwächen der anderen sind. Beobachten Sie intensiv, aber innerlich möglichst distanziert.

Wenn Sie vom Temperament her ein kühler Denker und raffinierter Taktiker sind, wird Ihnen das nicht schwerfallen. Wenn Sie jedoch leicht aufbrausen und sogar cholerisch werden können, dann sieht das anders aus. Dann können Sie niemals im akuten Konflikt die notwendige Handlungsfähigkeit behalten, wenn Sie nicht zuvor über einen längeren Zeitraum bewußt innere Ruhe trainiert haben. Es wird Ihnen, wenn Sie als Führungskraft ein erfolgreicher Konfliktmanager sein wollen, nichts anderes übrigbleiben, als sich um ein entsprechendes Training zu bemühen. Hierbei geht es nicht um Anti-Streß- oder Konfliktbewältigungstrainings, sondern um Programme zum Selbstmanagement oder zur emotionalen Intelligenz. Solche Trainings dauern zwei bis drei Tage und müssen anschließend in Eigeninitiative weitergeführt werden.

Wenn Sie ein sehr harmoniebedürftiger Mensch sind, besteht möglicherweise die Gefahr, daß Sie im Konflikt handlungsunfähig werden, weil Sie niemanden verletzen oder sich selbst nicht unbeliebt machen wollen. Sie geben dann womöglich zu schnell nach oder stellen sich geflissentlich auf die Seite des jeweils stärkeren Gegners. Mit einer derart „weichen“ Haltung sollten Sie eigentlich gar nicht in einer Führungsposition sein. Ihnen würde nicht einmal ein Training zur Durchsetzungsfähigkeit helfen, weil Sie innerlich gar nicht durchsetzungswillig sind. Nicht nur für die Kunst des Konfliktmanagements, sondern grundsätzlich für Ihre Führungsaufgabe benötigen Sie die innere Akzeptanz der Tatsache, daß es weder möglich noch wünschenswert ist, von allen und jedem gemocht zu werden. Als Betroffener eines Konflikts wird Ihr Gegner zumindest während der Auseinandersetzungen gegen Sie sein. Als neutraler Schlichter eines Konflikts Ihrer Mitarbeiter wird sich auch mindestens eine Partei zunächst schlecht von Ihnen behandelt fühlen. Damit müssen Sie leben.

2. Packen Sie die Probleme aktiv an.

Konflikte werden schlimmer und weiten sich aus, wenn sie verschleppt werden. Es gibt selbstverständlich überall kleine Reibereien, die sich am schnellsten dadurch erledigen, daß man sie als Führungskraft gar nicht beachtet. Bei den meisten Konflikten im betrieblichen Umfeld muß jedoch gehandelt werden.

Richten Sie vor allem bei Konflikten mit Schuldzuweisungen Ihr Augenmerk zunächst auf die Lösung des Problems und nicht auf die Schuldfrage oder Ursachenforschung.

Erst im zweiten Schritt, wenn die Schäden behoben, die notwendigen Entscheidungen gefallen und die Gemüter wieder beruhigt sind, sollten Sie sich allein oder mit dem Team den Fragen widmen:

- Wie konnte das passieren?
- Wie hätten wir die Probleme früher erkennen können?
- Wie können wir in Zukunft verhindern, daß es noch einmal passiert?
- Was lernen wir aus dem Vorfall?
- Wie verhindern wir, daß Außenstehende (z.B. Kunden) von unseren internen Konflikten betroffen werden?

Es kann vorkommen, daß Ihre Mitarbeiter diese aktive Nachbearbeitung als nachträgliches „Gerichtsverfahren“ auffassen. Sorgen Sie dafür, daß das Thema Schuld nicht wieder auf den Tisch kommt. Sie werden nie eine konstruktive Konfliktbearbeitung erreichen, wenn Ihre Mitarbeiter befürchten müssen, daß doch noch etwas an ihnen „hängenbleibt“.

Schuldfragen sind nur dann wichtig, wenn Sie tatsächlich einen Mitarbeiter im Team haben, der bewußt das Klima vergiftet, sich unkollegial verhält oder dem Unternehmen schaden will. Das ist nur selten der Fall. Fast immer geht ein Konflikt darauf zurück, daß jemandem ein Fehler passiert ist, daß unterschiedliche Meinungen aufeinanderprallten, daß die „Chemie“ nicht stimmte, daß knappe Ressourcen zu verteilen oder „Zankäpfel“ zu erobern waren. Anklagen, Angriffe, Verteidigungen, Beweisführungen etc. sind dabei völlig fehl am Platz.

3. Denken und agieren Sie strategisch.

Denken Sie immer über den aktuellen Konflikt hinaus. Er ist ja nie der Endpunkt, sondern immer ein Meilenstein auf dem Weg. Sie wollen weiterhin mit Ihren Kollegen, Kunden, Mitarbeitern gut auskommen. Das gilt auch für die anderen. Man sollte niemals im Interesse des schnellen Sieges die langfristigen Ziele aus den Augen verlieren. Es treibt einen manchmal zwar mit Macht dahin, unbedingt das letzte Wort behalten zu wollen. Aber was nutzt es einem, wenn der Gegner danach keinen Wert mehr auf die weitere Kommunikation legt? Es treibt einen manchmal dahin, dem anderen so richtig „die Wahrheit" zu sagen. Das kann im Moment befriedigend sein. Auf Dauer ist es jedoch fast immer schädlich, wenn der andere dann lieber gar nichts mehr von einem hören will.

Richten Sie den Blick immer auf den Zeitraum nach dem Konflikt. Wie soll die Situation in einem Monat, in einem Jahr, in fünf Jahren sein? Denken Sie immer auch an mögliche Folgekonflikte. Denken Sie in dieser Hinsicht für Ihre Mitarbeiter mit. Regeln Sie Konflikte zwischen Ihren Mitarbeitern immer so, daß die Betroffenen danach wieder miteinander auskommen können. Verhindern Sie, daß die Stillen unter den Gefühlsausbrüchen der Temperamentvollen leiden. Unterbinden Sie die geschickt dosierten Spitzfindigkeiten der kühlen Taktiker. Paktieren Sie nicht mit der Person, die Ihnen persönlich am sympathischsten ist. Sowohl die Betroffenen als auch die nicht betroffenen Beobachter unter Ihren Mitarbeitern ziehen aus Ihrem Konfliktmanagement Schlüsse für die Zukunft!

4.2 Wenn die Worte sinnlos werden

Als wohlerzogene Menschen mit gesunder Abscheu vor heftigen Auseinandersetzungen und mit einem stark ausgeprägten Streben nach Frieden und Harmonie bei gleichzeitiger Lust an kluger Argumentation gehen wir davon aus, daß sich letztlich jede Konfliktsituation durch ein klärendes Gespräch auflösen lassen muß.

> Spätestens seit den siebziger Jahren umgibt uns eine Kultur des „Offen-darüber-Redens". Aus unzähligen Artikeln in diversen Zeitschriften und aus Ratgeberbüchern wissen wir, wie wir miteinander reden sollen. Wir sollen auf Angriffe verzichten, unsere eigenen Gefühle und Sichtweisen schildern, genau dem anderen zuhören und vor jeder Antwort erst einmal mit eigenen Worten wiedergeben, wie wir den anderen verstanden haben. So geschah es damals in den gemütlichen Küchen der studentischen Wohngemeinschaften, so wird es Paaren für die Ehe und Eltern für die Erziehung empfohlen. So wollen wir es auch mit Kollegen und Mitarbeitern im Beruf. Wir reden offen, ehrlich und verständnisvoll miteinander. Die Harmonie kommt dann von selbst.

Wir finden zwar oft nicht die richtigen Worte und lassen uns auch nicht immer von den Erklärungen der Gegenseite überzeugen, bleiben jedoch trotzdem beharrlich dabei, daß es notfalls noch einen Gesprächstermin geben muß und noch einen und wieder einen. Es kann doch nicht sein, daß man die Probleme letztlich nicht doch noch durch die richtigen Worte lösen wird! Auf dieser vergeblichen Hoffnung basiert in vielen Unternehmen die quälende Meeting-Kultur. Man trifft sich regelmäßig, redet und kommt zu dem Ergebnis, daß man leider noch nicht zu einem Ergebnis kommen kann und unbedingt einen neuen Termin fürs nächste Meeting braucht.

Die Rechthaberischen und die Beharrlichen geben nicht auf. Sie bemühen sich von Mal zu Mal um neue Formulierungen, mit denen sie ihren längst festgefahrenen Standpunkt endlich durch die „Denkblockade" der Gegenseite bringen können. Irgendwann müssen die doch kapieren! Was die anderen vorzubringen haben, wird weitgehend ignoriert. Daß deren Standpunkt falsch ist und auch durch die klügsten Worte nicht „schöngeredet" werden kann, weiß man längst. Man hört gar nicht hin, geht nur scheinbar darauf ein und achtet statt dessen nur darauf, daß man den anderen nicht ins Wort fällt. Die endlosen Diskussionen sind dann häufig nichts anderes als ein beharrliches Wiederholen immer gleicher Argumente mit leichten Varianten der Formulierung.

Die Wohlwollenden hingegen hören der Gegenseite aufmerksam zu. Sie versetzen sich in das Denken und Fühlen der anderen und wollen verstehen. Aus diesem Verständnis heraus versuchen sie die Annäherung und gemeinsame Lösung des Problems. Das kann gelingen, muß aber nicht. Jeder Wohlwollende macht im Laufe seines Lebens immer wieder die gleiche Erfahrung wie jeder Rechthaberische und Beharrliche: Manchmal geht es einfach nicht. Man redet und redet und kommt trotzdem zu keiner akzeptablen Lösung.

Konflikte, die ursächlich auf einem Mißverständnis beruhten, lassen sich in der Regel durch Gespräche klären. Wichtig ist, daß beide Parteien eine echte Klärung wollen und nicht unterschwellig andere egoistische oder feindselige Ziele verfolgen oder sich einer Lösung verweigern, weil sie der Gegenseite unfeine Absichten unterstellen. Wenn zum Beispiel eine Partei im Verlauf des Gesprächs erkennt, daß das Mißverständnis auf einem Irrtum auf der eigenen Seite beruht, dann ist die Lösung des Problems davon abhängig, daß diese Partei souverän fähig ist, eigene Fehler einzugestehen. Sollte sie jedoch in neurotischer Angst vor „Gesichtsverlust" die Aufklärung des Mißverständnisses ablehnen, dann verbeißt sie sich womöglich endgültig in eine Trotzhaltung und verschließt sich weiteren Argumenten.

Konflikte, die auf grundsätzlichen Meinungsverschiedenheiten beruhen, sind im Gespräch nicht lösbar. Zum Beispiel bei religiösen Überzeugungen, weltanschaulichen oder politischen Meinungen kann man der Gegenseite zwar zur Kenntnis geben, was man von diesem oder jenem hält, man kann vielleicht Druck ausüben, daß die Gegenseite die eigenen Meinungen wenigstens scheinbar übernimmt und sich im Verhalten danach ausrichtet, man kann vielleicht durch geschickte „Bekehrungen" etwas erreichen, aber man kann niemals als gleichberechtigte Gesprächspartner zu einem Meinungskonsens kommen.

Man stelle sich derartige Versuche zwischen katholischen Theologen und kommunistischen Ideologen vor oder zwischen Gegnern und Befürwortern von Atomenergie, Schwulenehen, Einwanderungsgesetzen oder der neuen deutschen Rechtschreibung!

Vergleichbare Konflikte kann es im beruflichen Umfeld zum Beispiel im Zusammenhang mit der Unternehmensphilosophie oder auch bei theoretischen Fragen wie Kundenorientierung, Qualität oder Mitarbeitermotivation geben. Versuche einer Konfliktlösung durch Gespräche enden meistens damit, daß nach einigen vergeblichen Überzeugungsversuchen letztlich die stärkere Partei der schwächeren unmißverständlich zur Kenntnis gibt, was ab sofort die „offizielle" Meinung ist. Ebenfalls nicht durch Gespräche zu lösen sind die Konflikte, bei denen handfeste Interessensgegensätze aufeinanderprallen.

Im familiären Bereich kennt man das zum Beispiel von Erbstreitigkeiten. Wann wird denn erfolgreich eine gemeinsame Lösung dadurch erreicht, daß die Kontrahenten sich zusammensetzen und in Ruhe besprechen, wer das Haus nun bekommen soll? Jeder will es und wird darum kämpfen, notfalls bis vor den Kadi gehen. Im Unternehmen sind vergleichbare Machtkämpfe üblich, wenn zum Beispiel mehrere Bewerber um eine bestimmte Position kämpfen. Da will keiner von ihnen eine gemeinsam herbeidiskutierte Lösung. Jeder will den Posten für sich und kämpft darum.

In solchen Fällen finden zwar auch Gespräche statt, diese sind jedoch oft nur der offizielle Teil der Konfliktbearbeitung. Im Hinter- und Untergrund wird trotzdem mit fairen und unfairen Mitteln für den individuellen Sieg taktiert und intrigiert.

Auch bei völliger Uneinsichtigkeit und Sturheit der mächtigeren Partei kann eine offene Aussprache über die Probleme meistens nur die Nerven aufreiben, jedoch keine Lösung produzieren.

Man denke zum Beispiel an die Konflikte, die sich beim Generationenwechsel in Gründerunternehmen abspielen können. Der alte Patriarch hält mit eiserner Hand das Ruder fest. Die nachfolgende Generation erkennt, daß „der Alte" den Anforderungen der Unternehmensleitung nicht mehr gewachsen ist und daß er längst den Anschluß an aktuelle Marktentwicklungen verpaßt hat. Wenn der Patriarch einfach nicht glaubt, daß „die jungen Leute" fähig zur Übernahme sind, dann helfen auch intensivste Gespräche nichts. Dann muß man entweder um die Entmachtung des Patriarchen kämpfen oder warten, bis ihn die üblichen Naturgesetze eingeholt haben.

Man kennt solche durch Gespräche unlösbaren Konflikte auch von politischen Parteien oder Königshäusern. In Kleinformat gibt es sie auch gelegentlich innerhalb von Abteilungen oder sogar innerhalb von Sekretariaten. Irgendwer hat dort seit urdenklichen Zeiten bestimmte Aufgaben, Rechte oder Verantwortungen und hält eisern daran fest. Mit Gesprächen ist da nichts zu erreichen.

Als Führungskraft sind Sie dafür verantwortlich, bei Konflikten in Ihrem Bereich richtig einzuschätzen,

1. *ob das jeweilige Problem durch ein Gespräch zu klären und zu lösen ist und*
2. *ob die Betroffenen überhaupt in der Lage sind, als gleichwertige Gesprächspartner ihre Standpunkte rhetorisch zu vertreten.*

Verabschieden Sie sich von der liebgewordenen Hoffnung, daß alle Konflikte irgendwie doch noch durch die richtigen Worte und durch das gegenseitige Bemühen um Verständnis und Fairneß zu lösen sind.

Das andere Extrem ist natürlich auch falsch. Es hilft niemandem, wenn bei Konflikten wortlos der Ranghöchste seine Entscheidungen trifft und als verbindlich für die Kontrahenten definiert. Es hilft auch nichts, wenn man sich für alles und jedes gleich in erbitterte Machtkämpfe stürzt. Man sollte sich jedoch immer bewußt für oder gegen den Versuch eines klärenden Gesprächs entscheiden. Den Automatismus, daß Gespräche immer konfliktlösend sind, gibt es nicht. Oft ist das Gegenteil der Fall. Im Gespräch kommt es häufig überhaupt erst zu den Äußerungen oder Verhaltensweisen, die aus einem Sachproblem ein persönliches Haßproblem machen.

Überlegen Sie vor der Entscheidung für ein Gespräch:

- Treffen zwei oder mehr gleichberechtigte und rhetorisch gleichwertige Gesprächspartner aufeinander?
- Gibt es eine realistische Chance, daß die eine Partei sich den Ansichten der anderen anschließt, wenn sie einmal richtig verstanden hat, was die Gegenseite denkt und will?
- Sind die Parteien wirklich bereit, sich bei schlüssigen Argumenten von der jeweiligen Gegenseite überzeugen zu lassen und eigene Standpunkte aufzugeben?

Wenn nur eine der obigen Fragen mit nein zu beantworten ist, wird eine Konfliktlösung durch Gespräche vermutlich nicht möglich sein. Die einzige Chance wäre vielleicht noch das Ringen um einen Kompromiß.

Das bedeutet nicht, daß gar nicht mehr über das Thema gesprochen werden sollte! Es sollte unbedingt die Chance genutzt werden, daß jede Seite der anderen zu vermitteln versucht, wie ihre Sicht auf die Dinge ist. Das kann die spätere weitere Zusammenarbeit positiv beeinflussen. Die Lösung des Konflikts ist jedoch anders zu erreichen. Als Führungskraft müssen Sie vielleicht das entscheidende „Machtwort" sprechen und es notfalls auch aushalten, daß man Sie empört als autoritär bezeichnet. Im Interesse einer zügigen Regelung und Wiederherstellung eines vernünftigen Arbeitsklimas kann das unumgänglich sein. Das gehört zu Ihrem Job als Führungskraft!

4.3 Wozu ist besser als warum

Stellen Sie sich die Situation vor, daß einer Ihrer Mitarbeiter „vergißt“, seinen Kollegen darauf aufmerksam zu machen, daß der einen seiner Kunden zurückrufen sollte. Wenn man den „vergeßlichen“ Mitarbeiter fragen würde, warum er sich nicht einen Spickzettel gemacht oder auf andere Weise sein Gedächtnis gestützt hat, dann kommt vielleicht folgende Antwort: „Der Kollege macht auch keinen Finger für mich krumm!“

In diesem Fall ist das Handeln oder auch vorsätzliche Nicht-Handeln eine Folge des Handelns oder Nicht-Handelns des anderen. Damit macht der „vergeßliche“ Kollege sein Verhalten von dem des anderen abhängig. Ein wenig erinnert dieses Beispiel an typische Sandkastenkonflikte: „Warum hast du dem kleinen Hans die Sandburg zertreten?“ – „Weil der mir mit dem Eimerchen auf den Kopf gehauen hat.“

> Stellen Sie sich nun folgende Situation vor: Ein Kollege sammelt Informationen zu Fehlern und Pannen in der Kundenbetreuung. Wenn man ihn nach den Gründen für seine Sammelleidenschaft fragt, kommt vielleicht diese Antwort: „Ich will dem Innendienst nachweisen, daß deren Abläufe schlecht organisiert sind. Dann werden sie sich ja wohl endlich mit uns Verkäufern an einen Tisch setzen.“

Dieses Beispiel zeugt von strategischer Einstellung. Im oben geschilderten Beispiel steht hinter dem Verhalten ein „Warum“. Warum tut oder läßt der Betreffende etwas? Weil ein anderer etwas getan oder gelassen hat. Aktion als Re-Aktion auf fremde Aktionen. Hier steht hinter dem Verhalten ein „Wozu“. Wozu soll das, was der Betreffende tut, gut sein? Damit werden bestimmte Ziele angestrebt.

Zum strategischen Konfliktmanagement gehört unbedingt der Blick in die Zukunft. Vergessen Sie die Frage nach dem Warum. Überlegen Sie lieber, wozu das, was Sie tun oder sagen, gut sein soll, welche Ziele Sie damit erreichen wollen.

Aus Konflikten geht fast immer die Partei als „Sieger“ hervor, die ihr Agieren auf eigene Ziele ausrichtet. Wer sich hingegen im Eifer des Gefechts und unter der Steuerung eigener Gefühle zu Re-Aktionen hinreißen läßt, läuft immer Gefahr, die eigenen Ziele aus den Augen zu verlieren. Der geht aus einem Konflikt entweder gleich als Verlierer hervor oder kann sich nur mit dem Scheinerfolg brüsten, sich gerächt oder es dem anderen „so richtig gegeben“ zu haben. Und wozu soll das – abgesehen von momentaner Befriedigung – gut sein?!

Gehen Sie mit strategischer Einstellung an Konflikte heran:

1. *Gönnen Sie sich vor Ihren Aktionen oder Wortwechseln eine Denkpause, und besinnen Sie sich auf Ihre langfristigen Ziele.*
2. *Denken Sie darüber nach, was Ihren Zielen nutzt. Das ist wichtiger als das, was Ihnen im Moment vielleicht mehr Spaß machen würde.*
3. *Lassen Sie sich nicht von der Gegenseite zu Handlungen oder Worten hinreißen, die im Moment befreiend wirken, Ihre Ziele jedoch gefährden könnten.*

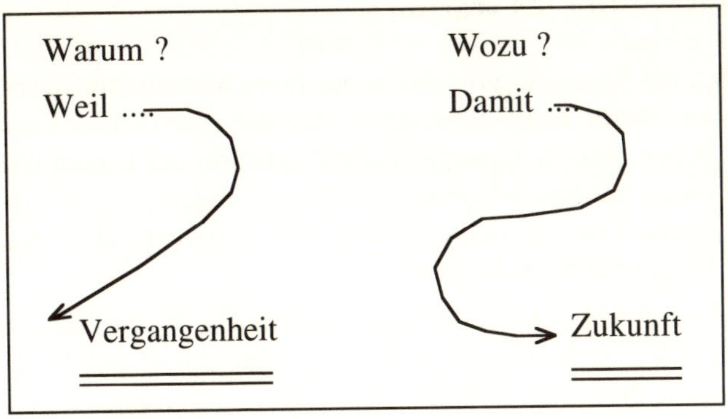

Abbildung 9: Strategische oder reagierende Sicht

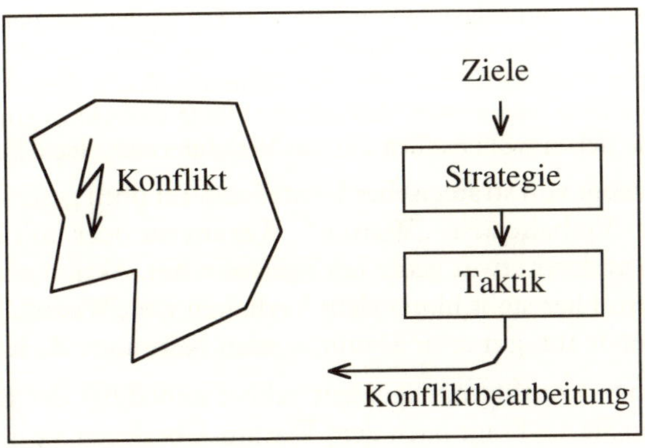

Abbildung 10: Zielorientiertes Handeln

Auch als Führungskraft und somit Schlichter von Konflikten in Ihrem Team muß in Ihrem Denken das Wozu immer Vorrang vor dem Warum haben. Behalten Sie im Auge, wie es in Zukunft mit den beiden Kontrahenten weitergehen soll. Verzichten Sie im Zweifel lieber auf Strafen oder „Denkzettel". Verzichten Sie auch darauf, sich endlose Geschichten erzählen zu lassen, wie es zu dem Konflikt kam. Lassen Sie sich statt dessen von den Kontrahenten erklären, worauf diese eigentlich hinauswollen.

4.4 Verstehen kommt vor dem Überzeugen

Ziel des strategischen Konfliktmanagements ist nicht die Beseitigung aller Differenzen. Unterschiedliche Wahrnehmungen, Meinungen, Absichten, Interessen etc. bleiben fast immer auch dann bestehen, wenn ein konkreter Konflikt bereinigt wurde.

Es kann deshalb auch nicht das Ziel sein, die „objektiv richtige Wahrheit" zu ergründen. Die ist ohnehin in den meisten Fällen je nach Betrachtungsweise unterschiedlich. Jede Partei hat ihre eigene Vorstellung von der „objektiven Wahrheit" und kann oft gar nicht davon abweichen.

Ziel des strategischen Konfliktmanagements ist die Entwicklung einer möglichst dauerhaften und möglichst akzeptablen Lösung für ein Problem. Ziel ist es, durch geeignete Maßnahmen aus einer bisher verfahrenen Situation wieder herauszukommen.

Unabhängig davon, ob es möglich scheint, durch ein Gespräch zu einer gemeinsamen Lösung zu kommen oder ob man sich auf einen harten Kampf einstellen muß – eines ist immer wichtig: Bevor man sich an die Bearbeitung des Konflikts macht, muß man sich intensiv mit der Gegenpartei beschäftigen.

Viele Menschen scheitern in ihren Konflikten schon deshalb, weil sie mit ihren Gedanken immer nur um die eigene Sichtweise kreisen. Sie überlegen sich, wie sie ihren Standpunkt vertreten wollen, was sie dazu berechtigt, bestimmte Ziele anzustreben, und warum die Gegenpartei im Unrecht ist. Wer die Dinge immer nur durch die eigene Brille betrachtet, kann sich kaum auf das einstellen, was an Argumenten, Taktiken und Manövern von der Gegenseite zu erwarten ist.

Laufen Sie Ihrem Kontrahenten nicht blind, aber kampfeslustig entgegen! Sie können im Konfliktgespräch niemals die Argumente finden, die den anderen überzeugen würden, wenn Sie gar nicht wissen, was auf ihn überzeugend wirkt. Sie können sich in harten und vielleicht sogar unfairen Auseinandersetzungen niemals klug zur Wehr setzen oder intelligente Gegenangriffe starten, wenn Sie nicht wissen, was die Gegenseite vorhat und was ihr an Taktiken, „Waffen" und Unterstützungen zur Verfügung steht.

Auch aus einem weiteren Grund ist es wichtig, daß Sie sich intensiv mit der Welt Ihres Gegners befassen: Es kann sein, daß Sie sich womöglich doch irren. Wir Menschen neigen zwar gerne dazu, das Recht und die überlegene Klugheit auf der eigenen Seite zu vermuten, damit können wir jedoch sehr wohl falschliegen. Ziehen Sie immer die Möglichkeit in Erwägung, daß sich Ihnen eine Konfliktsituation völlig anders und viel richtiger zeigt, wenn Sie sie einmal durch die Brille Ihres Kontrahenten oder die eines Neutralen betrachten.

Bereiten Sie sich sorgfältig vor. Nehmen Sie drei leere Blatt Papier, und schreiben Sie als Titelzeilen:

- Meine Sicht
- Die Sicht meines Gegners
- Die Sicht eines neutralen Beobachters

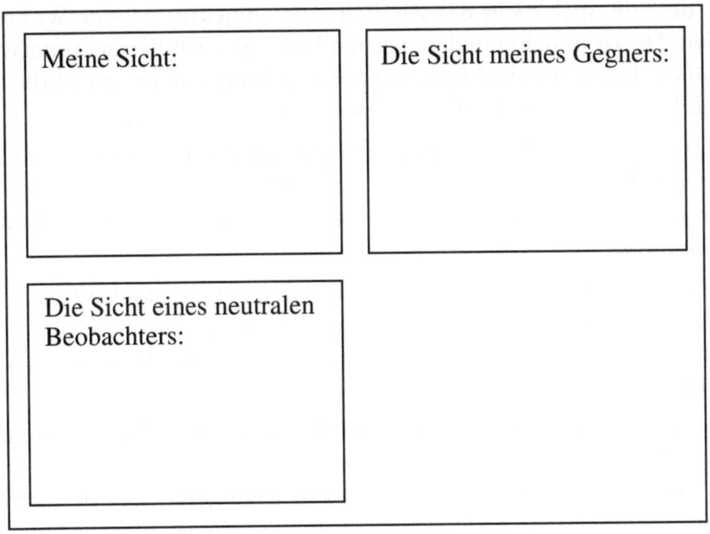

Abbildung 11: Betrachten der Sichtweisen

Notieren Sie auf dem Zettel mit dem Titel „Meine Sicht“ alles, was Ihnen zu folgenden Fragen einfällt:

- Welche Gefühle beeinflussen mich in dieser Sache? Zorn, Angst, Enttäuschung, Peinlichkeit ...?
- Werde ich in den Diskussionen und Auseinandersetzungen vermutlich die Kontrolle behalten, oder besteht die Gefahr, daß mich die Gegenseite erfolgreich provoziert?
- Was ist sachlich mein offizieller Standpunkt, den ich vertreten werde?
- Welche Argumente kann ich zur Stützung meiner Sichtweise vorbringen?
- Auf welche Gegenargumente bin ich gut vorbereitet?
- Vor welchen möglichen Gegenargumenten fürchte ich mich, weil ich keine gute Antwort darauf habe?
- Was ist sachlich mein Standpunkt, wenn ich mit mir selbst ganz ehrlich bin? Habe ich innerlich selbst gewisse Zweifel?
- Was will ich erreichen als Konfliktergebnis oder Problemlösung? Was sind meine Maximal- bis Minimalziele?
- Zu welchen Zugeständnissen bin ich gegebenenfalls bereit? Was muß die Gegenseite mir dafür bieten?
- Welche Risiken sind für mich in dieser Sache absehbar? Was kann passieren, wenn ich gewinne? Was kann passieren, wenn ich verliere?
- Wie kann ich bei einem möglichen Kompromiß in meinem Umfeld das Ergebnis positiv begründen?
- Wie kann ich bei einer möglichen Niederlage reagieren?
- Wie kann ich bei einem möglichen Sieg reagieren?

- Will ich die Gegenseite wirklich überzeugen, oder bin ich auch bereit, Druck und Zwang auszuüben?
- Bis zu welchen unfairen Methoden würde ich notfalls gehen, wenn ich damit meine Ziele erreichen kann?
- Was kann ich über den aktuellen Konflikt hinaus am Gegner nicht leiden? Gibt es noch alte „offene Rechnungen" zwischen uns?

Notieren Sie auf dem Zettel mit dem Titel „Die Sicht meines Gegners" alles, was Ihnen zu folgenden Fragen einfällt:

- Was ist die Sichtweise meines Gegners? Was hält er für richtig?
- Wie ist der andere vermutlich zu seiner Überzeugung gekommen?
- Von wem oder von was läßt sich die Gegenseite beeinflussen?
- Was will die Gegenseite erreichen?
- Zu welchen Zugeständnissen könnte sich der Gegner vermutlich bringen lassen? Was müßte ich dafür anbieten?
- Wie würde der Gegner sachlich und emotional nach einem Sieg oder einer Niederlage dastehen?
- Was könnte die andere Seite im Falle einer Niederlage befürchten (Demütigung, materielle Schäden ...)?
- Was würde ich an seiner Stelle maximal bis mindestens erreichen wollen?
- Zu welchen fairen oder unfairen Mitteln würde ich greifen, wenn ich an seiner Stelle unbedingt den eigenen Sieg durchsetzen wollte?
- Welche Risiken sieht die Gegenseite vermutlich im Fall der eigenen Niederlage?
- Was könnte über den aktuellen Konflikt hinaus die Gegenseite mir bereits verübeln?
- Womit könnte die Gegenseite mich unter Druck setzen? Ist ihr das bekannt?
- Wer teilt die gegnerische Sichtweise? Warum? Wozu?
- Von wem bekommt die Gegenseite Unterstützung? Welche?

Vor allem bei diesem Zettel sollten Sie in die Rolle des anderen schlüpfen. Werten Sie nicht ab, was vermutlich im anderen vorgeht. Versuchen Sie lieber, sich in seine Denk- und Gefühlswelt hineinzuversetzen.

Notieren Sie auf dem Zettel mit dem Titel „Die Sicht eines neutralen Beobachters" alles, was Ihnen zu folgenden Fragen einfällt:

- Wie sehen vermutlich die Beobachter das Problem und unser Verhalten?
- Was würde ein heimlicher Beobachter, der auch unsere versteckten Taktiken sieht, davon halten?
- Sieht es vermutlich für einen Neutralen so aus, daß wir wirklich das Problem lösen wollen oder eher wie ein beliebiger Streit zwischen Parteien, die sich grundsätzlich nicht leiden können?
- Würde ein heimlicher Beobachter in unserem Verhalten und in unserem offenen und versteckten Reden noch gegenseitige Wertschätzung erkennen oder bereits Ansätze zu gegenseitigem Vernichtungswillen?

- Würde ein heimlicher Beobachter den zeitlichen und emotionalen Aufwand, den wir für dieses Problem treiben, noch für vernünftig halten?
- Welchen Kompromiß würde ein Neutraler vorschlagen?

Wenn Sie als Führungskraft einen Konflikt zwischen Ihren Mitarbeitern zu schlichten haben, kann diese Übung den beiden Kontrahenten helfen, sich aus den Verstrickungen der ichbezogenen Rechthaberei zu befreien. Lassen Sie beide Parteien diese Übung durchführen. Anschließend kann vielleicht auf der Basis der jeweiligen Zettel „Die Sicht meines Gegners“ und „Die Sicht eines neutralen Beobachters“ gemeinsam wenigstens ein Kompromiß erarbeitet werden. Den Kontrahenten sollte jedoch nicht zugemutet werden, daß sie sich gegenseitig die Zettel „Meine Sicht“ zeigen.

4.5 Analyse der Gegenpartei

Wenn Sie in einem Konflikt mit einer Gegenpartei stehen, die sich aus mehreren Personen zusammensetzt, dann müssen Sie sich besonders gründlich vorbereiten. Sie können fast nie von einer vollständig einheitlichen Meinung ausgehen oder von einer in sich schlüssigen Strategie der Gegenseite. Sie müssen sich in der Analysephase notgedrungen mit den Individuen der Gegenseite befassen und ganz besonders auch mit der gegnerischen Gruppenstruktur, mit den Rollen, welche die Individuen jeweils auf der anderen Seite spielen.

Sie kennen solche Beispiele aus Ihrer Praxis:

Konflikte mit dem Betriebsrat
Konflikte mit einem Projektteam
Konflikte mit dem Stadtrat
Konflikte mit dem Vorstand
Aus der Politik kennt man solche Parteienkonflikte zum Beispiel aus den Verhandlungen zwischen Syrien und Israel um die Golanhöhen, zwischen Deutschland und Rußland um die sogenannte „Beutekunst“.

Häufig werden Unterhändler oder Gruppensprecher für die Verhandlungsführung ausgewählt, und manchmal kommen auch neutrale Vermittler zum Einsatz.

Ob man nun allein oder als Teil einer größeren Partei in einem Konflikt mit einer Gegenpartei steht, in jedem Fall ist es klug, sich vorher zu folgenden Fragen Gedanken zu machen:

1. Wer ist der Entscheider?

Der Entscheider ist oft nicht die Person, die als Verhandler, Sprecher oder Wortführer auftritt. Vor allem Entscheider, die nicht gut verhandeln können, schicken gerne ihre besten Rhetoriker vor. Dann ist es besonders wichtig, daß man nicht nur den Verhandler überzeugt, sondern ihm auch noch eingängige und leicht zu rekapitulierende Argumente mitgibt.

2. Wer ist der Meinungsbildner?

Auch diese Rolle muß nicht immer mit dem Entscheider zusammenfallen. Das gilt vor allem für solche Konflikte, bei denen der Entscheider zwar über eine offizielle Funktion verfügt, als Persönlichkeit jedoch eher schwach ist und vor eigenen Entscheidungen und somit persönlichen Verantwortungen zurückschreckt. Solche „Weichlinge" umgeben sich gerne mit „Beratern". In dem Fall ist es wichtig, den „Berater" zu überzeugen und ihm gleichzeitig klar zu machen, daß es auch gut für ihn selbst ist, dem Angebot zuzustimmen.

Meinungsbildner sind häufig Personen ohne offizielle Entscheidungsautorität, jedoch mit stark ausgeprägter natürlicher Autorität oder auch „Leader-Qualifikationen". Man kennt diese Persönlichkeiten auch unter Begriffen wie „inoffizieller Führer", „Alpha-Figur", „Trendsetter", „Rädelsführer". Man muß auch unbedingt unterscheiden, ob der Meinungsbildner den offiziellen Entscheider direkt beeinflußt oder ob er dessen Anhänger hinter sich hat und dadurch Macht über den offiziellen Entscheider hat.

> Dieser Fall ist in der Politik zum Beispiel von Arafat bekannt. Er ist in vielen Dingen zwar der offizielle Entscheider bei den Verhandlungen mit den Israelis, steht jedoch stark unter dem Druck fundamentalistischer Meinungsbildner, die ihrerseits Arafat im eigenen Lager Schwierigkeiten bereiten können, wenn ihnen seine Ergebnisse mit den Israelis nicht passen.

Eine andere Variante des Meinungsbildners kennen wir von Konflikten, bei denen der Entscheider wegen mangelnden Fachwissens auf Spezialisten angewiesen ist. Das ist typischerweise bei Ministern der Fall. Da kann eine Person heute Wirtschafts- und morgen Außenminister sein. Kein Wunder, daß sie sich bei wichtigen Entscheidungen von Fachleuten beraten läßt! Man muß dann zwar auch den Minister überzeugen, wichtiger ist jedoch, daß die Berater von den richtigen Argumenten erreicht werden. Im betrieblichen Umfeld kennt man solche Fälle zum Beispiel bei Konflikten zwischen gegnerischen Parteien, wenn es um Entscheidungen geht, welche die EDV betreffen. Die eine Partei mag die Einführung von SAP favorisieren, die andere ist dagegen. Derjenige, der letztlich die Entscheidung treffen soll, hat von der Technik keine Ahnung. Er wird sich an seinem Meinungsbildner orientieren.

3. Wo liegt die Schwachstelle?

Man kann immer davon ausgehen, daß eine gegnerische Partei auch irgendwo ihre Schwachstelle hat. (Das gilt auch für die eigene Seite!)

Hat der Entscheider im eigenen Lager Feinde? Gibt es dort interne Rangkämpfe? Listigen Managern gelingt es immer wieder, durch geschickte Nutzung von internen Querelen den Betriebsrat zu „knacken". Dort gibt es fast immer interne Machtkämpfe, Eifersüchteleien, Zu- und Abneigungen, die man nutzen kann. Hat jemand im gegnerischen Lager noch „Leichen im Keller"? Hat dort jemand spezielle Interessen oder Ziele, die man für sich nutzen könnte? Wen könnte man mit einem kleinen „Geschenk" oder mit einer kleinen „Drohung" beeinflussen?

Solche Überlegungen mögen nicht immer vom Gedanken der Fairneß getragen sein, aber leider ist das Berufsleben auch nicht immer mit dem zu vergleichen, was sich auf dem Sport- oder Fußballplatz abspielt oder abspielen sollte.

Rechnen Sie immer auch damit, daß die Gegenseite ebenfalls mit harten Bandagen kämpft. Machen Sie sich auch die möglichen Schwachstellen im eigenen Lager und bei Ihrer eigenen Person bewußt. Haben Sie noch „Leichen im Keller", von denen die Gegenseite etwas weiß? Womit könnte man Sie unter Druck setzen oder verführen? Wer ist in Ihrem eigenen Lager vielleicht nicht ganz so loyal, wie Sie es erwarten?

Bei der Analyse der Gegenpartei sollten Sie sich „pädagogische" oder „logische" Gedanken verkneifen. Stellen Sie ganz sachlich und möglichst gründlich fest, wie die Lage auf der anderen Seite ist. Sparen Sie sich sinnlose Überlegungen, wie die Einstellung Ihrer Gegenpartei sein sollte, wäre man dort „vernünftig" oder „anständig".

Statt dessen sollten Sie sich in die Lage einzelner Personen der Gegenseite versetzen und nachzufühlen versuchen, wie aus deren Sicht die Situation aussieht. Viel wichtiger als „Vernunft", „Logik" oder „Anstand" ist immer die emotionale Lage. Vielleicht gehen der einen oder anderen Person folgende Sorgen oder Hoffnungen durch den Kopf:

- Ich könnte an Macht verlieren oder gewinnen.
- Ich werde gedemütigt und blamiert sein oder kann endlich triumphieren.
- Man wird mir gratulieren oder mich kritisieren.
- Ich kann in der eigenen Partei aufsteigen oder meinen Posten verlieren.
- Meine Verbündeten könnten mich im Stich lassen oder mich endgültig als ihren Anführer anerkennen.
- Ich kann es mit meinem Gewissen nicht vereinbaren oder endlich das durchsetzen, was schon immer mein Ziel war.

Vergessen Sie niemals, daß die Gegenseite kein einheitlicher Organismus mit einheitlicher Haltung ist, sondern eine Ansammlung von Individuen, von denen etliche sich gegenseitig Konkurrenten sind. Denken Sie an politische Parteien. Es gibt nicht „die CDU" oder „die SPD" oder eine sonstige Partei. Es gibt dort immer eine Ansammlung von Einzelpersonen mit höchst egoistischen Zielen und Lebensplanungen. Irgendwo läßt sich ein solches Gebilde immer aufweichen.

Wenn Ihnen die Rollenbesetzung der Gegenseite bekannt ist, dann sollten Sie für jede der dort wichtigen und entscheidenden Personen zu analysieren versuchen:

1. *Vor welche Alternativen sieht sich die Person gestellt? Welchen Spielraum hat sie? Unter welchem Druck steht sie? Von wem ist sie abhängig oder beeinflußt? Vor wem muß sie ihre Entscheidungen im eigenen Lager rechtfertigen?*
2. *Was weiß die Person von unseren Absichten? Hat sie verstanden, welche Forderungen wir stellen und welche Angebote wir machen (könnten)?*

3. *Welche Konsequenzen sieht die Person ganz persönlich für sich und für ihre weitere Karriere?*

Sie sollten auch im Hinblick auf die weitere zukünftige Zusammenarbeit immer versuchen, fair mit der Gegenseite umzugehen. Sie sollten jedoch keinen Zweifel daran lassen, daß Sie auch zu harten und unfairen Mitteln bereit und fähig sind, sollte die Gegenseite Sie dahin drängen. Zeigen Sie Zähne, aber beißen Sie nicht als erster.

4.6 Kontakte, Botschaften, Signale

Zum strategischen Konfliktmanagement gehört auch die sinnvolle Kontaktaufnahme mit dem Gegner. In allen Konflikten neigen die meisten Menschen fast zwanghaft dazu, die jeweilige Gegenseite wissen zu lassen, was man von ihr hält. Man ist vom Kontrahenten wie magisch angezogen. Man will wissen, was er tut, läßt sich von Dritten möglichst Nachteiliges berichten und tut gleichzeitig auch in umgekehrter Richtung einiges, um den Gegner immer wieder auf sich aufmerksam zu machen.

> Zerstrittene Nachbarn finden sich wie zufällig zur gleichen Zeit im jeweiligen Garten wieder, verhaßten Kollegen begegnet man rein zufällig immer wieder an der Kasse der Kantine.

Nur die wenigsten Menschen können mit aller Konsequenz die Begegnung mit ihren „Feinden" meiden. Die meisten sind wie zwanghaft getrieben, immer wieder mit einem Dauerfeind oder einem Gegner eines aktuellen Konflikts Kontakt aufzunehmen. Man will, daß der andere die strafenden Blicke sieht und die eigenen Botschaften hört. Man will auch vom anderen wissen, wie es ihm in der Sache geht, was er einem seinerseits mitzuteilen hat. Gegner in Konflikten sind häufig fast ebenso magisch voneinander angezogen wie Verliebte. Man kann voneinander nicht lassen.

> Im privaten Nachbarschaftsstreit mag es angehen, daß man immer schleunigst zum Beobachtungsposten am Fenster eilt und demonstrativ mit der Gardine wedelt, wenn sich nebenan etwas rührt, daß man im Treppenhaus Dritten gegenüber laut und deutlich Dinge erzählt, die eigentlich als Botschaften für den hoffentlich hinter seiner Tür lauernden Feind gemeint sind.
> Im betrieblichen Umfeld sind solche lustvollen Ärgerversuche fehl am Platz. Aber auch dort läßt man gerne unmittelbar im Meeting oder auch mittelbar durch Zwischenträger den anderen wissen, was man von ihm hält, was man gegen ihn tun könnte, sollte er nicht bald nachgeben ...

Konflikte können sich mit der Zeit auf diese Art verselbständigen. Man verliert irgendwann den ursprünglichen Anlaß für die Unstimmigkeiten aus den Augen und wetteifert nur noch miteinander um die meisten Bosheiten, die Anwendung übelster Tricks und die Racheaktionen für das, was die Gegenseite einem angetan hat.

Wenn Sie in einem konkreten Konflikt stehen, sollten Sie sich möglichst beherrschen und auf solche zwanghaften Kontaktversuche verzichten. Hören Sie auf, den anderen zu beobachten, und unterlassen Sie alle Ärgerversuche. Strategisch vernünftig im Sinne einer zügigen Regelung und einer schnellen Wiederherstellung des gesunden Arbeitsklimas ist die kontrollierte Übermittlung von Botschaften und Signalen.

Vermischen Sie Ihre Botschaften an die Gegenseite nicht lustvoll mit Demütigungen und finsteren Andeutungen, und versuchen Sie ihrerseits an den Demütigungen und finsteren Andeutungen vorbei aus den Botschaften der Gegenseite das Wichtige herauszuhören.

Die drei wichtigen Elemente, die in den Botschaften zwischen Kontrahenten eines Konflikts enthalten sein müssen, damit es jemals zu einer Einigung kommen kann, sind:

1. *Forderungen*

Die Forderungen sind das, was man vom anderen will. Was soll der andere tun oder in Zukunft unterlassen?

2. *Drohungen*

Die Drohungen geben der anderen Seite zur Kenntnis, was ihr passiert, sollte sie auf die Forderungen nicht eingehen. Damit zeigt man die eigene Stärke und die eigene Entschlußkraft, sich mit den Forderungen durchzusetzen.

3. *Angebote*

In den Angeboten wird dargelegt, was man zu tun oder zu lassen gedenkt, wenn sich die Gegenseite zu einer kooperativen Haltung bereit findet. Die Angebote können auch die eigene Kompromißbereitschaft zeigen.

> Aus dem täglichen Leben kennen wir ähnliche Botschaften, wenn Eltern ihre Kinder ermahnen: „Du machst jetzt sofort die Hausaufgaben, sonst darfst du heute abend nicht mit ins Kino! Aber wenn du jetzt damit anfängst, kannst du dir auch einen Schokoriegel nehmen."
> Aber wir kennen leider auch die Fälle, in denen die Kinder seit langem wissen, daß die Eltern nie ihre Drohungen wahr machen. Kein Wunder, daß die Botschaften an den „Konfliktgegner" ins Leere laufen. Genervt können sie sich dann eines Tages so anhören: „Hundertmal habe ich dir gesagt, daß du deine Hausaufgaben machen sollst! Du bist das faulste Stück, das man sich nur vorstellen kann! Deinetwegen hat Papa auch immer die Magenbeschwerden, und Oma will auch nicht mehr, daß du sie verrückt machst! Wenn du nicht bald hörst, wird aus dir nie etwas!"
> Übertragen auf die Chefsprache im Konflikt mit einem Mitarbeiter könnte es sich so anhören: „Frau Müller, nun machen Sie doch bitte das Angebot für den Kunden fertig. Ich weiß wirklich nicht, ob ich Ihnen noch einmal eine solche Aufgabe überlassen kann, wenn das jetzt nicht klappt. Sie haben doch auch freie Hand in der Verhandlung. Warum nutzen Sie die Chance nicht?" Ein genervter Chef, von dem Frau Müller längst weiß, daß er ihr niemals die Aufgabe wegnehmen würde, könnte sich so anhören: „Frau Müller! Wie oft muß ich Sie eigentlich noch erinnern? Mit unzuverlässigen Leuten kann ich nichts anfangen. Wenn Sie so weiter-

machen, werden Sie beruflich nie aufsteigen. Vielleicht machen Sie sich auch mal Gedanken darüber, wieso die Kunden sich immer über Sie beschweren. Die aus der Buchhaltung stöhnen auch schon, wenn die bloß Ihren Namen hören! Sie haben wirklich überhaupt kein Verantwortungsbewußtsein!"

Eine strategisch sinnvolle Botschaft an den Konfliktgegner sollte sich immer daran orientieren, was man mit oder bei dem anderen sofort und auf Dauer erreichen will. Jetzt und auf Dauer wollen Eltern zum Beispiel erreichen, daß die Kinder sich selbständig um die pünktliche Erledigung ihrer Hausaufgaben kümmern. Ein strategisch denkender Chef läßt sich auch nicht darauf ein, ständig mit dem Mitarbeiter um die jeweilige Erledigung von Aufgaben zu ringen. Er wird sich vielmehr Gedanken machen, was er tun und sagen muß, damit der Mitarbeiter jetzt und für die Zukunft begreift, welche Aufgaben und Verantwortungen er selbständig und zuverlässig zu übernehmen hat.

Ein strategischer Mensch macht sich klar, welche Botschaften im Hinblick auf die zukünftige Beziehung mit dem anderen „lohnt" und welche nur der aktuellen persönlichen Befriedigung dient, endlich mal „Dampf abzulassen".

Unstrategische Signale an den Gegner sind oft reine Ärgerversuche. Man grinst den anderen zynisch an, grüßt ihn demonstrativ nicht und zeigt „die kalte Schulter". Unstrategische Botschaften sind oft ein Sammelsurium aus: Drohungen, Anklagen, Beschimpfungen, Verweisen auf Äußerungen Dritter, Erinnerungen an uralte Vergehen, Vermutungen über zukünftiges Fehlverhalten, Beleidigungen und Selbstdarstellungen. Oft bezieht sich der größte Teil der Botschaft überhaupt nicht auf den aktuellen Konfliktfall, sondern wärmt „olle Kamellen" wieder auf. Kein Wunder, daß der andere sich ungerecht behandelt und gedemütigt fühlt, sich stur stellt und auch keine Lust hat, den Konflikt konstruktiv zu lösen.

Wenn Sie in einem Konflikt stehen oder als Neutraler für die Regelung eines Konflikts in Ihrem Bereich zuständig sind, sollten Sie darauf achten, daß die Botschaften hin und her die drei wichtigen Elemente enthalten und sonst möglichst gar nichts. Am besten ist es, wenn Sie sie einfach einmal selbst zu Papier bringen.

ad 1: Forderungen

Ihre Forderungen an die Gegenseite müssen unmißverständlich klarmachen, was Sie bis wann erwarten. Eventuell sollten Sie auch begründen, woher Sie das Recht haben, diese Forderungen zu stellen. Wichtig ist ebenso immer der Zeitpunkt, bis wann oder ab wann die Gegenseite Ihren Forderungen nachzukommen hat.

Demnach setzt sich die Forderung aus folgenden Elementen zusammen: Inhalt, Termin, Begründung.

Was der Andere wissen muß:

Forderungen:

Drohungen:

Angebote:

Abbildung 12: Botschaft an den Gegner

ad 2: Drohungen

Die Drohung muß unmißverständlich klarmachen, was Sie im Falle einer Nichterfüllung zu tun gedenken. Achten Sie darauf, daß Sie niemals etwas androhen, was Sie nicht auch wirklich wahr machen werden. Wenn Sie nur einmal am Ende doch nicht Ihre Drohungen erfüllt haben, verlieren Sie für immer an Glaubwürdigkeit. Sie enden dann als Führungskraft da, wo Eltern sich befinden, die ihren Kindern auch immer alles x-mal sagen müssen. Das ist eine lächerliche Position, kostet Nerven und vergiftet auf Dauer das Klima. Außerdem muß die Drohung fast immer eine Erklärung beinhalten, aus der die Gegenseite erkennen kann, was Ihnen das Recht und die Macht gibt, diese Drohung auszusprechen und notfalls wahr zu machen.

Dazu kommen zwei Termine: Ihr Ultimatum, bis wann Sie auf die Gegenseite warten, und der Termin, wann Sie gegebenenfalls das Angedrohte tun werden. Häufig gibt es auch Abstufungen. Dann müssen Sie „Schwellenwerte“ angeben, bis wann wenigstens was von der Gegenseite unternommen oder unterlassen sein muß, wenn man dort Ihre Umsetzung der Drohung aufhalten will.

Demnach setzt sich die Drohung aus folgenden Elementen zusammen: Inhalt, Erklärung zu Legitimation und Macht, Ultimatum, Umsetzungstermin, „Schwellenwert“ als Mindestleistung von der Gegenseite.

ad 3: Angebote

Ihre Angebote sollen Ihr Entgegenkommen und Ihre Kooperationsbereitschaft zeigen. Geben Sie inhaltlich zur Kenntnis, was Sie anzubieten haben. Es kann sein, daß Sie an dieser Stelle noch nicht alle Karten auf den Tisch legen sollten. Manchmal ist im Kompromißverfahren eine „Zug-um-Zug-Technik“ anzuraten. Dann bieten Sie zunächst nur ein Minimum an und behalten für sich, was

Sie später auch noch anbieten können, nachdem die Gegenseite Ihnen auch etwas angeboten hat. Nennen Sie Ihre Legitimation, woher Sie die Macht und das Recht nehmen, dieses Angebot machen zu können. Nennen Sie auch den Termin, ab wann Sie Ihr Angebot „liefern“ können. Sagen Sie deutlich, was die Gegenseite mindestens als Gegenleistung bieten muß, damit Sie Ihr Angebot wahr machen.

Demnach setzt sich Ihr Angebot aus folgenden Elementen zusammen: Inhalt, Legitimation, Liefertermin, erwartete Gegenleistung.

Wenn Ihr Gegner Sie mit einem Schwall von zusätzlichen Informationen, Beleidigungen und schwarzen Erinnerungen zuschüttet, dann sollten Sie sich davon nicht ablenken lassen. Belehren Sie ihn auch nicht über das „richtige“ Vermitteln von strategischen Konfliktbotschaften. Das würde ihn nur noch mehr gegen Sie aufstacheln. Filtern Sie in aller Ruhe nur folgende Dinge heraus:

1. *Forderungen: Was will der andere von mir?*
2. *Drohungen: Was hat er vor, wenn ich nicht dazu bereit bin?*
3. *Angebote: Wie kommt er mir entgegen?*

Wenn die Gegenseite zu sehr mit dem „Zaunpfahl winkt“, sollten Sie notfalls genau nachfragen und sich die drei Kernpunkte der Botschaft erklären lassen. Dann können Sie auch vernünftig darauf reagieren. Häufig ist eine solche Nachfrage auch der erste Schritt in einer Verhandlung mit schrittweisem Aufgeben von aggressiven Gebaren.

Bedenken Sie bitte, daß von Ihrer Seite beim anderen ebenfalls genau die drei obigen Kernpunkte inhaltlich korrekt ankommen müssen. Vergewissern Sie sich, daß der andere klar verstanden hat. Verschlüsseln Sie nicht, und winken auch Sie nicht mit Zaunpfählen!

5 Deeskalation – damit es nicht knallt

5.1 Bloß nicht auf die Spitze treiben!

Selbst dann, wenn man die Macht hätte, dem Gegner den eigenen Willen aufzuzwingen, ist es fast immer auch im eigenen Interesse klüger, die Eskalation zu vermeiden. Fünf Grundsätze sollten die Basis für ein vernünftiges Herangehen an Konflikte bilden:

1. Man sollte strategisch denken.

Im Konflikt möchte man natürlich gerne gewinnen oder das letzte Wort behalten oder auch den anderen „bestrafen" oder ihm einen „Denkzettel" verpassen. Diese Bestrebung ist verständlich, aber nicht immer sinnvoll. Strategisch klüger ist, wer auch im aktuellen Konfliktgeschehen noch fähig ist, an die Zeit danach zu denken. Wie will oder muß man in Zukunft weiterhin mit dem Gegner auskommen? Wie könnte der andere sich später rächen? Vor allem autoritäre Führungskräfte unterschätzen manchmal, wozu ein Mitarbeiter in der Lage ist, der aus einem Konflikt mit dem Chef als Verlierer herausgegangen ist.

Choleriker können im akuten Anfall gar nicht mehr strategisch denken. Sie brauchen den tätlichen oder rhetorischen Befreiungsschlag auf der Stelle. Kein Wunder, daß sie oft nach einem Konflikt mehr Probleme haben als zuvor.

Auch wer so schlagfertig ist, daß er sich hinterher manches Mal die Zunge abbeißen könnte, verhält sich nicht strategisch.

Wer dazu neigt, im Konflikt die möglichen Konsequenzen zu vergessen, sollte sich tunlichst mit Entspannungs- und Selbstmanagementtechniken vertraut machen und diese regelmäßig trainieren.

Weiterhin ist die Beschäftigung mit dem inzwischen endlich akzeptierten Thema der emotionalen Intelligenz dringend zu empfehlen. Sich selbst auch in Streßsituationen im Griff behalten zu können, ist ein Aspekt des intelligenten Umgangs mit den eigenen Gefühlen.

2. Man sollte möglichst keine Gefühle verletzen.

Im Konflikt mag man auf den Gegner so ärgerlich sein, daß man ihm die Pest und Cholera, Projektniederlagen und miese Verkaufszahlen an den Hals wünscht. Es mag der eigenen Seele guttun, sich diese Wünsche lustvoll auszumalen, gleichwohl sollte man sie für sich behalten.

> Wirklich verletzend sind Demütigungen und Beleidigungen, welche die Person des anderen selbst angreifen. Verweise auf frühere Niederlagen, hämische Bemerkungen über familiäre Probleme, boshafte Bemerkungen über körperliche Merkmale, Unterstellungen von Charakter- oder Intelligenzmängeln und gezielt in

Umlauf gesetzte Tratschgeschichten über den anderen gehören zum Repertoire der Menschen, die bei einem Konflikt dazu neigen, nicht mehr nur um den Konfliktanlaß zu streiten, sondern gleich die ganze Person des anderen zu hassen.

Man sollte sich wirklich konkret darauf beschränken, im aktuellen Konfliktfall zu einem Ergebnis zu kommen und nicht bei der Gelegenheit dem anderen auch noch Dinge zu sagen, die verletzen können und weh tun.

3. Man sollte auf Empfindlichkeiten verzichten.

Da man ja selber weiß, wie schwer es ist, sich im Ärger auch noch zivilisiert und nach Grundregeln der Nächstenliebe zu verhalten, sollte man so großzügig sein, dem anderen den einen oder anderen Ausrutscher in dieser Hinsicht zu verzeihen und möglichst gleich zu überhören. Es ist niemals dienlich, sich von den Worten des anderen dazu aufstacheln zu lassen, wie eine Gouvernante den Zeigefinger zu heben und zu tadeln.

Je weniger man die Frechheiten des Gegners beachtet, desto besser ist es fast immer.

4. Man sollte den eigenen Standpunkt klar vertreten.

Man sollte bei aller Großzügigkeit und Selbstbeherrschung auch standfest bleiben. Nachgeben um des lieben Friedens willen ist fast immer falsch. Falsch ist es auch, um die Dinge vorsichtig herumzureden und zu hoffen, daß der andere sich wohl denkt, „was sich gehört" und „was rechtens" ist. Wer sich unklar ausdrückt oder um den heißen Brei herumschleicht, vermittelt leicht den Eindruck, selbst nicht ganz vom eigenen Standpunkt überzeugt zu sein. Das gibt dem Gegner unnötig Auftrieb.

5. Man sollte Einigung vor Sieg und Niederlage anstreben.

Es mag zwar wunderbar sein, aus einem Konflikt als Sieger herauszugehen, aber oft ist es klüger, wenn man durch geschicktes und strategisches Herangehen dem anderen die Niederlage erspart und ihn statt dessen dazu bringt, sich auf einen gemeinsamen Kompromiß einzulassen.

Dieser Kompromiß sollte so sein, daß beide Parteien sich zumindest als „halbe" Sieger fühlen können. Auf keinen Fall sollte man danach vor Dritten den eigenen Triumph darstellen. Das würde den anderen sofort wieder verärgern und einen Folgekonflikt nach sich ziehen.

5.2 Bei Zynismus Mord

In unserer Gesellschaft gilt es als „richtig", sich bei Konflikten ganz ruhig und sachlich zu verhalten. Man darf nicht laut werden, sich nicht in der Wortwahl vergreifen und auch nicht unlogisch argumentieren.

Diese gesellschaftlich akzeptierte Form des rationalen Herangehens an Konflikte gelingt jedoch nicht jedem Betroffenen auf Bestellung. Zu wissen, daß „es sich nicht gehört" emotional zu werden, macht noch lange nicht fähig, im richtigen Moment die eigenen Gefühle erkalten zu lassen.

In der Realität ist es oft so, daß es den sehr rational orientierten Menschen hervorragend gelingt, ruhig und kalt zu bleiben. Mehr emotional orientierte Menschen neigen leichter dazu „auszurasten". Das führt häufig sofort in eine ungleiche Verteilung der Stärke und Durchsetzungkraft der jeweiligen Parteien. Wenn beide Konfliktparteien im Unternehmen zum Beispiel zu einer gleichen Hierarchieebene gehören, dann ist im akuten Konflikt die rationale Partei sofort auf der stärkeren Seite. Ihr gelingt es,

- die eigenen Gefühle unter Kontrolle zu behalten und die eigenen Worte genau abzuwägen.
- die Gefühlsregungen des anderen distanziert zu betrachten und durch gezielte Bemerkungen den anderen noch mehr in Rage zu bringen.
- strategisch über den akuten Ärger hinauszudenken und eigene langfristige Ziele im Auge zu behalten und dabei gleichzeitig den anderen unauffällig in noch blindere Wut zu treiben.
- durch das eigene ruhige Verhalten, die eigene ruhige Stimme und die eigenen wohlgesetzten Worte und untadelig korrekten Formulierungen die Anerkennung unbeteiligter Zeugen zu gewinnen.
- unbeteiligten Zeugen die peinlichen, unklugen und ungerechtfertigten Äußerungen und Verhaltensweisen auf der Gegenseite bewußtzumachen. Dadurch verliert der emotional gesteuerte Gegner auch noch die Anerkennung der Unbeteiligten. Er verliert vor Dritten sein „Gesicht".

Nur wenn der emotionale Konfliktgegner in der offiziellen oder inoffiziellen Hierarchie höher steht als der rationale, dann hat er eine Chance, gegen den rationalen Gegner zu „gewinnen". Ein emotional gesteuerter Chef kann seinen kalten und selbstbeherrschten Mitarbeiter niederbrüllen. Umgekehrt geht es nicht. Wenn der Untergebene seinem eiskalten Vorgesetzten gegenüber laut wird, geht es meistens nicht gut für ihn aus.

Für Ihre eigenen Konflikte ist es natürlich gut, wenn es Ihnen gelingt, emotionslos und messerscharf logisch zu bleiben, ganz egal, wie der andere stichelt oder auch nur zynisch grinst. Wenn Sie selbst zu den Eiskalten gehören, sollten Sie manchmal doch darüber nachdenken, ob es dem Konflikt und der zukünftigen Zusammenarbeit zuträglich ist, wenn Sie einen Aufgeregten mit leise gesprochenen, wohl formulierten Bemerkungen endgültig in die Raserei treiben. Es kann gut sein, daß Sie als kalter Rationaler auch noch die Anerkennung der anderen für sich gewinnen und am Ende siegreich aus dem Konflikt herausgehen, jedoch für immer vom Verlierer gehaßt werden. Kalte Logiker werden zwar dafür bewundert, daß sie sich auch im Streß des Konflikts noch „richtig" verhalten können, man gibt ihnen wegen ihres „richtigen" Verhaltens auch recht, aber man mag sie oft nicht mehr, wenn man einmal das Opfer ihrer kalten Logik, ihrer pädagogischen Belehrungen und ihrer zynischen Sticheleien war. Man meidet in Zukunft die offene Auseinandersetzung mit ihnen, rächt sich jedoch bei erster Gelegenheit.

Wenn Sie rational orientiert sind, sollten Sie in Ihre strategischen Überlegungen auch den Gedanken einbeziehen, wie Sie sich für die Zukunft die Sympathien der Kollegen und Mitarbeiter erhalten können. Recht zu haben ist eine Sache, von den anderen weiterhin als Mensch gemocht zu werden, ist eine andere. Die Wichtigkeit des „Gemochtwerdens", auch von Mitarbeitern, sollten Sie nicht unterschätzen.

Wenn Sie als Führungskraft einen Konflikt zwischen Mitarbeitern zu regeln haben, sollten Sie nicht instinktiv davon ausgehen, daß der Laute unrecht hat und der Stille recht. Lassen Sie sich nicht vom „Benehmen" blenden! Achten Sie darauf, ob Sie mögliche Anzeichen dafür erkennen, daß der Stille mit gezielten Hieben den Lauten in Raserei und Mordlust treibt.

Die typischen Taktiken der leisen Rationalen sind:

- *durch Mimik und Haltung ausgedrückte Überlegenheit* wie zynisches Grinsen, angewidertes Wegdrehen, Zurücklehnen und demonstrativ distanziertes Beobachten des Fehlverhaltens
- *Tadeln*: „Jetzt schreien Sie doch nicht so!" – „Das ist aber sehr unsachlich, was Sie da sagen." – „Den Ton muß ich mir nicht bieten lassen!" – „Beherrschen Sie sich doch endlich."
- *Erziehen*: „Jetzt sagen Sie das noch einmal, aber dann in einem anderen Ton." – „Bevor Sie hier herumschreien, sollten Sie erst einmal guten Tag sagen."
- *(angeblich) Beruhigen*: „Bleiben Sie ruhig. Ihnen zittern ja schon die Hände." – „Setzen Sie sich lieber hin." – „Möchten Sie, daß wir das Thema verschieben, bis Sie sich wieder beruhigt haben?" – „Regen Sie sich hier nicht so auf!"
- *begründungsloses Abstreiten der Gegenargumente*: „Kann gar nicht sein, was Sie sagen." – „Das stimmt nicht."
- *Bagatellisieren*: „Das ist doch nicht so wichtig." – „Nehmen Sie die Dinge nicht so ernst." – „Machen Sie hier nicht aus einer Mücke einen Elefanten." – „So was lohnt den Streit gar nicht."
- *Moralisieren*: „Nobody is perfekt." – „Sie machen auch mal Fehler!" – „So sollte man wirklich nicht an die Sache herangehen." – „Sie müssen das auch ein wenig sachlicher betrachten." – „Wenn hier nun jeder ..."
- *Schulmeistern*: „Da machen Sie einen Denkfehler." – „Ich erkläre Ihnen das noch einmal etwas einfacher." – „Versuchen Sie mal richtig zuzuhören, was ich Ihnen jetzt sage." – „Sie haben wohl gar nicht verstanden, worum es hier eigentlich geht."
- *Beschuldigen*: „Sie haben das doch so gewollt." – „Das ist doch Ihr Problem, wenn Sie das nicht kapieren." – „Was Sie wollen, habe ich längst durchschaut."

Können Sie sich vorstellen, was in einem aufgeregten Menschen vorgeht, der sich auch noch solche „vernünftigen“ Dinge anhören muß?

Achten Sie bei Konflikten zwischen Ihren Mitarbeitern nicht nur auf Lautstärke und sozial akzeptiertes Verhalten. Achten Sie bewußt auf die leisen Töne. Kann es sein, daß da einer vorsätzlich in den Gefühlen des anderen zündelt? Machen Sie notfalls dem stillen Brandstifter klar, daß Sie seine Taktik durchschauen. Machen Sie dem Aufgeregten klar, daß Sie seine Gefühlsausbrüche menschlich verstehen. Machen Sie beiden Parteien klar, daß Sie den Konflikt vernünftig geregelt haben wollen, daß es jedoch keine Preise dafür gibt, wer sich „am besten benimmt“ und die größte „Selbstbeherrschung“ zeigt.

5.3 Ein Phasenmodell zur Konfliktaussprache

Wenn Sie vermeiden wollen, daß sich Konflikte in Ihrem Bereich zu rechthaberischen Wortgefechten nach den fairen und unfairen Regeln der rhetorischen Kriegsführung entwickeln, können Sie das folgende Phasenmodell einführen. Warten Sie damit nicht bis zum Ausbruch eines realen Konflikts. Man kann von Menschen, die ein „echtes“ Problem haben, nicht erwarten, daß sie sich dann auch noch in die Theorie des Konfliktmanagements eindenken.

Sie brauchen nicht zu befürchten, daß Sie durch das Einführen und Einüben von konstruktiven Techniken der Konfliktbewältigung den „Teufel an die Wand malen“ und damit das Unglück heraufbeschwören. Es ist falsch, den Kopf in den Sand zu stecken und zu hoffen, daß man Konflikte verhindern kann, wenn man einfach so tut, als könnten sie gar nicht passieren. „Streitkultur“ sollte man dann entwickeln, wenn die Betroffenen noch gar nicht daran denken, daß es jemals zu Streit kommen könnte. Dann ist es auch möglich, streßfrei die Verfahrensweisen und Techniken für den Ernstfall zu üben.

Stellen Sie Ihren Mitarbeitern die Phasen eines Konfliktgesprächs vor, und geben Sie dann Rollenspiele oder Themen zum Üben vor, die nichts mit möglichen realen offenen oder unterschwelligen Konflikten zu tun haben.

Die drei Phasen einer Konfliktaussprache sind:

1. *Erkunden des Standpunkts der Gegenseite*
2. *Klare Vermittlung des eigenen Standpunkts*
3. *Entwickeln einer gemeinsamen Lösung*

ad 1: Erkunden des Standpunkts der Gegenseite

An dieser Stelle gehen bereits viele Konfliktgespräche schief. Jede Partei brennt vor Eifer, der Gegenseite zu sagen, was der eigenen Meinung nach dringend gesagt werden muß. Man redet auf den anderen ein, fällt sich gegenseitig ins Wort oder kann nicht zuhören, weil man innerlich bereits die Antwort zurechtlegt. Man will gar nicht zuhören, weil man ohnehin „weiß", daß die Gegenseite nicht recht hat, und weil man beseelt ist von dem Verlangen, der Gegenseite die richtige Meinung zu vermitteln. Gleichzeitig stellt man fest, daß die Gegenseite nicht richtig versteht oder verstehen will. Also muß man immer und immer wieder das gleiche sagen.

Durch diese Haltung kommen Unruhe, Hektik und unnötiger Streß ins Gespräch. Man wetteifert um die größten Redeanteile oder um die größte Lautstärke oder um die treffsichersten Argumente. Man macht sich weniger Sorgen darum, ob man wirklich versteht, was der andere sagt, sondern darum, ob der andere den eigenen Standpunkt begriffen hat.

Klüger ist es, wenn beide Seiten vor dem verbalen Austausch erst einmal jeweils absichern, daß sie selbst wissen, worum es dem anderen geht, was er will und wie er zu der Überzeugung gekommen ist, recht zu haben.

Diese erste Phase sollte demnach nicht durch ein Hin und Her von Behauptungen, Beweisen, Begründungen und Forderungen geprägt sein, sondern durch Fragen und Zuhören. Bei komplexen Problemen sollte man sich auch Notizen machen, wenn die Gegenseite sehr weit ausholt. Das nimmt den Streß, sich alles merken zu müssen, damit man später bei den Gegendarstellungen nichts vergißt.

Vor allem temperamentvolle Mitarbeiter und notorische Rechthaber können sich nur schwer daran gewöhnen, erst einmal zu fragen. Sie würden lieber gleich den anderen „zuballern". Das läßt der andere sich nicht gefallen und „feuert" zurück. Ganz schnell wird dann aus der geplanten offenen Aussprache ein Wortgefecht.

ad 2: Klare Vermittlung des eigenen Standpunkts

Hier kann man sich am in Kapitel 4 beschriebenen Konzept der Botschaft an die Gegenpartei orientieren. Man sollte die eigenen Botschaften an die Gegenpartei von unnötigen Nebenbotschaften (Beleidigungen, Angriffen etc.) freihalten und lieber dafür sorgen, daß die Gegenseite genau versteht, was man will und welche Begründung man dafür hat.

Ganz wichtig ist, daß beide Parteien sich erst um das Verstehen der Gegenseite bemühen und erst im zweiten Schritt um das Absichern, ob man selbst richtig verstanden wurde. Wenn man das erst einmal geübt hat und auch im Druck realer Konflikte einhalten kann, dann verschwindet eine Menge an unnötigem Streß im Gespräch.

Man sollte auch bewußt daran denken, daß „verstehen" und „billigen" zwei verschiedene Dinge sind. Im allgemeinen Sprachgebrauch verwechseln wir das oft. Hier liegt bei vielen Menschen auch der eigentliche Grund, warum sie im Konflikt lieber auf den anderen einreden als Fragen zu stellen und aufmerksam zuzuhören und dann noch einmal – ohne zynischen Unterton! – nachzufragen, ob sie es richtig verstanden haben. Sie befürchten, daß das Zuhören und Verstehen schon ein halbes Zustimmen ist oder so mißverstanden werden könnte.

ad 3: Entwickeln einer gemeinsamen Lösung

Eine gemeinsame Lösung sollte immer das angestrebte Ideal sein. Realistisch ist es oft nicht möglich. Wenn der Konflikt zum Beispiel darum geht, daß zwei Parteien um eine lukrative Position streiten, dann wird trotz edelster Absichten letztlich doch diejenige Partei die Position bekommen, die sich am besten durchsetzen kann. So ist es auch beim Streit um Kompetenzen, Ressourcen, Vorgehensweisen oder andere „Zankäpfel". Vor allem die Partei, die sich erfolgreicher durchsetzen kann, muß im Konflikt die Disziplin bewahren, auf Triumphe und alle Formen des „Habe-ich-doch-gleich-gesagt" verzichten.

Wenn sich ein Konflikt tatsächlich nicht durch einen Kompromiß oder eine gemeinsame Lösung regeln läßt, dann muß der „Sieger" den ersten Schritt zur Versöhnung machen. Für den Verlierer wäre das fast immer eine weitere zusätzliche Demütigung. Der Verlierer muß jedoch das Recht haben, eine für ihn zu frühe Versöhnung erst einmal zu verschieben. Er hat schließlich länger an der Wunde zu lecken. Dann muß notgedrungen der Sieger später noch einmal einen Anlauf zur Versöhnung machen.

Wenn Sie mit Ihren Mitarbeitern dieses Modell der drei Phasen üben wollen, können Sie Rollenspiele zu Fällen wie den folgenden generieren:

- Streit um den Dienstwagen
- Durchsetzen von Vorgehensweisen im Projekt
- Kampf um den Stellvertreterposten
- Reklamation eines Kunden
- Uneinigkeit bei der Zielvereinbarung
- Beschwerde über Mobbing
- Nervendes Verhalten von Kollegen
- Verschiedene Ansichten zum Arbeitsablauf

Meiden Sie jedoch Themen, die eine aktuelle Bedeutung für die Mitarbeiter haben! Wer im Rollenspiel Konfliktverhalten üben soll, darf nicht von realen Ärgerlichkeiten abgelenkt sein. Lassen Sie auch nicht gleich beim ersten Probelauf ausgerechnet die Mitarbeiter miteinander üben, die sich gerade aus anderen Gründen „nicht grün" sind. Dann kann aus Spiel sehr schnell ernst werden.

Wenn es geht, holen Sie sich einen neutralen Moderator oder Trainer, planen zwei Tage dafür ein und verlagern die Übung in einen Bereich außerhalb des Unternehmens. Konflikttraining ist nur dann sinnvoll, wenn

- ein konkretes Vorgehensmodell (z.B. obige drei Phasen) verbindlich für alle eingeführt werden soll.
- aktuell kein Konflikt die Lernatmosphäre belastet.

Wenn Sie selbst in einen Konflikt verwickelt sind, sollten Sie weniger darauf achten, ob die Gegenseite sich auch „ordnungsgemäß" an dem Modell der drei Phasen orientiert. Orientieren Sie sich selbst daran. Verzichten Sie darauf, dem inneren Trieb zu folgen und sofort gegenzuhalten, wenn der andere etwas sagt, was man Ihrer Meinung nach nicht so stehenlassen kann. Stellen Sie Ihre Leidenschaften zurück, und fragen Sie lieber noch mal nach. Wiederholen Sie mit Ihren Worten, was Sie verstanden haben, und lassen Sie sich bestätigen, ob das so richtig ist.

Sie werden beim Gegner vermutlich zunächst Verblüffung erzeugen. Er hat mit Gegenangriffen und Gegenargumenten gerechnet und sich innerlich darauf eingestellt, mit Ihnen kämpfen zu müssen. Sie reagieren jedoch anders als erwartet. Sie fragen und hören zu und zeigen, daß Sie begriffen haben.

Nach der ersten Verblüffung kann sich Mißtrauen einstellen oder verfrühte Siegesgewißheit. Der andere mag sich fragen, welchen schmutzigen Trick der Manipulation Sie anwenden, wenn Sie sich so anders als erwartet verhalten. Er kann auch irrigerweise glauben, Sie bereits besiegt zu haben, weil Sie nicht „gegenfeuern".

Wenn Sie dabei bleiben, dem anderen souverän den höchsten Redeanteil zu lassen, vermindern Sie bei ihm den Streß und damit auch die Aggression. Er wird Ihnen gegenüber langsam aber sicher die Heftigkeit der Attacken reduzieren und schon aus purer Neugierde (oder Mißtrauen) wissen wollen, was Sie eigentlich zu sagen haben oder darüber denken.

Das führt für Sie ganz automatisch zu Phase zwei des Gesprächs. Da Ihr Gegner sich bereits ausreichend müde geredet (im Volksmund: „ausgekotzt") hat, kann er Ihnen plötzlich auch zuhören. Danach ist fast immer ein vernünftiges Gespräch, eine Verhandlung oder ein fairer Streit möglich.

Sie kennen aus Führungs- oder Verkaufstrainings sicherlich die Redewendung: „Wer fragt, führt." Das gilt auch für Konflikte! Führen Sie in der ersten Phase durch Fragen. Dadurch behalten Sie die Zügel in der Hand und werden nicht selbst vom Hin und Her der Argumente mitgerissen.

5.4 Die sechs Grundregeln positiver Konfliktbehandlung

Man kann nicht bei jedem Konflikt zu einer Lösung kommen, die alle Beteiligten befriedigt. Dazu sind die menschlichen Schwächen, die persönlichen Strebungen und die individuellen Meinungen viel zu unterschiedlich. Wer immer nur Friede, Freude, Harmonie im Sinn hat, macht sich womöglich zum Deppen, der die Begierden der Kampfeslustigen unnötig reizt. Es entspricht der täglichen Lebenserfahrung, daß die Sanften und Nachgiebigen keineswegs ein konfliktfreieres Leben führen können als diejenigen, die auch bereit sind, notfalls hart um ihre Ansprüche zu kämpfen.

Vor allem als Führungskraft müssen Sie gelegentlich bewußt in Konflikte hineingehen und robust kämpfen. Es ist leider nicht realistisch, davon auszugehen, daß man keine Karriere- oder Machtkonkurrenten hat und daß die Mitarbeiter sich alle in harmonischer Teamorientierung um die Erreichung der Ziele bemühen. Es ist auch nicht realistisch, darauf zu vertrauen, daß Externe und Lieferanten, Kunden und Geschäftspartner stets fair, zuverlässig und ehrlich um eine gute Zusammenarbeit bemüht sind. Von Ihnen als Führungskraft erwartet man, daß Sie notfalls auch einmal „auf den Tisch hauen".

Das heißt nicht, daß Sie Ihre unvermeidlichen Konflikte bis zur Eskalation treiben. Sie können zur Deeskalation beitragen, wenn Sie sich möglichst an folgenden sechs Grundregeln orientieren.

1. Vermeiden Sie, daß Ihr Gegner „sein Gesicht verliert".

- Bleiben Sie immer beim aktuellen Thema, und wärmen Sie nicht alte Niederlagen oder Fehler des anderen auf.
- Beleidigen Sie niemals den anderen persönlich. Beleidigen Sie auch nicht seine Angehörigen, seine Herkunft, seine Freunde.
- Verweigern Sie nicht das Gespräch, wenn der andere auf Sie zukommt.
- Verhindern Sie, daß der andere sich in seinem Zorn vor Dritten eine unnötige Blöße gibt.
- Äußern Sie keine Zweifel an der Intelligenz oder an den redlichen Absichten des anderen.
- Triumphieren Sie nicht, wenn Sie dem anderen einen Irrtum oder einen Fehler nachweisen können.
- Ziehen Sie nicht vor Dritten über Ihren Gegner her.
- Geben Sie auch bei härtesten Konflikten niemals Ihre grundsätzliche Wertschätzung vor dem anderen Menschen auf.

2. Wahren Sie Ihre Selbstachtung.

- Ziehen Sie sich lieber rechtzeitig aus einer Auseinandersetzung zurück, wenn Sie spüren, daß Sie die Selbstbeherrschung verlieren.
- Halten Sie physischen Abstand. Lassen Sie einen Konfliktgegner nicht näher als achtzig Zentimeter an Sie herankommen. Lassen Sie sich nicht anfassen.
- Fühlen Sie sich grundsätzlich nicht an Zusagen gebunden, die Sie unter Druck oder unter Manipulationen gemacht haben.
- Lassen Sie sich nicht in Diskussionen über uralte Fehler, Niederlagen und Irrtümer Ihrer bisherigen Laufbahn hineinziehen.
- Antworten Sie konsequent nicht auf persönliche Beleidigungen. Auch dann nicht, wenn man Ihre Angehörigen, Ihre Herkunft oder Ihre Freunde beleidigt. Verlassen Sie kommentarlos den Diskussionsort.
- Lassen Sie sich nicht in Konflikte anderer hineinziehen, mit denen Sie selbst eigentlich nichts zu tun haben. Lassen Sie sich vor niemandes Karren spannen.

3. **Versetzen Sie sich immer in die Lage des anderen.**

- Versuchen Sie immer genau zu verstehen, was im anderen gedanklich und emotional vorgeht.
- Versuchen Sie, Strategie und die Taktiken der Gegenseite zu durchschauen.
- Überwinden Sie generelle Vorurteile Ihrem Gegner gegenüber. Seien Sie nicht „grundsätzlich" gegen ihn, weil er zu einer bestimmten Abteilung, Altersgruppe, Nationalität, Gesellschaftsschicht etc. gehört.
- Wetteifern Sie nicht um den höchsten Redeanteil. Lassen Sie dem anderen mehr Redezeit. Hören Sie zu, und beobachten Sie.
- Überlegen Sie, wie Ihr Gegner möglicherweise vor Dritten im Zusammenhang mit dem Konflikt dastehen will. Vor wem würde er sich im Falle einer Niederlage schämen? Wem möchte er imponieren?
- Überlegen Sie, was Sie in seiner Haut täten.

4. **Verzichten Sie darauf, andere Menschen ändern zu wollen.**

- Nehmen Sie den anderen, wie er ist. Er wird ganz sicher so bleiben und sich auf keinen Fall von Ihnen – seinem Gegner! – „umerziehen" lassen.
- Sagen Sie dem anderen nicht, wie er denken oder fühlen müßte.
- Schulmeistern Sie nicht, und meiden Sie jeden Anflug von Pädagogik.
- Gehen Sie davon aus, daß andere auch an Ihnen einiges feststellen, was nicht optimal ist. Würden Sie sich ändern, damit Sie Ihren Gegnern besser gefallen?

5. **Vertreten Sie Ihren Standpunkt konsequent und strategisch klug.**

- Sagen Sie klar und ohne Umschweife, was Sie wollen. Reden Sie die Sache nicht „schön", und garnieren Sie Ihr Anliegen nicht mit Entschuldigungen und Begründungen, die sich wie Bitten um Verständnis anhören könnten.
- Achten Sie weniger darauf, daß Sie Ihre Argumente in Ihrem Sinne richtig formulieren, sondern mehr darauf, welche Formulierungen den anderen aufgeschlossener machen könnten.
- Versuchen Sie immer zu überzeugen. Überreden, moralische Erpressung oder sonstiger Druck geben nur kurzfristige Erfolge.
- Verlieren Sie Ihre langfristigen Ziele nicht aus den Augen, nur um im aktuellen Fall das letzte Wort zu behalten oder einen Kleinkramsieg zu gewinnen.
- Sichern Sie das Ergebnis der Konfliktlösung (schriftlich?) ab. Verlassen Sie sich nicht darauf, daß der andere am nächsten Tag immer noch zum gemeinsamen Ergebnis steht oder auch nur die Sache richtig erinnert.

6. **Reduzieren Sie die Gefahr von Folgekonflikten.**

- Legen Sie einen geklärten Konflikt zu den Akten. Kommen Sie möglichst nicht mehr auf das Thema zurück.
- Ziehen Sie möglichst keine Unbeteiligten in das Geschehen hinein.
- Machen Sie im Fall Ihres Sieges den anderen nicht auch noch lächerlich.

- Verzichten Sie im Fall Ihrer Niederlage auf Rache.
- Tun Sie den ersten Schritt zur Versöhnung oder wenigstens zur Normalisierung des Umgangstons.
- Belehren Sie auf keinen Fall bei Ihrem Sieg den anderen im nachhinein darüber, wie er sich die Aufregungen hätte ersparen können, hätte er gleich auf Sie gehört.
- Tratschen Sie nicht über Ihre Konflikte und Ihre Gegner. Lassen Sie sich auch nicht von Dritten aushorchen.

5.5 Totpunkte in der Diskussion überwinden

Es kommt immer einmal vor, daß die Parteien eines Konflikts sich so verbeißen, daß sie irgendwann nur noch ihre immer gleichen Argumente wie Pingpong-Bälle hin- und herschleudern. Nichts geht mehr. Man hat sich festgefahren, wiederholt sich ständig und kommt einer Lösung nicht einen Millimeter näher.

Die Gefahr ist, daß einer der Kontrahenten allein deshalb gewinnt, weil er den längeren Atem hat und das nervende Hin und Her länger erträgt. Der andere verliert die Lust oder auch die Kraft. Am Ende stimmt er der Gegenseite zu, um endlich Ruhe zu haben.

Konfliktlösungen, die auf der Erschöpfung oder momentanen Lustlosigkeit einer Partei beruhen, sind nur Scheinlösungen. Der Erschöpfte oder Lustlose erholt sich wieder, ärgert sich nun auch noch über die Niederlage und fängt erneut an, am Konflikt zu rühren. Manche „Dauerbrenner" ungelöster Probleme in Unternehmen beruhen auf diesem Phänomen. Von Meeting zu Meeting werden die Probleme verschleppt. Mancher blüht in solchen Diskussionsrunden richtig auf und könnte die ganze Nacht hindurch streiten. Andere verlieren gegen Feierabend die Lust, stimmen erst einmal zu, gehen heim und kommen am nächsten Tag mit frischer Kampfkraft zur Arbeit zurück. Sofort bringen sie das für sie noch nicht befriedigend gelöste Problem wieder auf den Tisch. Es hilft nichts, man muß dringend einen neuen Meeting-Termin festlegen.

Wie sieht es in Ihrem beruflichen Umfeld aus? Verbringen Sie, Ihre Kollegen und Mitarbeiter auch zuviel bezahlte Arbeitszeit in Meetings mit immer gleichen Themen?

Wenn Sie merken, daß eine Konfliktdiskussion zu einem Totpunkt gekommen ist, können Sie mit zwei im Grunde banalen Methoden häufig die Sache wieder in Bewegung bringen, damit wenigstens ein Teilergebnis zustande kommt und man nicht bis zur Erschöpfung auf der Stelle tritt:

1. Angebot machen

Überwinden Sie Ihre inneren Widerstände, und kommen Sie der Gegenseite mit einem kleinen (!) Angebot entgegen. Verlangen Sie dabei auch eine Gegenleistung. Überlassen Sie es jedoch dem anderen, welches Angebot er Ihnen macht. Vermitteln Sie so die Hoffnung, daß man bei Ihnen doch noch etwas erreichen kann. Der andere wird schon aus „Anstand" Ihr Angebot mit einem eigenen beantworten. So kommen Sie beide aus der festgefahrenen Situation heraus und bewegen sich in Richtung Feilschen um wenigstens einen Kompromiß. Das ist fast immer besser als das Verbeißen in „Alles-oder-nichts"-Positionen.

2. Spielregeln anbieten

Greifen Sie aus dem gesamten Komplex des Konflikts das unwichtigste Teilproblem heraus, und bieten Sie der Gegenseite an, zum Beispiel durch Münzwurf oder eine andere Lostechnik zumindest hier ein Ergebnis zu erreichen. Damit lenken Sie zunächst ein wenig vom Hauptproblem ab. Das lockert die Stimmung. Da es sich um ein unwichtiges Teilproblem handelt, riskiert Ihr Gegner nicht viel, wenn er auf Ihr Angebot zum Münzwurf eingeht. Er kann dann auch verlieren, ohne dabei eine peinliche Niederlage einstecken zu müssen. Pech bei einer Verlosung ist schließlich kein persönliches Versagen.

Das gelöste Miniproblem ist oft die Basis, auf der man sich anschließend auch beim Hauptproblem wieder positiv austauschen und annähern kann.

Wenn Sie als Führungskraft mit diesen Techniken Totpunkte bei Konflikten von Mitarbeitern untereinander überwinden wollen, sollte Ihr Appell zur Zustimmung im Losverfahren in erster Linie an den stärkeren der beiden Kontrahenten gehen. Ihm wird es leichter fallen, hier ein wenig nachzugeben. Das gleiche gilt für das kleine Angebot in Richtung Feilschen. Sie können als Neutraler oft gut erkennen, mit welchem Angebot der stärkere der Kontrahenten den Schritt tun könnte. Machen Sie ihm den Vorschlag. Da der schwächere der beiden hört, daß Sie den Vorschlag machen, empfindet er auch nicht, daß Sie als mächtigere Führungskraft gegen ihn mit dem Starken „paktieren".

6 Die verschiedenen Künste der Konfliktlösung

6.1 Es gibt kein Patentrezept für jeden Fall

Von der Kapitulation über den Kompromiß bis zur aggressiven Kampfhandlung mit unbedingtem Sieges- und Vernichtungswillen gibt es verschiedene Arten, einen Konflikt zu Ende zu bringen. Man träumt zwar lieber von der harmonischen Kommunikation mit gemeinsamer Problemlösung unter „vernünftigen" Menschen, aber in der Realität sieht es den Betreffenden oft so aus, als sei man stets nur selbst kooperativ, „vernünftig" und zur harmonischen Konfliktlösung bereit. Die Gegenseite scheint dumm, böse, tückisch oder verbohrt zu sein.

Es gibt Menschen, die in jedem Konflikt erst einmal endlos an den „gesunden Menschenverstand" der Gegenseite appellieren. Was sie dabei übersehen, ist die Tatsache, daß ihr eigener Standpunkt, ihre eigenen Ziele, ihr eigenes Verhalten auf die Gegenseite oft auch nicht besonders vorbildlich nach „gesundem Menschenverstand" oder Kooperationsbereitschaft aussieht.

Es scheint typisch für Konflikte zu sein, daß jede Partei dazu neigt, den jeweiligen Gegner als das größte Hindernis auf dem Weg zur harmonischen Problemlösung zu sehen. Man selbst würde ja ... Wenn der andere doch nur endlich ... Es wäre vielen besser damit gedient, wenn es ihnen gelänge, den Wunschtraum vom Idealverhalten und -denken der Gegenseite aufzugeben und dafür mehr taktisch an Konflikte heranzugehen.

Es gibt natürlich kein Patentrezept. Als Führungskraft sollten Sie jedoch grundsätzlich die verschiedenen Techniken der Konfliktbehandlung theoretisch kennen und auch praktisch anwenden können. Das theoretische Wissen darüber kann man sich anlesen. Die Kunst der praktischen Anwendung muß man notgedrungen immer wieder üben. Auch Konfliktseminare können da nur wenig helfen. Das Problem der Trainer ist, daß sie in den Seminaren niemals durch Rollenspiele oder Manipulationen die Emotionen zwischen den Teilnehmern schüren können (oder wollen), die für reale Konflikte so typisch sind.

Es wird Ihnen für Ihre beruflichen und privaten Konflikte nichts anderes übrigbleiben, als immer wieder in akuten Konflikten die notwendige innere Distanz zu gewinnen, die Sie fähig macht, auch einmal innezuhalten und dann mit einer wohlüberlegten Taktik erneut an das Problem heranzugehen.

Verstehen Sie hier den Begriff „Taktik" bitte nicht negativ. Damit ist nicht gemeint, daß Sie mit List und Tücke den anderen überrumpeln sollen. Mit der wohlüberlegten Taktik ist gemeint, daß Sie bewußt entscheiden, mit welcher Technik, mit welchen Argumenten und mit welchen Minimal- und Maximalzielen Sie vorgehen wollen, falls Sie überhaupt den Konflikt weiterführen wollen. Kapitulation oder Flucht kann oft sogar die beste Entscheidung sein. Manche Sache lohnt ganz einfach den Aufwand nicht, anderes ist ohnehin verloren. Wozu dann kämpfen?

6.2 Die drei Grundstrategien im Konflikt

Um aus einer Konfliktsituation wieder herauszukommen, gibt es grundsätzlich drei Möglichkeiten:

1. *Konfliktunterdrückung*
2. *Konfliktlösung*
3. *Konfliktakzeptanz*

ad 1: Konfliktunterdrückung

Hierbei wird einfach nicht zur Kenntnis genommen, daß ein Konflikt vorhanden ist. Es kann eine zwanghafte Harmoniesucht dahinterstecken oder auch eine persönliche Blindheit für das, was andere längst bedrückt. Das typische Beispiel für zwanghafte Harmoniesucht kennen wir aus den von Loriot so meisterhaft dargestellten Ehepaaren: „Wir sind seit dreißig Jahren verheiratet und haben noch nie gestritten." Gespenstisch!

Auch konfliktscheue Führungskräfte neigen manchmal dazu, immer schnell alle Anzeichen von Unannehmlichkeiten, Widersprüchen und Ärgerlichkeiten zu verdrängen oder umzudeuten. Auf keinen Fall darf die nette Harmonie des friedlichen Teams in Zweifel gezogen werden. Schatten auf der Teamharmonie würde eine solche Führungskraft immer als persönliches Versagen interpretieren. Das darf doch nicht sein, daß im eigenen Team jemand nicht glücklich ist, daß gestritten wird, daß Probleme die Atmosphäre belasten! Wenn Mitarbeiter ihnen einen Konflikt zur Kenntnis bringen, dann werden sie mit markigen Sprüchen abgefertigt: „Haben Sie ein Problem, oder sind Sie das Problem?" Dann weiß der Mitarbeiter, daß ihm als Melder des Problems auch gleich die Schuld dafür in die Schuhe geschoben wird. Er wird sich hüten, dem Chef noch einmal einen Tip zu geben, wenn sich von ihm unbemerkt Dinge zusammenbrauen, die man lieber rechtzeitig regeln sollte.

Auch solche Führungskräfte, die vom Trend des positiven Denkens beseelt sind, neigen dazu, Konflikte einfach zu ignorieren. Der Mitarbeiter, der ein Problem anspricht, wird als Pessimist oder Negativist bezeichnet. Damit ist für den Positiv-Denker das Problem vom Tisch. Er legt fest, daß es keinen Konflikt gibt, sondern nur einen Menschen, der wohl nicht die richtige Einstellung zum Leben oder zur Arbeit hat.

Die typische Reaktionen von harmoniesüchtigen oder positiv denkenden Führungskräften sind:

- Leugnen, daß es überhaupt einen Konflikt gibt.
- Verstärktes Herausstellen der Harmonie.

  Die Mitarbeiter werden zum Beispiel nach Feierabend zum Bier eingeladen. Wenn dann die Stimmung nett ist, reicht das als Beweis, daß sich ja doch alle lieb haben. Wehe, wenn es einer wagt, sich von den Harmonieübungen des Chefs auszuschließen!

- „Konfliktmelder" werden persönlich diffamiert, lächerlich gemacht oder als pathologische Fälle hingestellt.

  Piep, piep, wir haben uns lieb. Nur der eine, der hier von einem Konflikt spricht, der tickt nicht richtig.

Konfliktunterdrückung kann auf die Dauer nur selten funktionieren. Irgendwann hat die Sache lange genug geschwelt und kommt doch noch zum Ausbruch.

Betrachten Sie doch einmal aus der Perspektive der Vergangenheit Konflikte in Ihrem privaten oder beruflichen Umfeld. In welchen Fällen hätte man die Eskalation vermeiden können, wenn man rechtzeitig auf Frühwarnungen geachtet hätte?

Die Neigung zur Unterdrückung von Konflikten liegt durchaus auch in der menschlichen Natur. Wir hoffen immer wieder, daß wir Problemen ganz einfach dadurch aus dem Weg gehen können, indem wir so tun, als könnten sie gar nicht auftreten. Man kann es mit dem Phänomen vergleichen, daß manche Leute aus Angst nicht zur Krebsvorsorge gehen, der Arzt könnte etwas feststellen.

Als stecke eine Magie dahinter, daß man Probleme schon dadurch heraufbeschwört, daß man rechtzeitig darüber nachdenkt, wie man sie verhindert oder im Frühstadium in den Griff bekommt. Die Philosophie dazu lautet: Nicht zur Kenntnis nehmen, dann ist es auch nicht wahr.

ad 2: Konfliktlösung

Bei der Konfliktlösung wird der Konflikt als solcher zur Kenntnis genommen. Die Erkenntnis führt zu Aktionen mit dem Ziel, das Problem zu beseitigen. Man streitet, spricht sich aus, kämpft oder entwickelt Strategien, um zu einem Konfliktende zu kommen. Die Lösung kann eine kooperative Gemeinschaftslösung sein oder auch eine Entscheidung um Sieg oder Niederlage. Eine andere Form der Konfliktlösung kann auch der Rückzug sein. In der Ehe kann man einen Konflikt zum Beispiel durch Rückzug lösen, indem man die Scheidung einreicht. Im Berufsleben könnte das die Kündigung sein. Ob das eine gute oder schlechte Lösung ist, mag man unterschiedlich betrachten.

Eine gute Konfliktlösung zeichnet sich dadurch aus, daß sie keine Folgekonflikte nach sich zieht. Eine schlechte Lösung beendet zwar den aktuellen Konflikt, legt jedoch schon wieder den Keim für einen nächsten.

Die Kunst der echten Harmonie besteht nicht darin, Konflikte zu unterdrücken, sondern so zu beenden, daß danach die Betroffenen und die Zeugen das Thema jeweils für sich abschließen, verarbeiten und vielleicht auch „zu den Akten legen" können. Ob es klug ist, Konflikte zu vergessen, hängt davon ab, ob es sich lohnt, bewußt daraus für die Zukunft zu lernen oder ob die Erinnerung daran nur immer wieder schmerzlich wäre.

Vor allem, wenn man selbst in einem Konflikt keine gute Figur gemacht hat oder wenn man eine Niederlage einstecken mußte, kann es manchmal heilsam sein, das Thema irgendwann einfach aus dem Gedächtnis zu streichen.

ad 3: Konfliktakzeptanz

Manche Konflikte kann oder will man nicht lösen. Dann muß man Regelungen finden, wie man mit dem Problem weiterleben oder weiterarbeiten kann.

> Wenn man an eine Ehe denkt, könnte zum Beispiel ein nicht zu lösender Konflikt darin bestehen, daß jeder Partner eigene Vorstellungen von einem gelungenen Urlaub hat, die sich mit denen des jeweils anderen nicht vereinbaren lassen. Eine schlechte Lösung wäre es, wenn einer von beiden sich durchsetzt, der andere unzufrieden wird, und irgendwann ist das Thema Urlaub mit einer der verschiedenen Sargnägel der Ehe. Vermutlich wäre es statt dessen besser, das Problem als solches zu akzeptieren und sich eine Regelung auszudenken, mit der beide sich arrangieren können. Man könnte jedes zweite Jahr getrennt Urlaub machen, man könnte jedes Jahr einen halben Urlaub getrennt und einen halben gemeinsam verbringen, man könnte das Los entscheiden lassen ...

Konfliktakzeptanz bedeutet, daß man sich nicht in endlosen vergeblichen Lösungsversuchen verliert, sondern das Problem notgedrungen annimmt und dann aus der Situation das beste macht. Das heißt nicht, daß man nicht doch zuerst nach einer Lösung streben sollte. Es besteht immer die Gefahr, daß Konflikte, mit denen man sich „nur" arrangiert hat, einen doch belasten. Unter Streß können sie dann wieder offen ausbrechen und eskalieren.

Als Führungskraft brauchen Sie ein gesundes Augenmaß dafür, welche Konflikte Sie überhaupt zur Kenntnis nehmen müssen, was Sie als Frühwarnungen für tiefere Probleme ernstnehmen müssen, wie Sie welche Konflikte lösen können und an welchen Stellen Sie notfalls nur mit einer Regelung die Weiterarbeit trotz Konflikt sichern können. Denken Sie bitte auch daran, daß Sie Ihren Mitarbeitern vermitteln, welche Konflikte man leider nicht lösen kann. Das sind häufig auch die sogenannten menschlichen Konflikte mit ihren „Chemie"-Störungen. Daß manche Leute sich nicht „gut riechen" können, muß man akzeptieren. Aber man muß dann Regelungen treffen, wie man als Kollegen doch noch miteinander arbeiten kann.

6.3 Die beste Konfliktlösung ist immer eine dauerhafte

Wie oben gesagt, zeichnet sich eine gute Konfliktlösung dadurch aus, daß sie keine Folgekonflikte nach sich zieht. Damit erhöht sich die Chance auf einen dauerhaften Frieden nach dem Ende des Konflikts. Für die Qualität von Konfliktlösungen gibt es außerdem vier weitere wichtige Beurteilungskriterien:

1. Kosten und Aufwand

Unterschiedliche Lösungsvarianten können unterschiedlich viel an Geld, Zeit, Arbeit oder auch Nerven kosten. Lohnt sich das? Gibt es billigere oder einfachere Alternativen? Aber auch für unterschiedliche Varianten eines Kompromisses sollte man erst einmal eine Kosten-Nutzen-Analyse machen. Man muß bei einigen Konflikten auch im Auge behalten, daß sich eine teure Lösung womöglich später als Präzedenzfall entpuppt. Danach verlangen Kontrahenten nur noch nach „Luxuslösungen".

2. Zufriedenheit der Betroffenen und Dritter

Betroffene oder auch Zeugen bewerten die Lösung eines Konflikts und entsprechend auch die (Führungs-)Qualitäten der Person, welche die Lösung zu verantworten hat. In der Regel sind Betroffene und Dritte dann zufrieden, wenn

- sie ihre eigenen Ansprüche und Ziele durchsetzen konnten, wenn sie sich als Sieger sehen.
- sie die Lösung für gerecht halten. Auch ein Verlierer kann durchaus zufrieden sein, wenn ihm plausibel ist, daß man ihm nicht Unrecht getan hat.
- sie den Weg zur Lösung für fair halten. Wenn keine fiesen Tricks der Manipulationskunst angewendet wurden, wenn niemand seine Macht mißbraucht hat, wenn niemand ungerecht bevorzugt wurde. So kann auch ein Losverfahren zu Zufriedenheit führen, wenn den Verlierern und Zeugen klar ist, daß alle eine faire Chance hatten.

Es ist durchaus wichtig, daß auch die eigentlich unbeteiligten Dritten mit der Lösung zufrieden sind. Wenn sie an der Gerechtigkeit oder Ehrlichkeit zweifeln, kann es sein, daß sie sich „moralisch verpflichtet" fühlen, dem Verlierer zur „gerechten Rache" zu verhelfen. Vor allem im Mitarbeiterkreis muß ein Vorgesetzter darauf achten, daß die von ihm herbeigeführten Lösungen auf Akzeptanz stoßen. Jeder der unbeteiligten Zeugen schließt aus dem Konfliktverhalten des Vorgesetzten, wie es ihm eines Tages vielleicht auch einmal ergehen würde, sollte er in einen Konflikt geraten und dabei auf den Vorgesetzten angewiesen sein.

3. Auswirkungen auf den eigenen Ruf

Man stelle sich den Fall vor, daß ein Kunde sich weigert, bestimmte Leistungen zu bezahlen. Eine mögliche Lösung wäre der Gerichtsweg. Auf der anderen Seite möchte man natürlich nicht als Unternehmen mit einer solch unangenehmen

Geschichte in die Presse. Ähnlich ist es manchmal bei Konflikten mit kriminellen Mitarbeitern. Man könnte sie gerichtlich belangen, aber wie sähe es in der Öffentlichkeit aus, wenn bekannt würde, daß man solche Leute überhaupt einmal als Angestellte hatte? Wäre das Vertrauen der Kunden gefährdet?

Solche Überlegungen lassen manche eigentlich richtige und auch erfolgversprechende Konfliktlösung dann doch wieder in ganz anderem Licht erscheinen.

4. Auswirkungen auf die weitere Beziehung der Kontrahenten

Vor allem bei Konflikten unter Mitarbeitern sollte die Sache möglichst so geregelt werden, daß danach die Teamharmonie nicht zu sehr leidet. Auch bei Konflikten mit Kunden kann es sinnvoll sein, lieber eine kulante Lösung vorzuziehen und dabei wenigstens die im Grunde gute Kundenbeziehung zu erhalten.

Wenn Sie einen eigenen Konflikt oder einen zwischen Ihren Mitarbeitern zu lösen haben, sollten Sie immer auf diese vier Kriterien achten. Dann kann eine bisher noch brauchbar oder wünschenswert erscheinende Lösung plötzlich ganz anders aussehen. Lassen Sie auch Ihre Mitarbeiter die Dinge nach den vier Kriterien betrachten.

Die besten Konfliktlösungen sind fast immer diejenigen, die auf einem Ausgleich der Interessen beruhen und nicht auf Recht oder Macht. Als Führungskraft können Sie sicherlich bei manchem Konflikt einiges schon wegen Ihrer gehobenen Position durchsetzen – ob das immer klug ist und zu einem dauerhaften Ergebnis führt, das sollten Sie sich kritisch fragen.

6.4 Drei Konfliktlösungsverfahren

Für politische, persönliche oder auch berufliche Konflikte gibt es drei wesentliche Lösungsverfahren:

1. *Kampf um Sieg und Niederlage*
2. *Verhandlung*
3. *Rechtliche Klärung*

Auf den ersten Blick sollte man meinen, daß der Kampf um Sieg und Niederlage das letzte Mittel im Konflikt sein sollte, daß man doch immer erst einmal versucht, friedlich durch Verhandlungen zu einer Einigung zu kommen. In der Realität ist es jedoch umgekehrt. Die Parteien sind fast immer erst dann zu Verhandlungen bereit, wenn sie erkennen müssen, daß Kampf ihnen nichts bringt.

> Wenn man sich zunächst politische Beispiele anschaut, dann fällt natürlich sofort der Dauerkonflikt zwischen den Israelis und den Palästinensern und anderen Arabern ins Auge. Beide Seiten haben lange gegeneinander gekämpft, beide mit dem Ziel, den Gegner zu vernichten oder zumindest zu vertreiben. Zu Verhand-

lungen war man erst bereit, als beide Parteien erkennen mußten, daß sie vermutlich niemals den Sieg für sich erringen können.
Ein anderes politisches Beispiel ist Südafrika. Wann waren die regierenden Weißen zu Verhandlungen mit den Schwarzen und Farbigen bereit? Erst, als ihnen klar wurde, daß sie ihre Übermacht auf die Dauer nicht würden halten können.
Man denke auch an politische Parteien in Deutschland. Wenn zwei Politiker für sich in Anspruch nehmen, der nächste Kanzlerkandidat werden zu wollen, dann setzen die beiden sich nicht sofort zu partnerschaftlichen Verhandlungen zusammen. Sie bekämpfen sich statt dessen, bis einer gewinnt und einer verliert. Diese Kämpfe mögen in der Öffentlichkeit als „Meinungs-" oder „Temperamentunterschiede" kaschiert werden, hinter den Kulissen wird trotzdem mit harten Bandagen verbal und/oder mit Intrigen und/oder anderen Tricks gekämpft.

Man kann auch in vielen Familien erleben, daß Eltern, die zuvor noch ihre „elterliche Gewalt" über die Kinder ausüben und Gehorsam erzwingen konnten, irgendwann notgedrungen Verhandlungen führen müssen.

Was passiert bei Uneinigkeiten in Familien zum Erbe? Wer verhandelt denn freiwillig mit dem „gierigen" Schwager oder der „raffzahnigen" Schwester? Da wird doch lieber mehr oder weniger diskret schon vor dem Todesfall der Krieg um die Sympathie der Oma und nach dem Tod um ihr Elfenbeinklavier geführt.

Ein weites Feld kriegerischer Konfliktaustragung tut sich bei vielen Scheidungen auf. Man sollte meinen, daß Eltern wenigstens im Interesse der Kinder zu friedlichen Verhandlungen um Sorge- und Besuchsrechte bereit sind. Nichts da! Erst einmal versuchen die meisten Scheidungspaare ihre Ansprüche auf die Kinder gewaltsam durchzusetzen. Da werden die Kinder zur „Beute aus der Ehe", um die die Eltern kämpfen.

Auch im beruflichen Umfeld werden viele Dinge erst einmal umkämpft. Da gibt es Leute mit hoher Durchsetzungsfähigkeit, die vielleicht noch so kooperativ sind, den Unterlegenen Erklärungen abzugeben oder sie zu überzeugen. Es gibt aber auch diejenigen, die sich wenig durchsetzen können. Die mangelnde Durchsetzungsfähigkeit kann an der unterlegenen hierarchischen Position liegen oder an der „schwächeren" Persönlichkeit.

Typische Machtkriege kennt man von Gründerfamilien, wenn der Nachfolger erkennt, daß „mit dem Alten nicht zu reden" ist. Man kennt Kriege um Sieg und Niederlage, wenn sich hohe Manager zum Beispiel von Mercedes oder der Metallgesellschaft um ihre Macht prügeln. In solchen Fällen nimmt die Leserschaft von Managerzeitschriften auch gerne genußvoll Anteil. Man kann in jedem Büro erleben, wie zum Beispiel zwei Sekretärinnen sich um die richtige Art der Ablage streiten. Darüber ist zwar nichts in den Zeitschriften zu lesen, aber lustvoll stellen die Kollegen fest: Frauen können nie friedlich zusammenarbeiten.

Ob in den Top-Etagen oder ganz unten – bevor zwei Parteien sich zum Verhandeln herbeilassen, hat zuerst wenigstens eine der Parteien versucht, der anderen ihre Willen aufzuzwingen.

Manchmal hat man vielleicht doch den Eindruck, daß Konfliktparteien auf den Kampf verzichten und sich lieber gleich zu Verhandlungen zusammensetzen.

Aber der Eindruck trügt häufig. In zivilisierten Gesellschaften – und dazu gehören auch unsere beruflichen Umfelder – mag oder kann man nicht einfach auf den Gegner einprügeln, Bomben werfen oder gewaltsam einmarschieren. Man setzt sich zu „Scheinverhandlungen" zusammen. Tatsächlich handelt es sich dabei jedoch sehr wohl auch um Kampfsituationen. Der „Krieg" wird rhetorisch geführt oder durch reine Machtausübung, wobei die stärkere Partei der unterlegenen „den Marsch bläst". Kein Wunder, daß Bücher und Seminare zur „rhetorischen Kriegsführung" und zum „Machiavellismus" am Markt so erfolgreich sind. Man weiß aus der täglichen Lebenspraxis, daß man im allgemeinen nur mit netten Gesprächen und verständnisvollem Eingehen auf den anderen in der Regel den kürzeren zieht.

ad 1: Kampf um Sieg und Niederlage

Diese Art der Konfliktlösung scheint uns Menschen „im Blut zu liegen". Wir versuchen zunächst immer, den eigenen Willen, die eigene Meinung, die eigene Anschauung, die eigenen Ansprüche gegenüber anderen durchzusetzen. Ob dieses Durchsetzen fair oder unfair passiert, liegt zum Teil an den persönliche Werten. Es kann aber auch daran liegen, ob wir uns beobachtet fühlen. Auch Menschen, die sich selbst für hochanständig halten, schrecken nicht vor Erpressung, Druck, Tricks und Machtspielchen zurück, wenn sie glauben, daß es für die „gute Sache" (so sieht die eigene immer aus) notwendig ist. Man redet sich vielleicht noch damit heraus, daß der Gegner das ja schließlich auch tut oder daß es zum Besten des anderen ist, wenn man ihn „zu seinem Glück zwingt", notfalls mit Ohrfeigen wie in der Erziehung oder mit Straßenblockaden wie zum Beispiel am Brenner.

Meetings oder Mitarbeitergespräche oder Preisverhandlungen mit Drohungen, Anspielungen auf mögliche Konsequenzen oder Manipulationen gehören übrigens auch zu den Konfliktlösungen um Sieg und Niederlage. Auch in solchen Fällen geht es nicht um einen Ausgleich der Interessen, sondern um die Durchsetzung der eigenen Ziele und die Abwehr der Ziele der Gegenseite.

Die Vorstellung vom Kampf um Sieg und Niederlage mag zunächst abschrekkend sein. Das tut man doch nicht!

Es wäre falsch, Menschen, die zum Kampf entschlossen sind, grundsätzlich als aggressiv und „böse" zu bezeichnen. Es gibt sehr wohl Situationen, in denen es einfach notwendig ist, bestimmte Dinge zu erkämpfen oder durch Kampf zu verhindern. Konflikte um Tiertransporte, Kinderarbeit etc. lassen sich meistens gar nicht durch Verhandlungen lösen. Im Gegenteil, reine „Friedensapostel" können dabei auch durch ihr Nichtstun zu Mittätern werden.

Auch im betrieblichen Umfeld kann es Konfliktsituationen geben, in denen Mitarbeiter oder Führungskräfte erkennen, daß ihr Gewissen sie zwingt, aktiv um Sieg und Niederlage zu kämpfen. Hierbei kann es sich um erkannte Mißstände im Sicherheits-, Umweltschutz- oder Qualitätsbereich handeln. Es kann sich zum Beispiel auch darum handeln, daß ein Mitarbeiter im Unternehmen Diskriminierungen von Minderheiten erkennt oder den Verstoß gegen Gesetze. Dabei ist es oft schwierig, zwischen „Kampf um die gute Sache“ und reinem Querulantentum zu unterscheiden.

Wenn Sie sich selbst aktiv in einen Kampf mit Ihrem Konfliktgegner begeben, sollten Sie sich immer kritisch fragen, ob der Kampf wirklich notwendig und gerechtfertigt ist, oder ob Sie auch auf friedlicherem Weg zum Ziel kommen können. Auf der anderen Seite müssen Sie – vor allem als Führungskraft – auch eine gewisse „Kampfkraft“ und „Kampfbereitschaft“ besitzen, wenn Sie nicht immer wieder von Konkurrenten um Macht, Karriere und Ressourcen übervorteilt werden wollen.

ad 2: Verhandlung

Nicht jeder verbale Austausch zwischen Konfliktgegnern ist eine Verhandlung. Wesentlich bei der Verhandlung ist, daß

- beide Parteien über vergleichbare Macht oder über vergleichbare Einflußmöglichkeiten verfügen und das auch wissen!
- beide Parteien über vergleichbare „Gewinnchancen“ verfügen.
- beide Parteien sich um einen Ausgleich der Interessen bemühen.
- keine der Parteien „Tricks“ anwendet.
- jede Seite der anderen schrittweise entgegenkommt.
- jede Seite die andere zu überzeugen und nicht zu besiegen versucht.
- jede Partei bereit ist, sich von der Gegenseite überzeugen zu lassen.

„Echte“ Verhandlungen im Sinne der Konflikttheorie gibt es nur sehr selten. Fast immer ist die Verhandlung letztlich doch wieder eine Fortführung der „Kampfhandlungen“, dann jedoch mit subtileren Mitteln und im wesentlichen verbal.

„Echte“ Verhandlungen als Ausgleich der Interessen gelingen dann, wenn beide Parteien sich grundsätzlich mögen und jeweils immer auch das Interesse und Wohlergehen der Gegenseite im Auge behalten, dabei jedoch auf patriarchalische oder missionarische Besserwisserei verzichten. Eine weitere Voraussetzung für „echte“ Verhandlung ist die gegenseitige Achtung. Keine Partei darf innerlich davon ausgehen, moralisch oder intellektuell überlegen zu sein. Eine solche Vorstellung der eigenen Überlegenheit würde immer dazu führen, daß man davon ausgeht, dem anderen „helfen“ zu müssen, „den richtigen Weg“ zu finden. Und schon ist man wieder beim persönlichen Durchsetzungswillen.

ad 3: Rechtliche Klärung

Bei der rechtlichen Klärung muß es sich nicht unbedingt um ein juristisches Verfahren mit Anklage, Verteidigung und Richtspruch handeln. Auch Schiedssprüche wie zum Beispiel auf dem Fußballplatz gehören in diesen Bereich.

Typisch für die rechtliche Klärung ist, daß

- es für den zu klärenden Fall generelle Regeln oder Gesetze gibt, nach denen sich entscheiden läßt, wessen Ansprüche Vorrang haben.
- es eine übergeordnete Instanz gibt, die von allen Konfliktparteien als „richterliche“ Instanz anerkannt wird oder anerkannt werden muß.
- jede der Konfliktparteien ihre Sichtweise und ihre Ansprüche präsentiert oder von einem Stellvertreter (Anwalt) präsentieren läßt, um dann die Entscheidung des (Schieds-)Richters anzuhören. Je nach System ist diese Entscheidung sofort verbindlich oder kann bei einer höheren Instanz angefochten werden.

Auch bei rechtlichen Klärungen gibt es nicht immer auf allen Seiten zufriedene Gesichter. Mancher fühlt sich ungerecht behandelt, mancher versteht die Regeln und Gesetze nicht und kann sie mit dem eigenen „gesunden Menschenverstand“ nicht in Einklang bringen, mancher ist überzeugt, daß gar nicht Recht gesprochen wurde, sondern daß der Richter sich von der geschickten Rhetorik einer der Parteien oder eines der Anwälte hat „einwickeln“ lassen.

In Systemen mit allgemeinverbindlichen Regeln und Gesetzen, mit (Schieds-) Richtern und Sachverständigen, kann die Neigung zu aggressiven Konfliktaustragungen reduziert werden. Wichtig ist, daß Betroffenen und Zuschauern klar bleibt, worauf der Schieds- oder Richtspruch beruht, welche Regeln gelten und daß alles mit „rechten Dingen“ zugeht. Solange die Menschen das Gefühl haben, daß „Gerechtigkeit“ herrscht, beugen sie sich durchaus auch als Verlierer der Entscheidung einer richterlichen Instanz. Sie rebellieren, wenn sie Willkür, Undurchsichtigkeiten und Bevorzugung wahrnehmen.

Wenn Sie als Führungskraft in Ihrem Bereich die Zahl der kämpferisch ausgetragenen Konflikte reduzieren wollen, dann kann Ihnen ein Gerüst von verbindlichen „Spielregeln“ helfen. Machen Sie zum Beispiel mit Ihrem Team einen Workshop, in welchem Sie typische Konfliktsituationen oder -anlässe sammeln. Das kann zum Beispiel durch Kartenabfragen an der Metaplanwand geschehen.

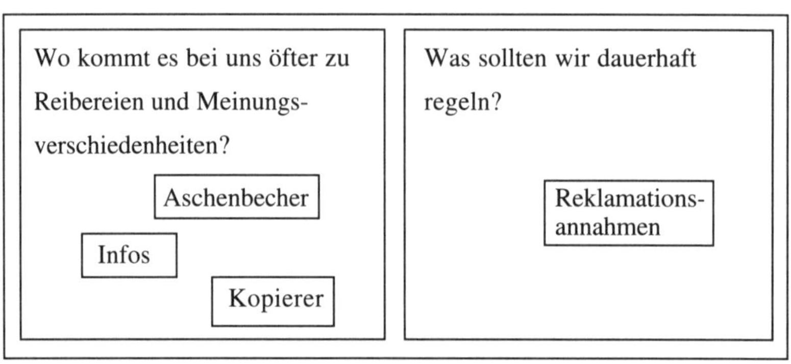

Abbildung 13: Workshop zur vorbeugenden Konfliktregelung

Entwickeln Sie danach mit Ihren Mitarbeitern ein entsprechendes Gerüst von klaren Regeln, an die sich in Zukunft alle halten sollen.

> Rundschreiben sind nach spätestens zwei Tagen weiterzureichen.
> Jeder, der den Kopierer benutzt, muß zum Schluß dafür sorgen, daß mindestens 2 cm Papier im Speicher sind.
> Protokollanten der Meetings werden grundsätzlich unter den Anwesenden ausgewürfelt.
> Jeder Raucher muß den Aschenbecher leer und abgespült zurücklassen.
> In Projekten legt grundsätzlich der Projektleiter das anzuwendende Phasenkonzept fest. Der Auftraggeber entscheidet, welche Berichte er als Kopie erhält.
> Die Person, die den Kunden gewonnen hat, muß sich immer auch um dessen Reklamationen kümmern.
> ...

Diese Regeln können anspruchsvoll oder banal sein. Sie können sich auf den täglichen Arbeitsalltag, auf bestimmte Ereignisse wie Meetings und Reklamationen oder auf bestimmte Arbeitseinsätze wie Projekte und Akquise beziehen.

Lassen Sie nicht zu viele Regeln entwickeln, und verzichten Sie auf die Berücksichtigung aller nur denkbaren Sonderfälle. Es geht lediglich darum, manchen Konflikt ganz einfach dadurch zu verhindern, daß man im Team weiß, was „rechtens" ist und was nicht. Warten Sie nicht bis zu konkreten Anlässen, sondern entwickeln Sie die Regeln in Zeiten des Friedens, wenn niemand negative Gefühle dazu hegt. Als Führungskraft müssen Sie natürlich bei den meisten Regeln im Zweifel das letzte Wort behalten. Wenn es geht, sollten die Regeln jedoch von den Mitarbeitern selber kommen.

Wenn Sie selbst vor einer Auseinandersetzung stehen, sollten Sie bewußt entscheiden, ob Sie kämpfen, verhandeln oder eine höhere Instanz anrufen wollen oder sollten.

Fragen Sie sich:

- „Kann ich die Gegenseite überzeugen?" (Verhandeln!)
- „Kann ich mich auf Gesetze berufen?" (Verhandlung zunächst anbieten, notfalls rechtliche Klärung)
- „Kann ich die Gegenseite zwingen?" (Verhandlung zunächst anbieten, notfalls kämpfen)
- „Muß ich bestimmte Dinge durchsetzen oder verhindern auch unter der Gefahr, daß ich unterliege?" (Eventuell Überraschungsangriff und Kampf)

6.5 Zehn Varianten, den Konflikt zu regeln

An dieser Stelle sollen kurz zehn verschiedene Strategien oder Vorgehensmöglichkeiten für den Konfliktfall dargestellt werden. Jede der Varianten hat ihre Vor- und ihre Nachteile. Man kann nicht von der „besten" oder der „zweitbesten“ Variante sprechen. Sie sollten sich grundsätzlich mit jeder auskennen und im Einzelfall bewußt entscheiden, welche Sie einsetzen oder vorschlagen wollen. Manchmal kann es auch wichtig sein, wenn Sie rechtzeitig erkennen, welche Strategie Ihr Gegner anzuwenden versucht. Dann können Sie bewußt darauf eingehen oder auch etwas dagegen unternehmen.

Die zehn Varianten sind:

1. Offener Kampf

Der offene Kampf zeichnet sich durch Konfrontationsverhalten mit offenen Drohungen und unmißverständlichen Botschaften an die Gegenseite aus. Zum Teil wird mit Bluff oder auch mit Provokationen gearbeitet. Wenn der Gegner verliert, nachgibt oder flüchtet, ist der Konflikt beendet.

Der offene Kampf kann fair oder unfair geführt werden. Auf jeden Fall gewinnt die stärkere Partei oder diejenige, die dem Gegner die eigene Überlegenheit glaubhaft machen kann.

Vorteile:

- Die Fronten sind klar. Jeder weiß, wer wofür steht.
- Man kann durch den Sieg die eigene Machtposition festigen oder weiter ausbauen.
- Man kann durch die offene Darstellung der eigenen Kampfkraft mögliche andere Gegner oder Konkurrenten abschrecken, es in einem anderen Fall auch einmal mit einem Übergriff zu versuchen.

Nachteile:

- Der Verlierer könnte später aus Rache einen Folgekonflikt anzetteln.
- Der Gewinner könnte von unbeteiligten Zeugen in Zukunft als „Schurke“, der Verlierer als „Schwächling“ betrachtet werden. Auch das kann Folgekonflikte provozieren.

2. Verdeckter Kampf

Mittel des verdeckten Kampfs sind Intrigen, Sabotage, üble Nachrede, Fallen, Angriffe aus dem Hinterhalt und andere „fiese Tricks“. Zu diesen Mitteln greift man zum Beispiel bei überlegenen Gegnern, gegen die man im offenen Kampf keine Chance hätte. Die Vorgehensweise ist immer unfair. Das bedeutet nicht, daß es immer „unmoralisch“ ist, diese Methode zu wählen. Gegen übermächtige Despoten oder heimtückische Gegner mit eigenen unfairen Neigungen kann der verdeckte Kampf das richtige Mittel sein.

Vorteile:

- Man kann auch gegen stärkere Gegner gewinnen.
- Unbeteiligte bemerken häufig sehr lange nichts vom Konflikt.

Nachteile:

- Die „fiesen Tricks“ werden, sobald sie ans Licht kommen, von anderen empört abgelehnt. Man steht als „Schurke“ da. Der gute Ruf ist auf Dauer weg.
- Verdeckte Kämpfe kosten fast immer mehr an Kraft und Aufwand als offene Auseinandersetzungen.
- Man plagt sich mit einem schlechten Gewissen herum oder verliert endgültig den guten Charakter.
- Man wird eventuell erpreßbar von denen, die einem auf die Schliche gekommen sind.
- Der Sieg kann einem wieder streitig gemacht werden, wenn nachträglich bekannt wird, wie man ihn errungen hat.
- Man könnte von Dritten für feige gehalten werden, weil man dem offenen Kampf ausgewichen ist.

3. Auf Eis legen

Bei manchen Konflikten kann man zumindest zunächst am besten gar nichts machen. Man verzögert einfach die Lösung, hält den Gegner hin, vertröstet ihn und wartet darauf, daß sich die Gemüter wieder beruhigen oder daß sich neue Aspekte ergeben. Diese Taktik ist dann zu empfehlen, wenn man darauf hoffen kann, daß sich die Probleme im Laufe der Zeit von selbst erledigen oder daß andere sie vergessen oder mit der Zeit an Kraft verlieren. Manchmal wendet man diese Taktik an, wenn man selbst noch Zeit braucht, um sich auf eine Verhandlung oder einen Kampf vorzubereiten, wenn man noch Informationen, Verbündete oder Ressourcen braucht.

Vorteile:

- Es besteht die Chance, daß man am Ende doch noch um die Unanehmlichkeiten des offenen Konflikts herumkommt.
- Man gewinnt Zeit für eigene Strategien.

Nachteile:

- Manche Konflikte werden erst richtig gefährlich, weil sie zu lange im Untergrund köcheln und das Klima vergiften.
- Der Gegner könnte ebenfalls die gewonnene Zeit für sich nutzen.
- Man könnte als konfliktscheu und feige angesehen werden.
- Man könnte für „falsch“ gehalten werden, wenn sich später herausstellt, daß die Vertröstungen nur eine Taktik und keine ernstgemeinten Zusagen waren.

4. Harmonisieren

Beim Harmonisieren geht es in erster Linie nicht um die Lösung des Konflikts, sondern um die (Wieder-)Herstellung der friedlichen Gefühle zwischen den

Konfliktparteien. Man spricht auch vom „Wogenglätten". Man meidet für eine gewisse Zeit das Thema des Konflikts, achtet auf unverfängliche Gesprächsthemen und versucht erst einmal wieder die guten Beziehungen zum anderen aufzubauen. Die Differenzen werden herunter-, die Gemeinsamkeiten hochgespielt.

Vorteile:

- Der Konflikt läßt sich später oft viel leichter in einer fairen und kooperativen Verhandlung lösen.
- Durch die positiven Gefühle auf beiden Seiten werden unnötige Verletzungen und Beleidigungen vermieden.

Nachteile:

- Der andere könnte das Harmonisieren als emotionale Erpressung oder als „Einseifen" auffassen und erst recht ärgerlich reagieren.
- Der andere könnte die Harmonisierung als Nachgeben auffassen, sich bereits als Sieger wähnen und dann später erbost feststellen, daß der Konflikt doch noch ungelöst ist.

5. „Fair Play"

Manche Konflikte kann man durch Spielregeln oder Losverfahren beenden. Das kann zum Beispiel Münzwurf oder Mehrheitsbeschluß sein. Wichtig ist, daß beide Parteien vorher vereinbaren, daß sie sich an das Ergebnis halten werden. Es darf nicht sein, daß erst eine demokratische Abstimmung beschlossen wird, dann jedoch der Chef als Verlierer sich auf den Standpunkt stellt, die Abstimmung gelte nicht, weil die Dummen in der Überzahl waren. Es darf auch nicht sein, daß erst beschlossen wird, die Würfel entscheiden zu lassen, und danach stellt ein intellektueller Verlierer fest, daß solch wichtige Dinge ein seriöseres Verfahren brauchen.

Vorteile:

- Jede Partei hat die gleichen Chancen auf Sieg oder Niederlage.
- Man kommt recht schnell und ohne Streit zu einem Ergebnis.
- Der Verlierer sieht sich nicht als Versager.

Nachteile:

- Die Lösung ist eventuell sachlich nicht gut fundiert.
- Es kann schwierig werden, diese Lösung vor Dritten vernünftig zu begründen.

6. Koexistenz

Bei der Koexistenz läßt man in festen Grenzen beide Lösungen der Konfliktgegner zu. Zum Beispiel beim Streit um die Projektleitung könnte man das Projekt teilen, und beide Gegner leiten eines der Teilprojekte. Beim Streit um die Vorgehensweise in einem Verfahren könnte man beide Varianten parallel oder nacheinander anwenden und erst danach entscheiden, welche die bessere ist.

Koexistenz bedeutet, daß die Gegner jeweils in einem bestimmten Rahmen oder zu bestimmten Zeiten ihre Ansprüche erfüllt bekommen.

Vorteile:

- Es gibt keinen Sieger und keinen Verlierer.
- Man kann experimentieren, welche Lösung sich schließlich als beste herausstellt.

Nachteile:

- Es kann zu faulen Kompromissen und unguten Verzögerungen von klaren Entscheidungen kommen.
- Es kann unübersichtlich werden, wenn zu viele Varianten zugelassen werden.

7. **Kompromiß**

Schrittweise kommen sich die Konfliktparteien entgegen. Wichtig ist, daß jeweils „Zug um Zug" die Zugeständnisse gemacht werden, damit am Ende nicht doch noch ein Verlierer einem Sieger gegenübersteht. Jede Partei muß sich vorher überlegen, in welchen Schritten sie der anderen Partei die Angebote machen will und was sie jeweils dafür als Gegenleistung haben muß.

Vorteile:

- Es gibt keinen Nur-Sieger und keinen Nur-Verlierer, weil jeder einen Teilsieg erringen kann und dafür ein wenig verlieren muß.
- Die Gegner lernen durch das Aushandeln des Kompromisses häufig für die Zukunft, daß man mit dem bisherigen „Feind" ja doch reden und etwas erreichen kann.
- Man kommt von Extremstandpunkten auf ein pragmatisches Lösungsmodell herunter, das sich häufig als viel brauchbarer erweist, als es die Extreme gewesen wären.

Nachteile:

- Häufig ist der Kompromiß gar kein echter Kompromiß, sondern das Ergebnis rhetorischer Kampftaktiken. Der rhetorisch unterlegene Gegner wird doch noch zum Verlierer.
- Man einigt sich auf dem kleinsten gemeinsamen Nenner und hat damit einen „faulen" Kompromiß, der auf Dauer nicht Bestand hat.
- Die Beteiligten könnten anschließend doch noch versuchen, die Zugeständnisse, die sie gemacht haben, wieder zurückzunehmen.

Das Verfahren des Kompromißfindens funktioniert nur, wenn auf beiden Seiten die Grundregeln des Feilschens bekannt sind. Das Feilschen ist eine Mischform der Kooperation und des rhetorischen Kampfes. Dafür sollte man

- vorher festlegen, wie weit man gehen kann und wie weit der andere entgegenkommen muß.
- die eigenen Schritte oder Abstufungen der Angebotsstrategie festlegen.
- die „Schmerzgrenze“ des anderen kennen.
- niemals die eigenen Karten offen auf den Tisch legen.
- jedes eigene Zugeständnis nur zögerlich und gegen einen Preis machen.
- mit kleinen Zugeständnissen anfangen.
- die eigenen Forderungen aus der Sicht des anderen positiv begründen. („Ich will ... von Ihnen, und das ist auch in Ihrem Interesse, weil ...“)
- am Ende dem Gegner gratulieren, als habe er gewonnen, und gleichzeitig den eigenen Triumph für sich behalten.

Dauerhaft brauchbare Kompromisse kommen nur dann zustande, wenn auf beiden Seiten vergleichbar gute Rhetoriker und Taktierer verhandeln und auf beiden Seiten der echte Wille zu einem Kompromiß vorhanden ist. Wenn auch nur eine Seite den Kompromiß lediglich als Zwischenlösung auf dem Weg zur Durchsetzung des eigenen Standpunkts ansieht, dann ist der Folgekonflikt garantiert.

8. Kooperation

Die Kooperation ist die ideale Form der Konfliktbewältigung. Die Parteien einigen sich auf eine gemeinsame Lösung, die allen Seiten gerecht wird. Dieses Verfahren ist nur dann möglich, wenn keine der Parteien noch offen oder klammheimlich den Kontrahenten als Gegner sieht, wenn keine der Parteien noch das Bedürfnis verspürt, sich zu rächen, den anderen zu übertrumpfen oder zu belehren. Nur solche Parteien, die sich gegenseitig wertschätzen und gegenseitig als gleichwertig und gleich intelligent sehen, können zu einer Kooperation kommen.

- Beide Parteien nennen offen ihre Interessen, Absichten und Bedenken.
- Keine Partei versucht der anderen ihren Standpunkt auszureden.
- Jede Partei denkt sich in den Standpunkt der Gegenseite hinein.
- Ohne Angriff und Verteidigung, ohne Diffamierung und Schulmeisterei geht man die Aspekte durch, die beide Seiten voneinander trennen.
- Jede Partei löst sich weit genug von der eigenen Position, um eine gemeinsame Lösung im Interesse beider Seiten entwickeln zu können.
- Beide Parteien sind bereit, auf die Gegenpartei zuzugehen, ohne dafür sofort – wie im Kompromiß – Gegenleistungen zu verlangen.
- Gemeinsam werden mehrere Lösungsvarianten entwickelt und durchdacht, bis man sich auf eine einigt.

Man sollte sich nicht täuschen. In den meisten Konflikten ist mindestens eine der Parteien felsenfest überzeugt, selber unbedingt eine Kooperation anzustreben, wäre bloß die Gegenseite nicht so stur! Man sieht halt den Balken im eigenen Auge oft so schlecht.

9. Kapitulation oder Nachgeben

Bei der Kapitulation stimmt man der Gegenseite nicht zu, verzichtet jedoch auf weitere Aktivitäten zur Durchsetzung des eigenen Standpunkts. Leider wird die Kapitulation oft so negativ angesehen, daß man lieber bis zur eigenen Vernichtung weiterkämpft, als rechtzeitig die weiße Fahne zu zeigen. Das „Kämpfen bis zum letzten Blutstropfen“ wird oft als ehrenvoller angesehen, dabei ist es sehr häufig weiter nichts als die Feigheit vor möglicher Häme unbedeutender Zeugen.

In vielen Unternehmen kann man Führungskräfte oder auch Mitarbeiter erleben, die sich aufreiben in Kleinkriegen, von denen jeder weiß, daß sie sie nicht gewinnen können. Es fehlt die Souveränität, sich geschlagen zu geben, wenn sowieso nichts mehr zu holen ist.

Bei der Kapitulation sollte man nicht so tun, als stimme man der Gegenseite zu. Das glaubt einem oft sowieso niemand. Besser ist es zu betonen, wie man die Sache nach wie vor sieht, sich dann aber dazu zu bekennen, daß man sich nicht durchsetzen konnte.

Was auf keinen Fall passieren darf, ist eine „Scheinkapitulation“ mit anschließenden verdeckten Sabotage- und Racheakten. Solche Fälle kommen im unternehmerischen Umfeld immer wieder vor.

> In einem Unternehmen tobte der Konflikt um die Macht im Vorstand. Die Führungskraft, die sich schließlich geschlagen geben mußte, trat anschließend als „zweiter Mann“ mit dem Sieger auf, als herrsche eitel Sonnenschein und Freundschaft. Schon das glaubten weder die Betriebsangehörigen noch die Öffentlichkeit. Im täglichen Alltag entwickelte sich der Kapitulierer zum medienwirksamen „Stinker“. Er schrieb ein Buch und trat in Talk-Shows auf, um die „Wahrheit“ über das Unternehmen und die „Machenschaften“ an der Spitze zu verkünden. Er sabotierte in jeder Sitzung die Entscheidungsprozesse und trieb Keile ein, wo er nur konnte.

Wenn Sie sich bei einem Konflikt zur Kapitulation gezwungen sehen – man macht es ja nur selten wirklich freiwillig –, dann sollten Sie entweder bewußt die Lösung mittragen, die der Sieger nun durchsetzen kann, oder sich konsequent verabschieden.

Auch als Führungskraft müssen Sie bei Konflikten zum Beispiel um Entscheidungen in Projekten stets darauf achten, daß diejenigen, die sich nicht durchsetzen konnten, später die nun einmal getroffene Entscheidung mittragen oder das Projektteam verlassen. Vergleichen Sie es mit politischen Parteien. Auch dort werden manchmal Entscheidungen getroffen, die nicht immer jedem einzelnen Mitglied gefallen. Man muß dann trotzdem mitziehen oder austreten. Alles andere wäre zerstörerisch.

Gründe für eine Kapitulation können sein:

- Man erkennt die Hoffnungslosigkeit des eigenen Standpunkts und verzichtet lieber auf weitere Schäden durch stures Festhalten am Konflikt.

- Man hat keine Lust mehr, sich für die Sache aufzureiben.
- Man will den Gegner durch die aktuelle Kapitulation in einem vielleicht unwichtigen Fall später unter Druck setzen können, auch einmal bei einem anderen Konflikt nachzugeben.
- Man muß notgedrungen nachgeben, weil der andere ranghöher ist und nach vergeblichen Überzeugungsversuchen schließlich Gehorsam verlangt.

Vorteile:

- Der Konflikt kann beendet werden, bevor unnötig viel Porzellan zerschlagen wurde.
- Kapitulationen lassen sich taktisch verwerten (siehe oben: späterer Konflikt).

Nachteile:

- Man muß sich leider mit dem Standpunkt der Gegenseite abfinden und diesen womöglich vor Dritten auch vertreten.
- Man muß über den eigenen Schatten springen und zustimmen, wo man innerlich nein sagt.
- Man wird von Dritten vielleicht als Feigling betrachtet.

Eine Kapitulation ist dann nicht gegeben, wenn man der Gegenseite zustimmt, weil man sich inzwischen hat überzeugen lassen. Leider fällt es vielen Menschen sehr schwer, sich überzeugen zu lassen. Sie erkennen vielleicht längst, daß die Gegenseite recht hat, beharren jedoch trotzdem stur auf ihrem Standpunkt aus Angst, man könne ihre inzwischen geänderte Sichtweise für eine Kapitulation halten. Das ist natürlich dumm.

Auf der anderen Seite sollten Sie darauf achten, daß es manchmal auch Ihrem Gegner leichter fällt, sich von Ihnen überzeugen zu lassen, wenn Sie ihm helfen, sein Umschwenken vor Dritten nicht als „Umfallen“ darstellen zu müssen.

10. Flucht oder Trennung

Manche Konflikte und manche Konfliktgegner sind es nicht wert, daß man sich das Leben mit ihnen vergiftet. Man sollte sich vor allem bei Dauerkonflikten selber fragen, ab wann es sich einfach nicht mehr lohnt, die Probleme weiter zu verfolgen. Flucht oder Trennung sind keine Feigheit, sondern oft reine Vernunft. Kündigung, Scheidung, Abreise, Kontaktabbruch etc. gehören dazu. Flucht bedeutet, daß man sich vom Gegner trennt und damit dem Konflikt ausweicht.

Die Flucht kann temporär sein oder auf Dauer. Manchmal reicht vielleicht ein Urlaub, um Abstand von der Sache zu gewinnen und danach wieder in Frieden mit dem bisherigen Gegner auszukommen. Manchmal muß es die Kündigung sein.

Es heißt zwar immer wieder, daß man sich nicht „in die Flucht schlagen“ lassen sollte, aber das ist oft die falsche Sicht. Nicht jeder, der flüchtet, ist „in die

Flucht geschlagen" worden. Flucht kann eine eigene vernünftige Entscheidung sein. Man weiß, daß man eigentlich nicht flüchten müßte, sondern noch weiterkämpfen könnte, sieht jedoch den Sinn nicht mehr darin, sich aufzureiben. Oft ist es wirklich besser, eine unerfreuliche berufliche oder private Beziehung durch Entzug (Kündigung, Scheidung, Umzug etc.) zu beenden.

Als Führungskraft sollten Sie sich jedoch höchst kritisch solche Bewerber anschauen, die in ihrem Lebenslauf zu viele Wechsel vorzuweisen haben. Sind das Menschen, die zu oft flüchten mußten? Warum? Wovor? Rennen sie immer nur weg, oder haben sie auch Ziele, wohin sie rennen? Ist Ihr Bereich das geeignete Ziel für solche Bewerber?

7 Schlichtungsverfahren für „große“ Konflikte

7.1 Friedenswille ist meistens Kriegsmüdigkeit

Wie bereits gesagt, sind die meisten Menschen erst dann zu Verhandlungen mit bisherigen Konfliktgegnern bereit, wenn sie erkennen müssen, daß sie keine Chance haben, ihre Ziele, ihre Meinung, ihren Willen durchzusetzen. So ist das leider.

Immer wieder kommen Führungskräfte ins Konfliktseminar mit dem Wunsch nach harmonischer Zusammenarbeit mit Mitarbeitern, Kollegen, Kunden und anderen Führungskräften. Sie möchten fast immer – ohne es natürlich so kraß zu formulieren – zu gerne im Seminar erfahren, wie man es anstellen muß, daß man andere dahin bringt, daß diese sich harmonisch (!) und konfliktfrei in die gewünschte Richtung und zu den gewünschten Überzeugungen lenken lassen. Gleichzeitig weisen die meisten der Seminarteilnehmer weit von sich, daß sie jemals Manipulationstechniken anwenden würden. Niemals!

Wenn auch Sie der Meinung sind, daß es irgendeinen Weg geben muß zur konfliktfreien Zusammenarbeit, dann haben Sie recht. Es gibt einen: Unterwerfen Sie sich ganz einfach willenlos dem Ansinnen der anderen. Solange Sie nicht in die Klemme geraten, zwei Herren dienen zu müssen, können Sie auf die Art „harmonisch“ leben und arbeiten.

Einen anderen Weg gibt es nicht. Konflikte sind unvermeidlich und werden fast immer erst dann durch gegenseitiges Entgegenkommen geregelt, wenn die Gegner konfliktmüde geworden sind oder die Sinnlosigkeit weiterer Kämpfe erkannt haben. Niemals gibt es eine harmonische Einigung mit Personen, die gar keine Einigung wollen. „Es kann der Beste nicht in Frieden leben, wenn es dem bösen Nachbarn nicht gefällt.“ Das gilt auch für „böse Kollegen“ oder andere „böse“ Leute. Es kann auch keine harmonische Einigung auf partnerschaftlicher Ebene mit Fanatikern geben. Wer für sich die „absolute Wahrheit“ oder „Unfehlbarkeit“ gepachtet hat, kommt grundsätzlich einem Andersdenkenden nicht entgegen. Harmonische Einigungen mit Egoisten sind auch nicht möglich. Solche Leute einigen sich vielleicht scheinbar gelegentlich aus taktischen Gründen. Sobald sie jedoch wieder die Chance zur Durchsetzung ihrer Egoismen sehen, werden sie erneut mit dem Konflikt anfangen.

Wenn jedoch auf beiden Seiten eines Konflikts erkannt wurde, daß ein weiteres Überzeugen, Überreden, Streiten oder Kämpfen nichts mehr bringt, dann kann ein Schlichtungsverfahren wenigstens einen solchen Zustand herstellen, der das friedliche Weiterarbeiten möglich macht. Manchmal kann sich daraus im Laufe der Zeit sogar Freundschaft entwickeln. „Erbfeindschaften“ darf es heute gar nicht mehr geben. Das gilt nicht nur für benachbarte Völker, sondern auch zum Beispiel für Tarifparteien oder andere bisherige Gegner im unternehmerischen Umfeld.

Die Frage ist allerdings: Wie geht man vor, wenn man erkennt, daß eine weitere Austragung des Konflikts nichts mehr bringt? Der gutgemeinte Versuch, sich zusammenzusetzen und die Probleme auszudiskutieren, führt in vielen Fällen lediglich zu den berüchtigten Endlos-Meetings mit mehr oder weniger offenen rhetorischen Kampftaktiken. Die methodische Bereinigung eines Konfliktzustands ist viel effektiver als das Abhalten von Meetings. In solchen Meetings besteht immer auch die Gefahr, daß sich die Parteien von ihrer Kriegsmüdigkeit wieder erholen, sich erneut über den Gegner ärgern und schließlich den eigentlich erwünschten Schlichtungsprozeß wieder abbrechen. Ein schönes Beispiel dafür gibt uns immer wieder die Politik. Man denke nur an die verpufften Versuche, neue Arbeitsplätze durch „Bündnisse für Arbeit“ zu schaffen. Außer Hickhack und gegenseitigen Beschuldigungen kommt kaum etwas dabei heraus.

Sicherlich können auch Sie aus Ihrem beruflichen Umfeld spontan Beispiele von Konflikten nennen, die niemals in all den schönen Meetings und offenen Aussprachen bereinigt wurden.

Die in den folgenden Ausführungen dargestellten Modelle zur Konfliktschlichtung eignen sich eher für „große“ Konflikte mit mächtigen Parteien auf beiden Seiten.

Tarifauseinandersetzungen mit Streiks und anderen Kampfaktionen
Geschäftsführung und Betriebsrat um das Thema „Leistungsgerechte Vergütung“
Projektteam und Betroffene bei Reorganisationsprojekten
Zusammenlegungen von Unternehmen mit den typischen Kämpfen um den Erhalt bisheriger Machtfunktionen und Unternehmenskulturen
Chemiekonzerne und Umweltschützer
Krankenkassen und Ärzteschaft

Solche großen Konflikte sind durchaus vergleichbar mit politischen Konflikten zwischen Staaten oder innerhalb von Staaten zwischen etablierten Regierungen oder Diktaturen und Rebellen.

Es wäre häufig sinnlos, wollte man zu früh ganz allgemein versuchen, auf beiden Seiten für die Position der jeweiligen Gegenseite oder um gegenseitiges Verständnis zu werben. Sinnvoller ist es fast immer, sich konkrete Streitpunkte herauszusuchen und darin Einigungen zu erzielen. Häufig ist das der Weg, der irgendwann auch eine menschliche Annäherung ermöglicht.

Wenn beispielsweise ein großer Kaffeeröster den anderen aufkauft, dann sind Konflikte unvermeidlich. Zwischen den „Verkauften“ und den Menschen auf der Käuferseite entwickeln sich Ressentiments wie zwischen „Ossis“ und „Wessis“. Dann müssen zügig Einigungen in konkreten Fragestellungen erreicht werden wie:

- Gemeinsames Auftreten am Markt oder weiterhin als zwei Anbieter?
- Wie sollen die DV-Systeme zusammengeführt werden? Soll eines ab sofort für alle gelten? Soll ein ganz neues aufgebaut werden?
- Wie sind die Vergütungsstrukturen anzugleichen?

– Sollen zentrale Bereiche (z. B. Personal) zusammengelegt werden oder weiterhin als zwei getrennte geführt werden? Wie sind dann die Aufgabenschwerpunkte zu verteilen?

Aus der Distanz betrachtet ist es wohl für jeden klar, daß solche großen Konflikte am besten so gelöst werden, daß man sich in Verhandlungen darum bemüht, einen fairen Ausgleich zwischen den Parteien zu schaffen. Auf beiden Seiten muß man in einigen Dingen nachgeben und darf dafür anderes behalten oder hinzugewinnen.

Wenn man jedoch mitten in solchen Großkonflikten steckt, dann kann man immer wieder feststellen, wie schnell die oft ranghohen Verhandler und Schlichter den Ärger in den unteren Ebenen unterschätzen. Wenn man sich vorstellt, zu welchen Emotionen es führt, wenn Bürokraten zwecks Vereinheitlichung des gesamtdeutschen Verkehrswesens die kleinen grünen Männchen der DDR-Ampeln abschaffen, dann kann man sich vorstellen, was es bis in die letzten Büros eines gekauften Unternehmens bedeuten kann, wenn man in Zukunft die Reisekosten nach einem neuen Verfahren abrechnen muß.

Wenn Sie als Schlichter oder Verhandler für große Konflikte in Ihrem Unternehmen zuständig sind, dann sollten Sie nicht nur an die Konzepte der möglichen Schlichtungsverfahren denken. Unterschätzen Sie niemals den „Teufel im Detail". Auch die Menschen, die längst nur noch den Wunsch nach Ende der Auseinandersetzungen und Wiederkehr eines friedlichen Arbeitsklimas haben, können sofort aus ihrer „Kriegsmüdigkeit" erwachen und wieder erbittert kämpfen, wenn man ihre Gefühle verletzt.

Denken Sie nicht nur an Strategien, an „Vernunft" und „Logik", beachten Sie auch bei großen Konflikten immer die Gefühle der einzelnen Personen, die sich mit Ihrem Schlichtungs- oder Verhandlungsergebnis abfinden müssen. Streben Sie nicht nur eine „kluge" Konfliktlösung an, sondern immer auch eine für die Betroffenen „sympathische". Hüten Sie sich jedoch davor, alle Betroffenen zu Beteiligten zu machen! Dann ist das Chaos perfekt.

7.2 Grundlegende Schlichtungsvorbereitung

Bei Konflikten zwischen großen Parteien muß man fast immer zwischen den Anführern und den Anhängern unterscheiden. Die Anführer geben sich häufig sehr viel radikaler als sie innerlich wirklich denken. Das müssen sie tun, weil sie damit ihre Gefolgschaft leichter zusammenhalten können. Aus dieser vor der Öffentlichkeit radikalen Selbstdarstellung können sich später natürlich Probleme ergeben, wie man den eigenen Anhängern einen Kompromiß mit der Gegenseite plausibel machen kann.

Wenn man sich Konflikte zwischen Tarifparteien vor Augen hält, dann kann man bei genauer Beobachtung feststellen, daß die jeweiligen Führungskräfte nach einigem Hin und Her an öffentlichen Angriffen und Diffamierungen am Ende sehr wohl zu Verhandlungen mit der Gegenseite fähig sind. Ihre jeweiligen Anhänger haben oft radikalisierte Ansichten über die Gegenseite bis zu blankem Haß. Die einen sehen in den „Linken“ die Vernichter des Standorts Deutschland. Die anderen sehen in den „Kapitalisten“ gnadenlose Ausbeuter, die auf dem Buckel der kleinen Leute ihren Reichtum und den der Aktionäre mehren wollen. Auf beiden Seiten werden Emotionen aufgeheizt, die fast für einen Bürgerkrieg reichen würden. Die jeweilige Gegenseite ist grundböse und sollte mit aller Macht bekämpft und niedergerungen werden.
Aber es kommt dann doch zu einer Einigung, und im nächsten Jahr geht das Spielchen von vorne los:

- Publizierung der eigenen Forderungen
- Radikalisierung der eigenen Anhänger
- Öffentliche Angriffe und Diffamierungen
- Drohungen und Kampfaktionen (z. B. Streik)
- Verhandlungen der jeweiligen Führungskräfte hinter verschlossenen Türen
- Darstellen des Verhandlungsergebnisses vor den eigenen Anhängern als grandiosen Sieg gegen den finsteren Feind

Bei großen Konflikten kommt hinzu, daß die jeweiligen Anführer einer Seite immer auch neben den Konflikten mit der Gegenseite in Machtkämpfe auf eigener Seite verstrickt sind.

Bei den Gewerkschaften gibt es interne Machtkämpfe um die Führerschaft, die mindestens so hart ausgefochten werden wie die Machtspielchen auf Unternehmerseite. Die PLO kämpft nicht nur gegen die israelische Regierung, sie hat auch intern ihre Kriege um persönliche Machtpositionen. Die SPD kämpft nicht nur gegen die CDU, sie hat auch intern ihre Kämpfer um Parteiführungspositionen.

Große Konflikte werden nie nur gegen die Gegenpartei geführt, sie sind immer auch Schauplätze von jeweiligen internen Machtkämpfen. Das kann die Einigung sehr erschweren. Die Verhandlungsführer jeder Seite stehen unter dem Druck, sich möglichst nicht zu kooperativ zu zeigen, sondern möglichst deutlich ihre Konfrontationshaltung zum Gegner zu zeigen, wenn sie nicht die Anhänger im eigenen Lager an den Konkurrenten um die interne Führungsposition verlieren wollen.

Wenn sich ein SPD-Führer zu sehr als „Genosse der Bosse“ zeigt, laufen ihm womöglich in der eigenen Partei die bisherigen Anhänger weg. Wenn ein Betriebsratsvorstand zu gut mit der Geschäftsleitung auskommt, läuft er Gefahr, seine Machtposition auf der Seite der Mitarbeitervertretung zu verlieren. Wenn Arafat den Israelis gegenüber zu nachgiebig erscheint, stärkt er im eigenen Lager diejenigen, die es schon längst auf seinen Posten abgesehen haben.

Wer als Vermittler oder Schlichter in großen Konflikten aktiv wird, muß sich immer auch mit den Internas der jeweiligen Gegner befassen, um die Lage und den jeweiligen Verhandlungsspielraum richtig einzuschätzen. Es nützt nichts, wenn man zwischen beiden Parteien vermittelt, so daß die jeweiligen Führer sich auf ein Ergebnis einigen, wenn danach einer der Führer im eigenen Lager entmachtet wird und der Nachfolger das Verhandlungsergebnis für null und nichtig erklärt.

Neutrale Schlichter oder bestellte Unterhändler bereiten sich am besten so vor, daß sie nicht nur über den aktuellen Konflikt und die jeweiligen Standpunkte nachdenken, sondern immer auch berücksichtigen, wie die jeweiligen Führungskräfte im eigenen Lager abgesichert sind und wie sie nach einer Einigung sich intern gut „verkaufen" können, damit sie nach der Einigung auch noch möglichst lange an der Macht bleiben.

Situationsanalyse	
Aktueller Konfliktanlaß:	
Bisherige "Konfliktgeschichte" zwischen den Parteien:	
Welche Gemeinsamkeiten gibt es dennoch zwischen den Parteien?	
Mögliche Zugeständnisse und Schritte zur Annäherung:	
Partei 1	Partei 2

Abbildung 14: Grundlegende Schlichtungsvorbereitung – Situationsanalyse

7.3 Die vier Denkstile im Konfliktfall

Neben den individuell unterschiedlichen Neigungen, im Konflikt mehr friedliebend oder mehr aggressiv zu reagieren, unterscheidet man auch vier typische Denkstile. Diese gelten nicht nur für Konflikte, sondern auch dann, wenn gerade kein anderer zu überzeugen oder zu besiegen ist.

Die vier typischen Denkstile sind:

1. *Intellektuelles Theoretisieren*
2. *Beschwichtigendes Erklären*
3. *Moralisches Bewerten*
4. *Pragmatischer Realismus*

Im politischen Umfeld treten seit einigen Jahren vor allem die beiden letzten Denkstile unter den Bezeichnungen „Fundis" (Moralisten) und „Realos" (Pragmatiker) bei den Grünen ins Blickfeld der Öffentlichkeit. Solche Phänomene gibt es jedoch auch in anderen Zusammenhängen. Zum Beispiel ringen innerhalb der katholischen Kirche Moralisten und Pragmatiker in der Frage um die Schwangerenberatung mit- und gegeneinander. Das gibt es auch im Unternehmen, wenn zum Beispiel neue Systeme und Strukturen, neue Verfahren und Leistungen entwickelt und eingeführt werden sollen.

Die intellektuellen Theoretiker treten häufig weniger publikumswirksam in Erscheinung. Bei Wortgefechten sind sie meistens nicht dominant. Im Gegenteil, sie ziehen sich oft angewidert zurück, wenn sie das Hin und Her der Moralisten und Pragmatiker erleben. Für Theoretiker findet der Konflikt weniger mit dem Meinungsgegner in der offenen Auseinandersetzung statt, sondern viel mehr gedanklich in ihren eigenen Köpfen.

Die Beschwichtiger treten zwar aktiv im Konflikt auf, werden jedoch häufig entweder gar nicht von den anderen beachtet oder bewußt als ahnungslose Zwischenträger für Botschaften an den Gegner eingesetzt. Das gibt den Beschwichtigern häufig das Gefühl, wunderbare Schlichter zu sein. In Wahrheit haben sie häufig den ganzen Konflikt gar nicht begriffen.

Die Hauptmerkmale der vier typischen Denkstile sind:

ad 1: Intellektuelles Theoretisieren

Die Theoretiker neigen dazu, den Konflikt mit seinen Ursachen und allen nur denkbaren Nebenaspekten zu analysieren. Dazu entwickeln sie Lösungskonzepte, die zwar bestechend gut, jedoch für die Niederungen der Realität zu abgehoben ideal sind. Theoretiker haben es oft schwer, die Gefühle der Betroffenen einzuschätzen oder überhaupt als Realität anzuerkennen. Sie begreifen nicht, was die Gegner wollen, sondern was sie klugerweise wollen müßten! Sie entwickeln deshalb häufig Lösungen für eine „bessere Welt". Die Lösungen sind oft unrealistisch. Sie sind zu teuer, ignorieren die verletzten Gefühle, die unvernünftigen Wünsche und die egoistischen Ziele der Betroffenen.

Von anderen wird den Theoretikern immer wieder bestätigt, daß sie absolut recht haben. Nur leider wird die Welt mit ihren menschlichen und sonstigen Unzulänglichkeiten nie so sein, daß aus der Ideallösung des Theoretikers Realität wird. Wenn man einen Theoretiker bittet, doch Abstriche zu machen, dann ist er dazu meistens nicht in der Lage. Er hält sich lieber endlos mit Erklärungen auf, warum seine Ideallösung wirklich ideal ist.

ad 2: Beschwichtigendes Erklären

Beschwichtiger sind häufig Menschen, die gar nicht glauben können oder wollen, daß es Konflikte gibt. Für sie handelt es sich immer nur um ein Mißverständnis. In ihren Augen muß man nur allen Beteiligten die Sache mal richtig erklären, und schon ist die Einigung da. So laufen die Beschwichtiger zwischen den Konfliktparteien hin und her und erklären der einen Seite jeweils, was die andere „in Wirklichkeit" meint. Das tun sie nicht nur als Neutrale bei Konflikten anderer, sondern auch, wenn sie selbst Partei sind. Sie können es einfach nicht glauben, daß der Streit notwendig ist. Noch einmal und noch einmal suchen sie die Aussprache, beantragen sie Meetings und verfassen sie schriftliche Erklärungen. Irgendwann muß doch begriffen werden, daß man sich im Grunde schon immer einig war, sich nur nicht richtig verstanden hat!

ad 3: Moralisches Bewerten

Moralisches Bewerten ist der Denkstil von Fundamentalisten. Sie haben ein klares Raster für richtig und falsch, gut und böse, muß durchgesetzt oder verboten werden. Jeder kleinste Schritt in Richtung einer Einigung mit dem Gegner gilt als Verrat an der Sache, der göttlichen Ordnung oder sonstigen Grundfesten ihrer Überzeugung. Lieber verlieren sie kläglich oder setzen das Glück oder auch Leben anderer aufs Spiel, als daß sie auch nur einen Millimeter von ihren Radikalforderungen abweichen. Je nach Machtverhältnissen können sie zu mörderischen Inquisitoren oder zu scheinbar aufrechten Märtyrern werden. Kompromisse gibt es mit ihnen auf keinen Fall!

Moralisten entwickeln niemals Lösungsmodelle zur Konfliktregelung. Sie empören sich statt dessen über den Gegner und beharren auf ihren Radikalforderungen. Sie sperren sich auch gegen Vermittlungs- und Schlichtungsversuche von Dritten. Aktive Mitarbeit an einer friedlichen Einigung werden sie immer verweigern. Schließlich sind die Gegner die Schuldigen, sollen die doch das tun, was den Konflikt beendet. Und die Moralisten sagen auch, was der Gegner gefälligst zu tun hat!

Wie bereits gesagt, gibt es mit Moralisten und Fundamentalisten keine Einigung. Man kann sich ihnen willenlos unterwerfen, man kann sie besiegen oder man kann in Ruhe abwarten, bis sie sich mit ihrer Radikalität selbst ins Aus manövriert haben. Das allerdings kann dauern!

ad 4: Pragmatischer Realismus

Pragmatiker haben wenig Sinn für Analysen und ideale Gedankenmodelle. Sie haben auch keine Lust, sich in Vorhaben zu verbeißen, die vermutlich ohnehin keinen Erfolg haben werden. Pragmatiker sind an den Dingen und Menschen orientiert, wie sie nun einmal sind. Dem passen sie ihre Ansätze zur Konfliktbeilegung an. Sie könnten sich zwar manchmal viel bessere Lösungen vorstellen, sehen jedoch nicht ein, warum man Zeit und Kraft mit Zielen in Wolkenkuckucksheim vergeuden soll. Sie fragen sich: Was ist machbar? Und das streben sie dann möglichst zügig an.

Pragmatiker verlieren schnell die Geduld mit Theoretikern. Sie geben ihnen zwar recht, daß es viel besser wäre, wenn die Welt besser wäre, kommen jedoch schnell wieder auf die Erkenntnis zurück, daß die Welt nicht so ist, wie sie sein sollte.

Die Gefahr bei Pragmatikern ist jedoch, daß sie vor lauter Orientierung an der aktuellen Realität keinen Sinn mehr für Visionen haben. Ihre Konfliktlösungen können manchmal Schnellschüsse sein, die zwar im Moment den Konflikt beenden, auf die Dauer jedoch nichts verbessern.

Intellektuelles Theoretisieren Um das Idealbild ringen	**Beschwichtigendes Erklären** Lediglich ein Mißverständnis vermuten
Moralisches Bewerten Radikal den Gegner ablehnen	**Pragmatischer Realismus** Im Rahmen des Machbaren zu einer Lösung kommen wollen

Wenn Sie mit der Schlichtung großer Konflikte betraut sind, dann sollten Sie sich zunächst in aller Ruhe die Personen anschauen, die als Verhandler, Führer, Meinungsbildner etc. beteiligt sein werden. Versuchen Sie möglichst genau zuzuordnen, wer zu welcher der typischen Denkstile neigt. Diese Neigungen sind in der Regel bei einer Person nicht grundsätzlich fixiert. Es ist durchaus möglich, daß eine Person in einem Fall zu fanatischem Moralisieren neigt und in anderen Zusammenhängen höchst pragmatisch vorgeht. Neigung zum Theoretisieren oder Pragmatismus sind häufig eher feste Bestandteile einer Persönlichkeit, können jedoch auch von Fall zu Fall variieren.

Versuchen Sie, Moralisten aus dem von Ihnen zu schlichtenden Konflikt herauszuhalten. Sie verschärfen immer und polarisieren unnötig. Ideal ist es, wenn Sie von beiden Konfliktparteien Pragmatiker und Theoretiker ins Verhandlungsteam bekommen. Ob Sie Beschwichtiger bereits zur Verhandlung mitnehmen, sollten Sie entscheiden, wenn Sie die betreffenden Personen als konstruktive Konfliktlöser kennen. Meistens ist es jedoch besser, wenn man in folgenden Kombinationen arbeitet:

1. Pragmatiker und Theoretiker beider Seiten bereiten sich jeweils zusammen auf die Verhandlungen vor.
2. In den Verhandlungen treffen von beiden Parteien die Pragmatiker unter der Moderation des Schlichters zusammen.

3. Zwischen den Verhandlungen beraten sich die Pragmatiker jeweils wieder mit „ihren“ Theoretikern.
4. Die Pragmatiker kommen zu einer gemeinsamen und praktikablen Lösung.
5. Die Beschwichtiger „verkaufen“ die Lösung in beiden Lagern.

Die Moralisten sollte man im Auge behalten. Sie könnten nach einer Einigung innerhalb einer der Parteien Anhänger um sich scharen und den Führer, der die gemeinsame Lösung akzeptiert, als „Verräter an der Sache“ zu entmachten versuchen. Wenn ihnen das gelingt, ist die Lösung hinfällig. Außerdem wird es in Zukunft noch schwieriger werden, mit der Partei zu Konfliktlösungen zu kommen, wenn Fundamentalisten an der Macht sind. Das gilt für Konflikte im Nahen Osten wie für solche zwischen deutschen Parteien wie für solche zwischen Geschäftsführung und Personalvertretung oder für solche zwischen Konzernen und der Bevölkerung.

Bedenken Sie bitte auch, daß Sie als Schlichter mit dafür zu sorgen haben, daß die Führer beider Parteien im eigenen Lager die gemeinsame Lösung überzeugend positiv darstellen können. Je besser es den jeweiligen Führungspersönlichkeiten der Parteien gelingt, intern und nach außen die Lösung als eigenen Sieg zu „verkaufen“, desto weniger Chancen haben moralisierende Fanatiker, Anhänger für ihre Rebellion und eigenen Machtkämpfe zu gewinnen.

7.4 Sieben Schritte aus einem Konflikt

Bei großen Konflikten hat sich bis zu den ersten konkreten Bemühungen um eine Einigung meistens bereits sehr viel an fairen und unfairen Angriffen, an offenen Durchsetzungs- und verdeckten Manipulationsversuchen getan. In beiden Lagern wurde nicht nur die jeweilige Gegenpartei angegriffen, man hat auch innerhalb der eigenen Reihen die Stimmung aufgeheizt und fast immer auch der Öffentlichkeit ein Schauspiel an Kampfbereitschaft gegeben. Es wäre falsch, wollte man nach solchen heißen Phasen zu früh in rationale und pragmatische Verhandlungen gehen und dabei sofort ein dauerhaftes Ergebnis anstreben. Keine der Parteien mag später als zu früh „umgefallen“ dastehen. Jede der Parteien hofft vielleicht doch noch auf einen Sieg ohne Kompromisse auf die letzte Minute. Auf jeder Seite müssen intern Absprachen erfolgen, wer letztlich als guter Rhetoriker in die Verhandlungen hineingehen soll, wie weit die Verhandler selbst entscheiden dürfen und was mindestens erreicht werden muß. In dieser Vorphase des Einigungsprozesses macht sich der Schlichter mit der Lage und mit den Personen auf beiden Seiten vertraut.

Wenn es schließlich losgehen kann, sollte man nicht überstürzt, sondern lieber in kleinen Schritten vorgehen.

1. Getrennte Treffen zwischen Schlichter und jeweils den Vertretern der Parteien

Zunächst sollte sich der Schlichter mit den Verhandlern vertraut machen. Wichtig ist es, jetzt die Persönlichkeiten – auch mit ihrem jeweiligen Denkstil – kennenzulernen.

Bei diesen Vorgesprächen darf es nicht darum gehen, bereits erste Lösungsansätze zu besprechen. Es könnte höchstens das Mißtrauen der jeweils anderen Seite schüren, wenn man sich besorgt fragt, was der Schlichter beim Gegner zu vereinbaren hat. Jetzt sollte der Schlichter vielmehr absichern, daß er die Standpunkte beider Seiten in seiner Situationsanalyse richtig erkannt hat. Er sollte auch absichern, daß auf beiden Seiten Verhandler ausgewählt wurden, die mit vergleichbaren Kompetenzen ausgestattet wurden.

Der Schlichter tut gut daran, beide Seiten daran zu erinnern, daß sie ihre Moralisten im Griff behalten. Man denke nur an die Probleme politischer Parteien, wenn die Realisten der Spitze sich dem politischen Gegner im Interesse höherer Ziele nähern, während hinter ihrem Rücken die Fundamentalisten durch publikumswirksame Radikalforderungen wieder zerstören, was in mühseligen Verhandlungen aufgebaut wurde.

2. Erste Verhandlung der Pragmatiker

Unter der Leitung des Schlichters treffen die Pragmatiker beider Seiten aufeinander und stellen sich gegenseitig ihre Sichtweisen und Ziele dar. Man sollte auch jetzt nicht überstürzt eine Gesamtlösung anstreben. Man kann jedoch oft in diesem ersten Zusammentreffen bereits sondieren, wo es Ansatzpunkte für gewisse Übereinstimmungen gibt. Irgendwelche gemeinsamen Vorstellungen oder auch Teilziele gibt es fast immer. Manchmal kann man dabei bereits erste Erfolge erzielen, die sich für die jeweiligen Anhänger oder auch für die Öffentlichkeit als Hoffnungsgeber im Hinblick auf den zu erwartenden Gesamterfolg des Schlichtungsprozesses vermarkten lassen. Manchmal kann man sich zu diesem Zeitpunkt auch nur auf wenigstens ein Konzept für das weitere Vorgehen einigen.

Es kann sinnvoll sein, bei diesem ersten Treffen der beiden Parteien auch die Theoretiker und die Beschwichtiger hinzuzuziehen. Die Theoretiker haben oft einen guten Einblick in die Stärken und Schwächen der Argumentation der jeweiligen Gegenseite. Die Beschwichtiger sehen am besten die möglichen Ansätze für Gemeinsamkeiten und kleine Teillösungen. Sie gehen auch am leichtesten auf Vertreter der Gegenseite zu und suchen den persönlichen Austausch, notfalls in der Kaffeepause, deren friedensfördernde Bedeutung man nicht unterschätzen sollte.

3. Entwickeln von zwei bis drei Lösungsvarianten

Auf beiden Seiten sollten nach dem Austausch die Pragmatiker zusammen mit den Theoretikern mehrere Lösungsmodelle entwickeln. Es ist besser, sich gleich mehrere Varianten zu überlegen, als sich zu früh in nur eine Zielvorstellung zu verbeißen.

Selbstverständlich wird sich jede der Parteien eine „Lieblingslösung“ vorstellen können. Jede Partei wird auch wissen, was der jeweiligen Gegenseite vermutlich an dem eigenen Lösungsvorschlag nicht gefallen wird. Die Theoretiker und Pragmatiker sollten sich deshalb gemeinsam auf die Argumentation vorbereiten.

Ob sich der Schlichter mit in diese parteiinternen Abstimmungen einbringt, muß im Einzelfall entschieden werden. Im Sinne der Neutralität ist es fast immer besser, sich nicht daran zu beteiligen. Man kann jedoch Unterhändler damit beauftragen, mit in die internen Abstimmungsprozesse hineinzugehen.

4. Gegenseitige Präsentation der Lösungsmöglichkeiten

Die Pragmatiker beider Parteien treffen wieder aufeinander. Sie präsentieren sich gegenseitig ihre Vorstellungen für eine gemeinsame Konfliktlösung. Unter der Leitung des Schlichters kann dann die Verhandlung Zug um Zug zu einem gegenseitigen Entgegenkommen erfolgen.

Falls nicht bereits in dieser Verhandlung ein Ergebnis zustande kommt und ein weiterer Termin vereinbart werden muß, dann ist auf jeden Fall zu dokumentieren, wie weit man gekommen ist. Es darf nicht sein, daß von Termin zu Termin die Verhandlungen immer wieder bei Null anfangen.

In dieser Phase sollten weder Theoretiker noch Moralisten aus dem eigenen Lager den Pragmatikern „in die Quere“ kommen.

In dieser Phase ist es auch wichtig, die jeweiligen Führungspersonen der Parteien in ihren Positionen zu stabilisieren. Man muß darauf achten, daß sie nicht durch Aufwiegelungen innerhalb der Anhängerschaft gefährdet werden.

In dieser Phase kann es leicht passieren, daß Fundamentalisten der einen Partei Dinge tun oder sagen, die bewußt darauf abzielen, die Fundamentalisten der Gegenseite zu reizen und zu unklugen Gegenaktionen oder öffentliche Statements zu bringen. Die politischen Parteien während der heißen Wahlkampfphasen geben dafür anschauliche Beispiele ab. Durch solche Spielchen können mögliche Konfliktlösungen unnötig vereitelt oder verzögert werden.

5. Einigen auf die gemeinsame Lösung

Jetzt geht es ans Verhandeln um eine Lösung, die nicht nur von den Pragmatikern beider Seiten getragen, sondern anschließend auch von den jeweiligen Anhängern der Parteien akzeptiert wird.

Natürlich möchte jede der Parteien möglichst viel für die eigene Seite herausholen. Das ist ja immer auch der persönliche „Sieg“ der Verhandler. Es bringt jedoch nichts, wenn überlegene Rhetorik oder massiverer Druck der einen oder anderen Seite zu einem Ergebnis führt, das anschließend nicht als „gerecht“ angenommen wird.

Es ist die Aufgabe des Schlichters, darauf zu achten, daß

- die Verhandlungen fair geführt werden.
- die Parteien sich schrittweise entgegenkommen.
- die gemeinsame Lösung praktikabel und möglichst zügig realisierbar ist.
- die gemeinsame Lösung in einem vernünftigen Kosten-Nutzenverhältnis zum Problem steht.
- sich beide Parteien zur Umsetzung der Lösung verpflichten.

6. Entwickeln des Umsetzungsplans

Wenn man sich auf eine gemeinsame Lösung geeinigt hat und auf beiden Seiten die Führungspersonen zugestimmt haben, dann muß ein Plan zur Umsetzung entwickelt werden. Auch hierfür eignen sich am besten pragmatische Realisten. Ob sich noch die Verhandler und der Schlichter daran beteiligen, ist im Einzelfall zu entscheiden. Es kann sein, daß nun eher die relevanten Fachleute gefragt sind.

Wichtig ist, daß auf beiden Seiten parallel an der Umsetzung gearbeitet wird. Das zu kontrollieren kann Aufgabe des Schlichters sein.

7. „Vermarktung" der gemeinsamen Lösung

Die gemeinsame Lösung muß der Öffentlichkeit so dargestellt werden, daß keine der Parteien als Verlierer gedemütigt wird. Aus öffentlichen Niederlagen wachsen immer Folgekonflikte.

Zur „Vermarktung" gehört natürlich auch, daß den jeweiligen Führungskräften im eigenen Lager der Rücken gestärkt wird. Gewisse Unzufriedenheiten mit dem Kompromiß sind häufig erste Keime von Unruhen, die sich die Moralisten zunutze machen. Die erarbeitete Problemlösung muß deshalb unbedingt erfolgreich bei den jeweiligen Anhängern der Parteien „verkauft" werden. Das gilt für Friedensverhandlungen im Nahen Osten ebenso wie für Verhandlungen zwischen Geschäftsführung und Personalvertretung.

7.5 Die Rolle des Schlichters

Wenn Sie als Schlichter bei einem Konflikt zwischen großen Parteien tätig werden sollen, dann kann es sein, daß man sich von Ihnen die Lösung des Problems erhofft. Man verwechselt zu leicht die Rolle des Schlichters mit der des Richters. Als Schlichter sind Sie jedoch nicht für verbindliche Urteilssprüche zuständig, sondern dafür, daß die Konfliktparteien in die Lage versetzt werden, gemeinsam unter Ihrer Moderation oder auch Leitung zu einem möglichst dauerhaften Ergebnis und somit Konfliktabschluß zu kommen. Sie dürfen sich nicht in die Rolle drängen lassen, daß die Konfliktgegner ihre eigene Verantwortung für eine Lösung auf Sie abschieben und womöglich sich am Ende gemeinsam „auf

Sie stürzen“, wenn es zu keiner akzeptablen Lösung kommt! Auch Sie kennen sicherlich solche Situationen aus dem täglichen Leben, wenn man sich unklugerweise in die Streitigkeiten anderer „eingemischt“ hat.

Wenn Sie als Schlichter tätig werden, müssen für Sie und Ihre Aufgabe folgende Grundregeln gelten:

1. Für den Konflikt und seine Lösung bleiben die Gegner weiterhin selbst verantwortlich.
2. Beide Parteien müssen den Schlichter anerkennen und seine Moderation oder Verhandlungsleitung akzeptieren. Beide Parteien müssen die Rolle des Schlichters verstanden haben und akzeptieren.
3. Der Schlichter hat sich aus moralischen Wertungen nach Schuld und Unschuld herauszuhalten. Er hat auch nicht zu erforschen, wer „angefangen“ hat.
4. Der Schlichter hat nicht die Aufgabe, die „Guten“ zu belohnen und die „Bösen“ zu bestrafen. Er hat nicht für „Gerechtigkeit“ zu sorgen, sondern für eine Lösung, die von beiden Seiten als annehmbar und dauerhaft akzeptiert wird.
5. Der Schlichter hat bei einem Ungleichgewicht der Kräfte zwischen den Parteien ausgleichend zu wirken.

Vor allem zum letzten Punkt sind bei Konflikten im Berufsleben rhetorische Unterschiede zu beachten. Als Schlichter müssen Sie darauf achten, daß nicht eine Partei deshalb den kürzeren zieht, weil sie nicht so erfolgreich argumentieren kann.

Niemals dürfen Sie als Schlichter tätig werden, wenn Sie selbst vom Konflikt betroffenen sind oder ein starkes Interesse in eine der Richtungen haben. Ein Schlichter muß strengstens neutral sein, denken und fühlen. Der gute Wille, sich neutral zu verhalten reicht nicht aus!

Bei größeren Konflikten kann auch ein Schlichterteam zum Einsatz kommen. Es wäre natürlich nicht gut, wenn sich in einem solchen Team Konflikte um die Schlichtungsstrategie entwickelten. Grundsätzlich muß eine Person die Rolle des „Chef-Schlichters“ übernehmen.

8 Konflikte mit Kunden und Kollegen

8.1 Den „Human Factor" gibt es überall

Das Managen und Bereinigen von Konflikten gehört zu den typischen Aufgaben jeder Führungskraft. Auch Sie müssen sich um kritische Situationen, zum Beispiel zwischen Ihren Mitarbeitern und Kunden, zwischen den Mitarbeitern untereinander und zwischen Mitarbeitern Ihres Bereichs und denen anderer Bereiche kümmern.

Man sollte meinen, daß dann wenigstens die Führungskräfte untereinander sich das Leben nicht noch durch Konflikte schwermachen. Daß es zu Macht- und Kompetenzrangeleien kommt, ist jedoch verständlich. Die meisten Führungskräfte und Manager – sonst wären sie es nicht – streben ständig nach weiterer Macht und zunehmendem Einfluß.

Zunehmend wird in den Unternehmen erkannt, daß die laterale Zusammenarbeit über Bereichsgrenzen hinweg wichtig wird. Abteilungsdenken, Ressortegoismus, Bunkermentalität sollen zum Nutzen der Kundenorientierung und damit des Unternehmenserfolgs überwunden werden. Den Mitarbeitern wird gepredigt, sie mögen doch bitte „über den eigenen Tellerrand" hinausschauen, aber welches Beispiel geben ihnen ihre Führungskräfte?

In manchen Unternehmen kann man den Eindruck gewinnen, daß es viel friedlicher zuging, als es noch klare Abgrenzungen gab, als noch niemand verlangte, man möge doch lateral mit den Kollegen anderer Bereiche zusammenarbeiten. Man schottete sich ab, ließ sich nicht in die Karten schauen und hatte auch keinen Streit. Nun soll man bereichsübergreifend denken und handeln. Was handelt man sich damit ein? Probleme!

Vermutlich gibt es vier grundlegende Ursachen in unserer menschlichen Natur (Gene oder Traditionen?), die es uns schwermachen, „über den Tellerand zu schauen" und vor allem auch andere auf den eigenen Teller schauen zu lassen:

1. Uralte Instinkte der Zusammengehörigkeit

Auch wenn wir heute so individuell und „single-orientiert" leben, daß Verwandtenbesuche schon fast völlig aus der Mode sind, stammen wir entwicklungsgeschichtlich von Clan- und Stammeskulturen ab. Unsere Vorfahren hatten eine enge Bindung an die Familie, den Clan und die Menschen, zu denen man sich zugehörig fühlte.

> Wenn Sie zum Beispiel aus dem Orient stammen, dann waren Ihre Vorfahren vielleicht Nomaden mit fester Stammeszugehörigkeit. Man hat mit anderen Stämmen wohl Handel getrieben, sich jedoch auch um günstige Weideplätze gerangelt. Fremde Stämme waren fremde Leute mit denen man sich nicht solidarisch fühlte. Wenn Sie zum Beispiel aus Bayern stammen, dann mag es für Ihre Vorfahren noch undenkbar gewesen sein, daß jemand aus dem eigenen Dorf jemanden von hinter dem nächsten Berg heiratete.

Die Verwurzelung im eigenen Clan ist heute scheinbar nicht mehr gegeben. Die Mayers und Barkowskis, die Greens und Habibis sind sich heute – zumindest in unseren europäischen und amerikanischen Multikulti-Unternehmen – Kollegen, Vorgesetzte, Mitarbeiter, Kunden und Verkäufer, als gäbe es keine Probleme mit dem „Fremdeln" mehr.

Dennoch wirken die uralten Instinkte der Unterscheidung, wer zum eigenen Clan oder Stamm gehört und wer ein „Fremder" ist, weiter. Man frage nur einmal in der Buchhaltung, was die so über die Kollegen des Vertriebs denken und umgekehrt.

Jede Abteilung, jeder Bereich ist immer auch ein eigener „Clan" oder „Stamm" und hat auch seine eigene Kultur, seine eigenen Normen und Traditionen. Die Kollegen der anderen Abteilungen und Bereiche sind entsprechend „fremdartig". Kein Wunder, daß sich in so vielen Unternehmen scheinbar zwanghaft Konflikte zwischen Innen- und Außendienst entwickeln. Und immer sind die jeweils anderen mit ihrer „komischen Art" oder mit ihrer „Unfähigkeit zu begreifen" daran schuld.

Die uralten Instinkte der starken Zugehörigkeit zum eigenen Kreis mit Mißtrauen gegenüber Fremden sind eine erste Barriere auf dem Weg zur konfliktfreien lateralen Zusammenarbeit über Bereichsgrenzen hinweg.

2. Streben nach Autonomie

Wir lassen uns nicht gerne hineinreden. Wir wollen selbst entscheiden, was wir wie machen wollen. Schon kleine Kinder reagieren auf Einmischung der Eltern oder älteren Geschwister hin mit der Abwehr: „Ich kann das alleine!" Autofahrer hassen es, wenn der Beifahrer gutgemeinte Ratschläge gibt. Menschen, die zu allem ihren „Senf" dazugeben, sind uns eine wahre Nervenprobe. Am schlimmsten sind solche, die einem ihr Helfersyndrom mit den Worten aufdrängen: „Ich meine es doch nur gut mit Ihnen."

Wenn man sich zur engen Zusammenarbeit über Bereichsgrenzen hinweg entschließt, dann kann man es gar nicht verhindern, daß man beim Kollegen auch mal etwas sieht, was dort nicht so gut läuft. Als netter Mensch gibt man dann natürlich einen Tip, wie der andere es besser machen könnte. Sehr undankbar, wenn der Kollege darauf beleidigt reagiert!

Gleichzeitig muß man immer damit rechnen, daß andere, die einem über die Schulter schauen, Dinge, die man selbst tut, für falsch halten und sich dann einmischen. Das liegt natürlich daran, daß sie aus einem anderen Bereich kommen und keine Ahnung haben, wie es bei uns unbedingt laufen muß. Man kann sich nicht von jedem „reinquatschen" lassen!

Das Streben nach Eigenständigkeit und Unabhängigkeit ist die zweite Barriere auf dem Weg zur konfliktfreien lateralen Zusammenarbeit über Bereichsgrenzen hinweg.

3. Revierverhalten

Wir Menschen gehören zu den Tieren, die gerne ein eigenes „Revier“ haben und vehement verteidigen. Wir ziehen Zäune um die Gärten und lassen nicht zu, daß Nachbarn sich über unser Grundstück den Weg abkürzen.

Führungskräfte erleben ihren Bereich als „Revier“ und können sich wie die Platzhirsche aufführen, wenn jemand zu nahe an die Grenze kommt. Stellenbeschreibungen, Organigramme und Kompetenzregelungen sollen im Unternehmen das beschreiben, was der Pinscher mit Duftmarken beim abendlichen Rundgang kundgibt: „Dieses ist mein Bereich.“ Und wehe dem Hund, der es wagt, die Reviergrenzen zu verletzen! Im Gegenteil, man wird lieber versuchen, sich selbst mit dem eigenen Machtbereich noch ein wenig auszubreiten.

Die zum Teil rituellen Streitereien um Machtbereiche im Unternehmen gehören regelmäßig zur üblichen Konferenzkultur. Im Vertrieb kann es um regionale Grenzen gehen, wer wo verkaufen darf. In anderen Bereichen mag es darum gehen, wer was entscheiden darf.

> In einer der erfolgreichsten deutschen Unternehmensberatungen wurde über Jahre um ein einheitliches Projektabwicklungsverfahren gerungen. Nie wurde man sich einig, weil es immer mehrere Fürsten gab, die das Projektmanagementverfahren als ihre eigene Hoheitsaufgabe ansahen. Irgendwann hat man sich wenigstens darauf geeinigt, dem Qualitätszertifizierer ein einheitliches Verfahren zu dokumentieren. Dieses wurde jedoch von keinem der Verantwortlichen im eigenen Bereich tatsächlich eingeführt. Niemals!
> In anderen Unternehmen kann man sich kaum auf eine einheitliche Gliederung für Angebote einigen oder gar für einheitliche Briefköpfe entscheiden. Das, was von anderen an Vorschlägen kommt, wird sofort als Grenzüberschreitung wahrgenommen und deshalb abgelehnt. Gleichzeitig versucht man, eigene Vorschläge bei anderen durchzusetzen.

Unsere Neigung zur Revierverteidigung und möglichst auch Reviervergrößerung ist die dritte Barriere auf dem Weg zur konfliktfreien lateralen Zusammenarbeit über Bereichsgrenzen hinweg.

4. Rivalität um die Liebe der Mächtigen

Die Psychologen sagen, daß uns Menschen von Kindheit an das Streben nach Nähe zum Ranghöchsten und Mächtigsten eigen ist. Wenn ein Kind geboren wird, steht es zunächst im Mittelpunkt der elterlichen Fürsorge und des Interesses. Diese Mittelpunktrolle wird sofort in Frage gestellt, wenn ein Geschwister zur Welt kommt. Das zweite Kind hat von Anfang an einen Rivalen um die elterliche Aufmerksamkeit. Das ältere Kind ist zwar stärker und kennt bereits einige „Tricks“, wie man sich die Mächtigen an die Wiege brüllt oder durch putziges Verhalten zum Spielen holt, dafür ist das jüngere Kind kleiner und niedlicher. Die Rivalität der Geschwister bleibt über die Jahre erhalten. Mit Argusaugen wird überwacht, ob Taschengeld und Pudding gerecht verteilt werden. Später geht die Eifersüchtelei weiter um finanzielle Unterstützungen durch die alten Eltern beim Hausbau bis hin zum Streit um Erbanteile. Mancher grübelt noch im Altersheim über dem Problem, von den eigenen Eltern im Vergleich zu den Geschwistern benachteiligt worden zu sein.

Vergleichbare Rivalitäten wiederholen sich auch im Berufsleben. Wen mag der Chef lieber? Wer wird am meisten gefördert? Wem werden immer die Fehler angehängt? Wer hat es am leichtesten, trotz Pannen ungeschoren davon zu kommen?

Die Frage nach der Beliebtheit bei den „Oberen" ist nicht trivial. Wo wird denn wirklich stur nach „gerechten" Maßstäben befördert? Wer sich mit den Chefs gutstellt, hat es ganz einfach leichter. Man kann zwar für sich selbst ein möglichst gutes Verhältnis mit den Vorgesetzten aufbauen, muß jedoch immer auch ein Auge darauf haben, daß einen die Konkurrenten um deren Anerkennung nicht den Rang ablaufen.

Man spricht auch von einer starken Orientierung am „Alpha-Tier". Achten Sie einmal bewußt bei Meetings darauf, wie bestimmte Kollegen immer wieder Blickkontakt zum Ranghöchsten in der Runde suchen, wie sie sorgfältig darauf achten, sich vor dieser Person ins rechte Licht zu rücken, wie sie förmlich danach gieren, vom Mächtigsten in der Runde wahrgenommen zu werden. Salopp und boshaft nennt man solches Verhalten wohl auch „einschleimen". Für Karrieristen ist es häufig notwendig. Bei vielen Führungskräften kann man nur aufsteigen, wenn man es schafft, vor ihren Augen im Vergleich zu gleichrangigen Kollegen besonders gut dazustehen. Das ist nicht anders als im Kreis der Geschwister. Auch dort verstehen manche Kinder es einfach viel besser, den wohlwollenden Blick der Eltern auf sich zu lenken.

Wie soll man aber offen, teamorientiert und vertrauensvoll mit Kollegen auf gleicher Hierarchiestufe zusammenarbeiten, wenn man ständig darauf achten muß, immer ein wenig beliebter zu sein als sie und sich niemals von ihnen „ausstechen" zu lassen? Da ist es schon besser, wenn man gelegentlich ein wenig an nützlichen Informationen zurückhält, sich nicht vor den anderen eine Blöße gibt und sofort eingreift, wenn ein anderer sich zu sehr vordrängelt.

Die Neigung zur Rivalität um die Liebe der Mächtigen ist die vierte Barriere auf dem Weg zur konfliktfreien lateralen Zusammenarbeit über Bereichsgrenzen hinweg.

Wenn Sie Ihr Teil dafür tun wollen, Konflikte zwischen Ihnen selbst und anderen Führungskräften in Ihrem Unternehmen abzubauen, dann sollten Sie sich immer der obigen möglichen Gründe für solche Probleme bewußt sein. Seien Sie sensibel im Umgang mit Kollegen, die vielleicht zu empfindlich auf „Grenzüberschreitungen" reagieren. Nehmen Sie Rücksicht auf Kollegen, denen es schwerfällt, sich mit den Gegebenheiten fremder Abteilungen und Arbeitsbereiche zu arrangieren. Seien Sie nicht zu vertrauensselig, wenn es darum geht, sich mit Kollegen abzustimmen. Es gelingt nun einmal nicht jedem, aufgrund intellektueller Erkenntnisse, was besser für die Zusammenarbeit ist, eigene „Instinkte" zu überwinden.

Auf der anderen Seite sollten Sie bei aller Bereitschaft zur bereichsübergreifenden Zusammenarbeit nie unterschätzen, daß zu viel vorauseilender Harmoniewille von Ihnen leicht auch als Schwäche ausgelegt werden kann. Wenn Sie sich zu sehr öffnen und zu freundlich auf „Einmischungen" reagieren, könnten sowohl Ihre Mitarbeiter als auch Ihre Kollegen und Führungskräfte vermuten, daß Sie am Ende doch nicht über die notwendige Härte für eine Führungsposition verfügen. Manche Konflikte können Sie schon allein dadurch verhindern, daß Sie anderen rechtzeitig signalisieren: „Bis hierher und nicht weiter!" Das gilt vor allem, wenn Sie eine Dame sind und einen erfolgreichen Bereich führen. Es besteht die Gefahr, daß Sie die „typischen Männerrangeleien" nicht mitmachen wollen oder in ihrer Bedeutung unterschätzen. Bevor Sie sich versehen, hat man Ihnen Ihre Position auch schon streitig gemacht.

8.2 Kundenbeschwerden und Reklamationen

Wenn Kunden sich beschweren, kann man sich nie darauf verlassen, daß sie ihren Ärger im Griff haben, sich nett dem Unternehmen nähern, dort liebenswürdig um einen Termin bei der „schuldigen" Person bitten und sich dann sachlich und fundiert ihre Sorgen von der Seele reden. In der Realität sieht es häufig so aus, daß der Kunde einen Fehler entdeckt, sich aufregt und womöglich den Verdacht nährt, man habe ihn absichtlich „über den Tisch gezogen" oder seine Angelegenheiten vorsätzlich schlampig bearbeitet. Der Kunde wird sich mit Angehörigen oder Freunden über seinen Ärger aussprechen. Dort hört er vermutlich den Rat, sich solche Sachen auf keinen Fall bieten zu lassen. Nun wird es auch vor denen, mit denen der Kunde darüber gesprochen hat, zu einer Frage der „Ehre", daß er sich erfolgreich beschwert. Man wird ihn später fragen, ob er durch seine Reklamation etwas für sich als Entschädigung „herausgeholt" hat. Bei ihm kommt zum Ärger über den Beschwerdeanlaß noch der Streß hinzu, sich auf keinen Fall vor seinen Angehörigen oder Freunden mit einer erfolglosen Reklamation blamieren zu wollen. Gleichzeitig wird ihm bewußt, daß die meisten Anbieter von Waren und Leistungen ihren Kunden nur solange als „König" betrachten, wie er noch nicht gekauft hat, sondern noch umworben werden muß. Nach dem Kauf ist in unserer „Service-Wüste Deutschland" der Kunde häufig nur noch ein Störfaktor, der sich nicht auch noch beklagen soll. Der Kunde will und muß sich beschweren, hat jedoch gleichzeitig Angst, kalt abgewiesen zu werden oder an verzwickten Vertragsklauseln zu scheitern.

Mit einem solchen Gefühlsgemisch aus Ärger, Angst und verletzter Ehre trifft der Kunde fast immer zunächst auf einen Mitarbeiter des Unternehmens, der überhaupt nichts mit der Sache zu tun hat, der sich unschuldig fühlt und es gar nicht einsieht, sich „dumm anreden" lassen zu müssen für einen Fehler, den ein anderer verbockt hat. Der Kunde erlebt die Abwehr, er vergreift sich im Ton. Der Mitarbeiter läßt sich das nicht bieten, er hält dagegen. Ein Wort gibt das andere, und schon wird nach dem Vorgesetzten gerufen, der sich gefälligst zu kümmern hat. Jetzt sind Sie dran!

Als Führungskraft stehen Sie bei Kundenbeschwerden, die bis zum Konflikt eskaliert sind und an Sie herangetragen werden, ein wenig in der Zwickmühle. Sie wollen einerseits den Kunden nicht verlieren und auch nicht zulassen, daß er später vor anderen (potentiellen) Kunden schlechte Geschichten über Sie, Ihren Bereich oder Ihr Unternehmen verbreitet. Sie wollen, daß der Kunde sich beruhigt, daß er wieder nett über Sie denkt und wieder als gute Referenz für Sie am Markt auftritt. Auf der anderen Seite wollen Sie Ihre Mitarbeiter nicht im Stich lassen. Sie wollen ihnen zeigen, daß der Chef immer zu ihnen hält, weil Sie nur dadurch deren Motivation und Engagement frisch halten können. Außerdem ärgert es Sie, wenn andere es wagen, Ihre Mitarbeiter schlecht zu behandeln. Dennoch ärgert es Sie, wenn im eigenen Haus und womöglich im eigenen Bereich Pannen passieren, die Ihnen Ärger mit den Kunden, unnötige Arbeit und Kosten einhandeln.

Was im akuten Fall zu tun ist, müssen Sie im Einzelfall entscheiden. Grundsätzlich müssen Sie im Interesse der Konfliktvermeidung dafür sorgen, daß jeder Ihrer Mitarbeiter weiß, wie man im Beschwerdefall zu reagieren hat. Ein Reklamationstraining auch für Mitarbeiter des Innendienstes ist eine gute Investition. Dort lernen die Mitarbeiter nicht nur, wie sie sich zu verhalten haben, sie lernen auch die psychologischen Ursachen dafür, warum manche Kunden, ganz unabhängig von Bildungsstand und sozialer Herkunft, so laut und manchmal sogar ordinär herumpoltern. Sie lernen den Umgang mit den fiesen leisen Kunden, deren zynische Gemeinheiten oft viel mehr schmerzen als das Gepolter der lauten. Sie lernen auch, daß man niemals den Ärger der Leute unterschätzen darf, die ihre Beschwerden lieb und nett in fragendem oder gar bittendem Ton vortragen.

Sie müssen sich bewußt entscheiden, wer von Ihren Mitarbeitern überhaupt geeignet ist, auch in Konfliktsituationen noch unmittelbar mit den Kunden in vernünftigen Kontakt treten zu können. „Sensible“, „Pädagogen“ und „Intellektuelle“ sollte man im Zweifel lieber ins zweite Glied zurückziehen.

Die „Sensiblen“ leiden unter dem Fehlverhalten aufgeregter Kunden. Sie betrachten die Angriffe und Mißtöne als auf sich persönlich bezogen. Sie reagieren verletzt und beleidigt. Sie schaffen es einfach nicht, innerlich ruhig zu bleiben und sich zu sagen: „Der Kunde ist wütend und hat sich nicht mehr im Griff. Seine bösen Attacken meinen nicht mich persönlich. Später wird es ihm selber peinlich sein.“ Statt dessen zucken sie entweder zusammen und entwickeln im Laufe der Zeit Magenleiden und andere Streßkrankheiten. Oder sie regen sich ihrerseits auf und fahren Gegenattacken. Dann entwickelt sich das Geschehen zwischen Kunde und Mitarbeiter in Richtung Zank und Streit wie im Kindergarten.

Die „Pädagogen" unter Ihren Mitarbeitern sind auch nicht für den Kontakt mit Kunden im Konfliktfall geeignet. Messerscharf erkennen sie das schlechte Benehmen, die falschen Anschuldigungen und den ungehörigen Ton. Immer darauf bedacht, erzieherisch einzugreifen, werden sie dem Kunden auf der Stelle mitteilen, was sie davon halten und was sie an korrektem Umgangsformen erwarten: „Schreien Sie hier nicht herum!" – „Sagen Sie erst einmal ordentlich guten Tag!" – „In dem Ton brauche ich nicht mit mir reden zu lassen!" – „Nehmen Sie das zurück!" – „Vielleicht denken Sie erst einmal nach, bevor Sie hier so herumbrüllen!" – „Jetzt sagen Sie das gleiche noch einmal, aber in einem anderen Ton!"

Tief in seinem Inneren, unter der Schicht der Verärgerung über den Beschwerdeanlaß, weiß der Kunde natürlich, daß er sich falsch benimmt, wenn er laut wird, schimpft und poltert. Nun kommt zu seinem Ärger auch noch die Scham für das getadelte Fehlverhalten hinzu. Er wird sich trotzdem nicht auf die Knie werfen und um Vergebung bitten. Er wird statt dessen seine inneren Gefühle der Peinlichkeit durch vermehrtes Toben und Poltern auch vor sich selbst übertönen wollen. Der Streit eskaliert. Am Ende bleiben ein entrüsteter „Pädagoge" und ein rachsüchtiger Kunde zurück. Und er wird sich rächen!

„Intellektuelle" sind auch nicht für kritische Kundenbegegnungen geeignet. Die Gefühle der Person vor ihnen nehmen sie gar nicht wahr. Statt dessen analysieren sie auf der Stelle, ob die Beschwerde berechtigt ist oder nicht. Falls sie auf einem Irrtum des Kunden beruht, wird diesem nun auf der Stelle sein „Schwachsinn" nachgewiesen. „Sie müssen die Sache mal logisch betrachten, dann ..."– „Schauen Sie in den Vertrag, da steht schließlich ..." – „Kein Wunder, daß es nicht funktioniert, Sie haben ja auch die Gebrauchsanweisung nicht beachtet." In welchen Worten es auch immer geschieht, dem „Intellektuellen" gelingt es bei unberechtigten Beschwerden auf jeden Fall, dem Kunden nachzuweisen, daß bei ihm selbst im Hirn nicht alles optimal geschaltet ist. Welcher Kunde freut sich, wenn ihm ein überlegener Profi seine Dummheit nachweist?

Dem „Intellektuellen" können Sie kaum verständlich machen, daß er es auf jeden Fall vermeiden muß, Kunden in ihren Gefühlen zu verletzen, sie zu demütigen und sie ihr Gesicht verlieren zu lassen. Der „Intellektuelle" wird immer auf dem Standpunkt stehen: „Stimmt doch, was ich sage!"

Auch auf berechtigte Beschwerden reagiert der „Intellektuelle" falsch. Er wird sich in endlosen Erklärungen verlieren, warum dieser eine Fehler passieren konnte, daß schließlich „nobody perfekt" ist, daß der Kunde in seinem Job sicher auch mal Fehler macht, daß im Grunde die Sache doch gar nicht so schlimm ist, und daß der Kunde bei etwas Mitdenken das Problem längst selbst hätte lösen können. Auch damit kann man einen Reklamierer vom Ärger in die Raserei treiben!

Ein gut geschulter Mitarbeiter hört gar nicht die Bosheiten und Beleidigungen, die Gemeinheiten und fiesen Anschuldigungen. Er nimmt statt dessen stoisch zur Kenntnis, daß der Kunde emotional erregt ist. Er kümmert sich darum, daß die Sache nicht schlimmer wird. Er zeigt dem Kunden sein Verständnis für den

Ärger, läßt ihn reden und kommt durch Nachfragen auf den sachlichen Grund des Problems. Auf dieser Basis kann er mit dem Kunden gemeinsam sofort eine Lösung finden oder den Kunden soweit befrieden, daß der sich darauf einläßt, daß man sich um sein Problem kümmert und ihn zügig über das Ergebnis der internen Recherchen informiert.

Wenn der Kunde sich langsam beruhigt und sein Schamgefühl über das vorherige Fehlverhalten sich wieder regt, dann wird der gut geschulte Mitarbeiter souverän zu verstehen geben, daß er vollstes Verständnis für die Gefühle und Reaktionen hat, daß er sich nicht beleidigt fühlt, sondern froh ist, daß der Kunde gleich so nett war, mit seinem Problem zu ihm zu kommen.

„Friede, Freude, Eierkuchen" – so muß das Verhältnis zum Kunden wieder sein, wenn er sich nach der Beschwerde verabschiedet!

Sorgen Sie dafür, daß Ihre Mitarbeiter eine Schulung im Umgang mit Kundenbeschwerden und zur Annahme von Reklamationen erhalten. Legen Sie außerdem ein paar Grundregeln für den Beschwerdefall fest:

1. Jeder Mitarbeiter, an den der Kunde sich zuerst wendet, ist auch zuständig.

Niemals darf ein ohnehin verärgerter Kunde das Gefühl haben, man schiebe ihn weiter. Entweder der betreffende Mitarbeiter kann das Problem lösen, oder er geht mit dem Kunden gemeinsam zu den Kollegen, die zuständig sind. Auch Telefonistinnen müssen wissen, daß ein erboster Kunde seinen Ärger sofort loswerden will. Niemals darf er intern hin- und herverbunden werden.

Tabu sind Reaktionen wie: „Da kann ich gar nichts machen. Da müssen Sie mit unserem Herrn Müller reden, aber der hat noch Urlaub." – „Hier sind Sie falsch. Sie hätten die Filiale in ... anrufen müssen." – „Das weiß ich nicht, wer dafür zuständig ist. Ich verbinde Sie mal weiter, vielleicht wissen die Kollegen, was man in Ihrem Fall machen kann." – „Kommen Sie morgen wieder, dann sind die zuständigen Herren für Sie zu sprechen." – „Mit wem haben Sie das denn vereinbart? Also, wenn Sie mir den Namen nicht sagen können, dann kann ich Ihnen auch nicht weiterhelfen."

2. Ein aufgeregter Kunde hat das Recht, seinen Ärger zu zeigen. Ihm sind keine Vorwürfe zu machen oder Benimmregeln einzutrichtern. Der Mitarbeiter, der mit dem Kunden spricht, hat menschliches Verständnis für den Ärger zu zeigen.

Man könnte zum Beispiel sagen: „Oh, das kann ich mir vorstellen, daß das ärgerlich ist." – „Tut mir leid, daß Sie solche Probleme damit hatten." Damit hat man noch keine eigene Schuld eingestanden, dem Kunden jedoch signalisiert, daß man nicht die Absicht hat, ihn feindselig mit seiner Beschwerde abzuschmettern.

3. **Niemals darf ein Mitarbeiter sein überlegenes Fachwissen dem Kunden gegenüber ausspielen. Man ist Berater, aber nicht Schulmeister, und es geht auch niemals in Wettstreit mit dem Kunden um Rechthaberei.**

Tabu sind Bemerkungen wie: „Das kann gar nicht sein. So was ist mit unseren Produkten gar nicht möglich." – „Sie haben das bestimmt falsch benutzt."

4. **Niemals darf ein Mitarbeiter vor dem Kunden einen Kollegen oder gar das ganze Unternehmen „in die Pfanne hauen".**

Tabu sind Bemerkungen wie: „Das hat der Neue gemacht. Der kennt sich noch nicht so aus." – „So was passiert auch anderen Kunden bei uns. Das liegt an den alten Maschinen, die hier noch im Einsatz sind." – „Sie haben recht, aber erklären Sie das mal unserem Chef. Auf uns Mitarbeiter hört er nicht. Wenn Sie als Kunde das auch sagen, wird er vielleicht endlich ..."

5. **Bei jeder Reklamation ist im Anschluß immer zu überprüfen, ob es Wege gibt, solche und ähnliche Probleme in Zukunft zu vermeiden.**

Im Interesse der Vermeidung von zukünftigen Beschwerden sollten Sie sich regelmäßig – auch ohne konkreten Anlaß – mit Ihren Mitarbeitern zu einem Workshop zusammensetzen und mögliche Fehlerquellen und Ärgeranlässe aufdecken und beseitigen. Verlassen Sie sich auf den Sachverstand Ihrer Mitarbeiter. Die wissen in der Regel sehr genau, wo „es hakt" und wo man eines Tages mit Beschwerden rechnen muß. Dabei geht es auf keinen Fall um Vergangenheitsbetrachtungen und das Ausfindigmachen von Schuldigen. Es geht darum, für die Zukunft mögliche Reklamationen zu vermeiden.

8.3 Mobbing – das ist Ihr Problem

Das Thema Mobbing ist im Laufe der letzten Jahre so ausführlich in der Literatur und in den Massenmedien behandelt worden, daß es als „Modethema" schon fast wieder langweilig und „out" wirkt. Leider hat diese Verbreitung auch dazu geführt, daß „sanfte Egoisten" zunehmend dazu neigen, sich selbst immer dann als Mobbing-Opfer zu bezeichnen, wenn sie ihren Willen nicht bekommen, wenn sie keine Lust haben, sich in eine Arbeitsgruppe einzufügen, wenn ihnen die Arbeit zu anstrengend wird, wenn sie keine Kritik annehmen wollen.

Seien Sie bitte sehr zurückhaltend bei der Einstellung von Personen, die aus bisherigen Arbeitssituationen bereits Mobbing-Erfahrungen mitbringen. Die einfache Gleichung, daß Mobbing-Opfer „arme und unschuldige Opfer" sind im Gegensatz zu den „bösen Tätern", ist oft falsch. Sehr häufig handelt es sich bei Mobbing-Opfern in Wirklichkeit um Menschen, die es ihrer Umwelt auch recht schwermachen, sie zu ertragen. Nicht selten sind es jammernde Egoisten und

Verwöhnte, die darauf bestehen, daß immer die anderen lieb und nett zu ihnen sind, die jedoch keinen Finger für die Kollegen krumm machen. Es handelt sich oft auch um „Sensibelchen“, die zwar Geld für ihre Arbeit haben wollen, es jedoch nicht ertragen, von Vorgesetzten Anweisungen oder gar Kritik anzunehmen, die nicht mit schwierigen Kunden umgehen können und sich auch nicht auf die Zusammenarbeit mit den Kollegen einstellen wollen. Solche Leute können Sie nicht gebrauchen! Auch Sie brauchen Mitarbeiter, denen es bewußt ist, daß während der bezahlten Arbeitszeit Aufgaben zu erledigen und Ziele zu erreichen, aber nicht schwache Nerven zu pflegen sind.

Wenn Mitarbeiter im Laufe ihres (Berufs-)Lebens mehrfach zu Mobbing-Opfern geworden sind, dann kann man getrost davon ausgehen, daß das Problem mehr bei ihnen selbst als bei anderen liegt. Stellen Sie spätestens während der Probezeit fest, ob ein neuer Mitarbeiter in Ihrem Team zu diesen „Problemfällen“ gehört. Fragen Sie sich bewußt, ob Sie es den anderen Kollegen zumuten wollen und dürfen, daß diese am Arbeitsplatz neben ihrem eigenen Streß auch noch die Aufgaben von Therapeuten und Sozialarbeitern übernehmen. Es ist nämlich sehr wohl Ihre Pflicht, dafür zu sorgen, daß Ihre Mitarbeiter ein möglichst konfliktfreies Umfeld haben. Dazu gehört auch, daß Sie Egoisten, die sich als Mobbing-Opfer stilisieren, wenn sie ihren Willen nicht bekommen, erst gar nicht ins Team aufnehmen.

Auf der anderen Seite müssen Sie kritisch beobachten, ob nicht vielleicht doch uralte Vorurteile, ungerechtfertigte Abneigungen, Konkurrenzdenken und andere menschliche Schwächen die Ursache für Mobbing in Ihrem Team geworden sind. Sie dürfen nicht zulassen, daß zum Beispiel jüngere Kollegen altgediente Mitarbeiter – oder umgekehrt – schikanieren. Es darf nicht sein, daß Rassismus oder Sexismus in Mobbing ausarten.

Auch Sie selbst können ungewollt die Ursache für Mobbing werden. Wenn Sie zum Beispiel einen Lieblingsmitarbeiter haben, den Sie ständig bevorzugen und womöglich den anderen als Vorbild hinhalten, dann brauchen Sie sich nicht zu wundern, wenn die Kollegen diesen „Musterknaben“ oder die „Liebes-Maus“ hinter Ihrem Rücken piesacken und quälen. Auch Mitarbeiter, die Sie selbst nicht mögen, auf denen Sie immer wieder herumhacken, werden leicht zu Mobbing-Opfern. Sie gelten als „Prügelknaben“, die der eigene Chef „zum Abschuß freigegeben“ hat.

Mobbing entwickelt sich immer aus einem Konflikt, der selbst vielleicht noch gar nicht offenliegt, aus Fehlverhalten (von Opfer, Tätern oder Chef) oder aus einem allgemein konfliktträchtigen Umfeld. Ein konfliktträchtiges Umfeld kann durch übermäßigen Streß entstehen, durch gähnende Langeweile oder beispielsweise auch durch drohende Probleme wie Personalabbau oder unerwünschte Reorganisationen.

Bei übermäßigem Streß kann es vorkommen, daß Mitarbeiter ihren Frust an einem schwachen und wehrlosen Mitglied der Gruppe oder an dem (vermeintlichen) Verursacher der Belastungen auslassen: „Wenn Kollege Meier nicht so schlechte Leistungen brächte, hätten wir alle nicht so viel Ärger. Dafür muß der Meier büßen!"

Gähnende Langeweile, weil einfach nicht genug zu tun ist, kann dazu führen, daß die Mitarbeiter aus purem Zeitvertreib anfangen, sich zu ärgern und zu foppen. Mit der Zeit stellt sich heraus, daß manche Leute darauf sensibler reagieren. Die ärgert man natürlich besonders gerne, da „lohnt" es sich wenigstens oder man findet, daß der Sensible sich nicht so anstellen soll. Irgendwann ist er als Mobbing-Opfer ständigen Schikanen ausgeliefert. „Müßiggang ist aller Laster Anfang". Das gilt auch im Unternehmen. Solche Langeweile-Mobbings kommen zum Beispiel während der Nachtwachen im Pflegeheim oder während der öden Vormittagsstunden im Kaufhaus vor, wenn nicht genug zu tun ist und dem Personal eigene Nebenbeschäftigungen (Lesen, Stricken, Kreuzworträtsel) zum Zeitvertreib verboten sind.

Mobbing aus Angst vor Veränderungen, vor Verlust des Arbeitsplatzes oder vor anderen „Bedrohungen" sind zum Teil moderne Varianten des uralten Triebs zum Überlebenskampf. Wenn die Arbeitsplätze knapp werden, dann ist jeder Kollege ein Konkurrent. In solchen Situationen wird das Mobbing-Problem auch nicht allein dadurch aus der Welt geschafft, daß man des Opfer entfernt. Die Täter suchen sich sofort ein nächstes. Jeder, der weg ist, ist ein Konkurrent weniger.

Leider können Sie als Vorgesetzter oft gar nicht frühzeitig genug erkennen, wenn sich ein Mobbing-Problem entwickelt. Nur die „sanften Egoisten", die sich grundsätzlich schnell als Opfer sehen, melden sich deutlich und meistens lange bevor sie tatsächlich gemobbt werden. Die anderen schweigen viel zu lange oder finden keinen Glauben. Die dümmste Reaktion auf einen Mitarbeiter, der sich bei Ihnen beklagt, wäre: „Warum sollten die anderen das denn tun?" Das weiß das Opfer oft selber nicht. Auch die Täter wissen oft nicht so genau, warum sie sich ein Opfer – und warum genau dieses – herausgepickt haben.

Sie müssen der Sache sofort nachgehen, wenn ein solches Problem vom Opfer oder von unbeteiligten Dritten an Sie herangetragen wird. Manchmal kann man im Frühstadium noch eingreifen und das Problem in den Griff bekommen. Wenn sich jedoch die Täter an ihrem Opfer erst einmal festgebissen haben, dann gibt es dafür keine Rettung mehr. Dann ist der Vernichtungswille („Killerinstinkt") bereits zu sehr ausgebildet. Ein Mobbing-Opfer kann in derselben Gruppe nie wieder zum akzeptierten Mitglied werden. Ihre Aufgabe als Führungskraft ist es, das Opfer aus dem Team zu entfernen. Häufig kann eine Versetzung helfen. Wichtig ist, daß das Opfer diese Versetzung nicht als Strafe und die Täter sie nicht als Bestätigung sehen.

Verzichten Sie auf Teamsitzungen und „offene Aussprachen" oder auf Appelle an Fairneß und Rücksichtnahme. Mobbing gehört nicht zu den Konfliktarten, denen mit einer offenen Aussprache zum Problem beizukommen ist. Es handelt sich schließlich nicht um ein Problem, bei dem die Täter vernünftig argumentieren und sinnvolle Gründe für ihr Handeln angeben können. Sie wissen selbst, daß „man das nicht macht", daß es nicht teamorientiert ist und „sich nicht gehört". Trotzdem tun sie es und werden es auch weiterhin tun. Nach der offenen Aussprache bleibt das Opfer weiterhin in seiner Rolle. Die Probleme können sich sogar verschlimmern, wenn das Opfer dafür büßen muß, daß die Täter vom Chef öffentlich ermahnt wurden. Das Mobbing geht weiter. Es ändern sich lediglich die Methoden. Man wird subtiler vorgehen.

Sie können dem Opfer innerhalb Ihres Teams nicht mehr helfen. Entfernen Sie es schnell aus dem quälenden Umfeld. Vielleicht sollten Sie dem Opfer Tips geben, wo es sich beraten lassen kann. Geben Sie ihm auch den Tip mit, am neuen Arbeitsplatz nichts von den bösen Erfahrungen in der alten Gruppe zu erzählen. Wenn das Opfer sich im neuen Umfeld gleich wieder als „Opfertyp" zu erkennen gibt, besteht die Gefahr, daß die neuen Kollegen ebenfalls ungute Gelüste entwickeln und das Mobbing weiterführen. Es kann auch vorkommen, daß sie das Opfer verachten, weil es sich solche Dinge hat bieten lassen und sich nicht wehren konnte.

Helfen Sie dem Opfer, an anderer Stelle neu anzufangen. Mehr können Sie nicht tun. Das Opfer selbst muß sich als erwachsener Mensch ebenfalls aktiv darum bemühen, solche Probleme für sich in Zukunft zu vermeiden. Es darf sich nicht in der Rolle des Hilflosen einrichten!

Gleichzeitig müssen Sie auf der Stelle den Tätern in Ihrem Team die Lust an solchen Quälereien ein für alle Mal nehmen. In der Regel gibt es einen Haupttäter. Den müssen Sie, auch für alle anderen sichtbar, hart bestrafen. Das ist auch dann notwendig, wenn Sie wissen, daß das Opfer im Grunde selber die „Schuld" an seinem Schicksal hatte. Die Bestrafung der Täter dient nicht der „Gerechtigkeit". Sie soll für die Zukunft verhindern, daß sich solche Vorfälle wiederholen. Vergleichen Sie es ruhig mit Hunden. Wenn ein Hund einmal einen Menschen gebissen hat, ist die Wahrscheinlichkeit sehr hoch, daß er ab sofort für immer bissig ist. Das gilt auch dann, wenn das erste Beißopfer zuvor den Hund geärgert hat und somit selber schuld ist. Danach hat der Hund auch unschuldigen Menschen gegenüber seine Beißhemmung verloren.

Mobbing-Täter, denen ihre Quälereien nicht gleich beim ersten Mal für immer ausgetrieben werden, sind ab dann mit hoher Wahrscheinlichkeit Wiederholungstäter. Sie haben die Erfahrung gemacht, daß es ganz einfach ist, andere, die man nicht mag, einfach zu verjagen, zu vernichten, in Verzweiflung oder sogar Selbstmord zu treiben. Bewußt oder unbewußt leiten Täter aus solcher Macht über andere Lustgefühle ab. Sie spüren, welche Macht sie über Wohl und Wehe anderer haben. Diese Macht nutzen sie dann immer wieder, wenn sie auf Menschen treffen, die sie nicht mögen, die ihnen lästig sind, die sich nicht gegen sie wehren können.

Das dürfen Sie nicht zulassen! Mobbing-Täter verhindern immer eine vertrauensvolle und erfolgreiche Teamarbeit.

Sie sollten sich für Ihre Rolle als Führungskraft unbedingt auch fachlich und psychologisch zum Thema Mobbing informieren. Lesen Sie die entsprechende Literatur, nehmen Sie auch einmal an einem Seminar zu diesem Thema teil. Sie müssen lernen,

1. *Anzeichen für Mobbing frühzeitig zu erkennen.*
2. *Mobbing-Situationen rechtzeitig aufzulösen.*
3. *Risiken für Mobbing in Ihrem Team zu vermindern.*

8.4 Täter, Opfer, Gaffer – Rollen im Teamkonflikt

Bei jedem Konflikt im Team gibt es immer auch die scheinbar unbeteiligten „Gaffer". Das sind die Kollegen, die mit dem eigentlichen Konflikt nichts zu tun haben, die jedoch mit Interesse den Fortgang der Dinge beobachten, dazu eine Meinung haben und häufig auch mehr oder weniger diskret eingreifen. Vordergründig mag das Eingreifen dem Sinn für „Gerechtigkeit" entspringen. Man möchte die Partei unterstützen, die man für die schwächere hält oder deren Ansprüche man für die gerechtfertigteren hält. Unterschwellig spielt jedoch fast immer auch eine Lust am Skandal mit. Im täglichen Einerlei ist der Konflikt anderer Leute immer auch ein unterhaltsames Schauspiel. Nicht selten versuchen deshalb die eigentlich unbeteiligten Kollegen sehr wohl, den Konflikt künstlich zu schüren und in die Länge zu ziehen. „Das darfst du dir nicht bieten lassen", raten sie dem einen. „Setz dich zur Wehr", empfehlen sie dem anderen.

Als Führungskraft müssen Sie immer dann zügig eingreifen und Teamkonflikte zum Abschluß bringen, wenn Sie merken, daß zu viel bezahlte Arbeitszeit und zu viel an Motivation damit vergeudet werden. Unterschätzen Sie nicht, was durch einen Konflikt an Störungen im Arbeitsablauf passiert. Es betrifft nun einmal nicht nur die Betroffenen, sondern immer auch diejenigen, die eigentlich ungestört weiterarbeiten könnten.

Bei den Tätern im Teamkonflikt handelt es sich immer um die „Quelle" des Problems. Ob beim Mobbing oder bei den üblichen Konflikten des Alltags, von den Tätern gehen die Probleme aus. Die Täter sind in der Regel auch diejenigen, die eine zügige Konfliktlösung verhindern, solange sie ihre eigenen Ziele nicht erreicht haben. Sie kämpfen weiter und lassen nicht nach, bis sie das für sich errungen haben, was sie haben wollen, was ihnen ihrer Meinung nach zusteht, was ihrer Meinung nach „die gerechte Sache" ist.

Es wäre falsch, bei den Tätern grundsätzlich die „Schuld" zu sehen. Es kommt im Arbeitsleben und auch privat immer wieder vor, daß man selbst zum Täter in einem Konflikt werden muß, wenn man nicht von anderen untergebuttert oder ausgenutzt werden will.

Hüten Sie sich deshalb vor einer Vorverurteilung der Täter bei den Konflikten Ihres Teams. Manchmal sind deren Aktionen durchaus gerechtfertigt. Täter sind die Menschen, die die Dinge nicht phlegmatisch hinnehmen – und dann womöglich bei Dritten jammern!

Täter können jedoch auch echte Störenfriede in der Zusammenarbeit sein. Ellenbogenmenschen, Intriganten und Egoisten werden gerne zu Tätern in Konflikten. Sie erleben ihre Kollegen häufig als Konkurrenten bei der Durchsetzung eigener (Aufstiegs-)Ziele und starten Konflikte, um sich hochzukämpfen, um die anderen unten zu halten, um eigene Interesse durchzudrücken.

Bei den Tätern kann es sich auch um schwierige Menschen mit sozialen Störungen handeln. Eigenbrödler, Sonderlinge und Neurotiker fangen Konflikte an, weil sie nicht in der Lage sind, sich in eine Gruppe von Menschen reibungslos zu integrieren. Es wäre sinnlos, bei solchen Problemfällen mit Gesprächen und Appellen etwas ändern zu wollen. Sie können gar nicht anders. Versuchen Sie, solchen Mitarbeitern Aufgaben zu geben, die sie möglichst allein erledigen können. Zwingen Sie vor allem sensible und ohnehin gestreßte Kollegen nicht, sich mit denen zu arrangieren, die solche Persönlichkeitsstörungen haben. Seien Sie wachsam, rechtzeitig zu erkennen, ab wann konkrete Maßnahmen notwendig werden, wenn eine Person in Ihrem Team Anzeichen psychischer Erkrankung zeigt. Handeln Sie dann nicht allein, sondern immer in Absprache mit der Personalabteilung.

Manche Täter versuchen sich auch als Opfer zu tarnen. Sie treten gerne als übersensibel, feinsinnig und „edel“ auf. Sie beklagen sich, daß andere sie in Meetings nicht zu Wort kommen lassen, daß andere rücksichtslos sind, daß niemand sich um ihre Bedürfnisse kümmert. Diese Klagen äußern sie nicht nur in konkreten Fällen, sondern regelmäßig. Die Botschaft, die von diesen „Sanften“ ausgeht, ist immer: Alle anderen sind egoistisch und rücksichtslos, und ich bin zu fein oder zu niveauvoll, um mich mit den anderen zu reiben.

Auch das sind Täter! Sie führen sich zwar wie die schwachen Opfer einer immer rücksichtsloseren Gesellschaft auf, aber sie sind Täter. Sie verlangen als „Terroristen der Sanftheit“, daß andere sich um sie kümmern, daß andere für ihre Wünsche aktiv werden, daß andere verzichten, damit sie ihren Willen bekommen.

Diese Edlen und Sanften können im Team zur schweren Belastung werden. Ihnen gelingt es immer wieder, anderen das Gefühl von Schuld und moralischer Minderwertigkeit zu geben. Das ist deren Masche!

Achten Sie vor allem darauf, wenn Mitarbeiter sich beklagen, im Teammeeting „nicht zu Wort gekommen“ zu sein. Das sind meistens die Anzeichen, an denen man solche Täter erkennt. Fangen Sie nun nicht an, solchen Leuten dazu zu verhelfen, daß sie in Zukunft zu Wort kommen. Damit machen Sie sich selbst schrittweise zum Diener der Sanften. Verlangen Sie knallhart, daß in einem kollegialen Team jeder, der noch nicht „entmündigt“ (!) ist, selbst dafür zu sorgen hat, daß er zu Wort kommt.

Wenn Sie sich erst einmal als Führungskraft zum Beschützer der Sanften in Ihrem Team entwickelt haben, dann ist der Ungerechtigkeit Tür und Tor geöffnet. Die Kollegen haben oft einen höchst klaren Blick dafür, daß Sie zunehmend liebevoll die Schwachen umsorgen und dafür die robusten Leistungsträger vernachlässigen. Kein Wunder, wenn diese sich zunehmend bemühen, in andere Bereiche abzuwandern oder sich mit der Zeit trotzig auch in verminderter Leistungsbereitschaft einzurichten. Als Führungskraft bleiben Sie am Ende mit einem Team zurück, das nicht mehr in der Lage ist, mit Ihnen die Ziele Ihres Bereichs zu erfüllen.

Opfer sind das Ziel der Täter. Das sind die Menschen, die von den Tätern angegriffen, beschuldigt, bekämpft oder terrorisiert werden. Kluge Opfer können sich zur Wehr setzen. Sie lassen es sich nicht bieten, daß andere ihnen mit Aggression oder Leidensmiene ihren Willen aufzwingen. Sie gehen ihrerseits in die Offensive und werden selbst zu Tätern. Dann kommt es zu einem Konflikt mit hoffentlich gleich verteilten Kräften auf beiden Seiten. Als Führungskraft brauchen Sie oft gar nicht einzugreifen. Die Täter raufen sich zusammen und beenden selbst den Konflikt.

Wenn Opfer jedoch wehrlos sind, dann besteht die Gefahr, daß sie

- sich mit der Zeit zu Daueropfern und somit zu Prügelknaben oder Mobbing-Opfern entwickeln.
- ihre Unterlegenheit „rächen“ durch zum Beispiel schlechte Arbeit, unfreundliches Verhalten gegenüber Kunden oder nachlässigen Umgang mit Firmeneigentum.
- sich andere Opfer anderer Konflikte als Verbündete suchen und einen „Club der Versager“ gründen, in welchem ein Pegel an schlechter Laune gepflegt wird.
- schamlos von den Tätern ausgenutzt werden und dadurch die Täter noch in ihrem Verhalten bestärken.

Auch bei den Opfern kann man sich leicht täuschen. Sie wirken nicht immer auf Anhieb unterlegen. Vor allem die Opfer der sanften Täter machen auf Unbeteiligte oft einen sehr robusten Eindruck. Man hält es dann für völlig normal und gerechtfertigt, wenn der Sanfte vom Robusten mit Rücksicht bedacht wird. Man unterschätzt, daß der Sanfte den Robusten längst am Gängelband hat: „Tu, was ich will, oder du bist ein rücksichtsloser Schurke!“

Für Sie als Führungskraft ist es oft nicht leicht, zwischen Tätern, Opfern und diskret konfliktfördernd agierenden Gaffern zu unterscheiden. Manchmal ist nicht einmal klar, worum es in einem Konflikt überhaupt geht. Mal streiten die Betroffenen um die Öffnung des Fensters im Büro, mal um die Zuständigkeit für die Aktenablage, mal um die Ursache eines Reklamationsfalls.

Was Sie mitbekommen, ist oft nur, daß die Stimmung nicht gut ist, daß die Kollegialität zu wünschen übrigläßt, daß die Mitarbeiter sich hinter Vorschriften zurückziehen und auf Kleinigkeiten bereits gereizt reagieren.

Was kann man tun?

Wenn Sie die Mitarbeiter zu einer Teamrunde zusammenholen, um offen über Probleme zu sprechen, werden Sie nicht einen Millimeter weiterkommen. Man wird vor Ihnen gar nichts sagen oder sich gegenseitig so in Streitereien hineinziehen, daß Sie am Ende überhaupt nicht mehr wissen, was los ist.

Wenn Sie zum Beispiel durch einen gemeinsamen Ausflug am Wochenende oder durch einen Grillnachmittag am Samstag in Ihrem Garten oder durch gemeinsame Kneipenabende das Teamklima zu verbessern versuchen, dann sind auch Sie auf dem Holzweg. Ihre Mitarbeiter leiden schon ausreichend während der bezahlten Arbeitszeit aneinander. Da haben sie sicherlich keine Lust, sich auch noch die unbezahlte Freizeit durch solche Zwangbelustigungen mit Chef und Kollegen zu verderben. Man wird Ihnen solche Verplanungen der Freizeit verübeln. Ihre Mitarbeiter haben private Interessen. Sie haben Familie, Hobbys oder im Garten zu tun. Es stinkt ihnen, wenn sie abends oder gar am Wochenende zu Betriebsklimaverbesserungsaktionen einbestellt werden. Kostenlose Grillwürstchen und Freibier können den Ärger um verlorene Freizeit nicht wettmachen.

Eine langfristig konfliktträchtige Stimmung im Team läßt sich oft nur noch durch professionelle Hilfe von Fachleuten beheben. Lassen Sie sich zum Beispiel in Ihrer Personalabteilung beraten. Dort sollte man Trainer für diese Problemfälle kennen. Die können Ihnen auch raten, welche Art von Konflikttraining in Ihrem speziellen Fall sinnvoll ist. Wichtig für Sie ist zunächst die Souveränität, daß Sie sich solche Schwierigkeiten mit Ihren Mitarbeitern überhaupt eingestehen. Nicht selten werden Probleme dieser Art verschleppt, weil der Vorgesetzte Hemmungen hat, sie einzugestehen. Es kann mit Ihren Führungsfehlern zusammenhängen, muß aber nicht. Außerdem macht jede Führungskraft Fehler. Das ist normal. In der Regel passiert dann gar nichts. Wenn jedoch falsches Führungsverhalten auch noch mit Problemen bei den Mitarbeitern zusammentrifft, dann entstehen Gefahren für die Teamarbeit.

Vergleichen Sie es mit der Situation von Eltern. Sie machen alle ihre Erziehungsfehler, aber fast nie führt das zu echten Störungen bei den Kindern. Es muß immer eine bestimmte Konstellation von Schwachstellen zusammentreffen. Also sind Eltern gut beraten, rechtzeitig zur Erziehungsberatung zu gehen, und Sie sollten sich rechtzeitig im Hinblick auf die Führung eines Konfliktteams beraten lassen.

Eine oft unterschätzte Methode der teaminternen Konfliktbehebung ist ganz einfach Arbeit unter Leistungsdruck und mit klaren Erfolgszielen. Wenn „Müßiggang aller Laster Anfang“ ist, dann ist Arbeit durchaus auch der Tugend Anfang. Wenn Ihre Mitarbeiter klare und anspruchsvolle Leistungsziele zu verfolgen haben und wissen, daß sie nur in Zusammenarbeit zum Erfolg kommen können, dann finden sie sich oft erstaunlich schnell wieder zur Kooperation bereit. Sie haben nicht mehr die Zeit für konfliktträchtige Aktionen und auch keine Lust mehr dazu, wenn es attraktive Ziele anzustreben gilt. Zielorientiertes Führen, ohne dabei die Mitarbeiter untereinander zu Konkurrenten zu machen, ist ein sehr guter Weg aus vielen Teamkonflikten heraus.

8.5 Petzer

Das Problem des „Petzens“ erinnert an die Schulzeit und an Geschwisterkonflikte. Als Führungskraft werden Sie jedoch auch damit konfrontiert werden. Einer Ihrer Mitarbeiter macht Sie auf Fehler von Kollegen aufmerksam, damit Sie etwas unternehmen. Das ist „petzen“.

Wie sollen Sie sich verhalten? Wenn Sie grundsätzlich das „Petzen“ ablehnen, laufen Sie Gefahr, eines Tages gar nicht mehr informiert zu werden, auch dann nicht, wenn es dringend notwendig wäre, daß Sie etwas erfahren und entsprechend eingreifen.

Wenn Sie jedoch ein offenes Ohr für „Petzer“ in Ihrem Team haben, laufen Sie Gefahr, am Ende mit einem Trupp von Intriganten zurechtkommen zu müssen. Es kann auch passieren, daß Sie durch Ihre Aufgeschlossenheit für solche Informationen ein Spitzelsystem entwickeln. Einer oder mehrere im Team sind dann ständig damit beschäftigt, den Kollegen auf die Finger zu schauen, um möglichst viel dem Chef ins Ohr flüstern zu können. Die Kollegen setzen sich durch Heimlichkeiten, Mobbing gegen den Spitzel oder heimliche Sabotage aus Frust zur Wehr. Das Ende der sinnvollen Teamarbeit ist damit erreicht.

Als erstes sollte man sich fragen, was eigentlich einen Mitarbeiter veranlassen kann, sich beim Vorgesetzten über Fehler von Kollegen zu äußern. Die möglichen Gründe sind:

- Der „Petzer“ hat gravierende Mängel und Fehler im Verhalten von Kollegen oder bei deren Arbeit entdeckt. Er macht sich berechtigte Sorgen, daß dadurch Schäden für das Unternehmen oder für Kunden entstehen können. Da er selbst keinen Einfluß auf den Kollegen hat oder nehmen will, wendet er sich an den Vorgesetzten.
- Der „Petzer“ hat persönlich unter dem Fehlverhalten des anderen zu leiden. Er kann sich nicht selber zur Wehr setzen. In seiner Not wendet er sich an den Vorgesetzten.
- Der „Petzer“ will sich beliebt machen. Vielleicht hat er aus seiner Kindheit die Erfahrung mitgebracht, daß man sich durch Anschwärzen anderer bei Eltern und Lehrern ins rechte Licht setzen kann.

Vielleicht haben Sie auch bereits in Ihrem Team zu erkennen gegeben, daß Sie besonders wohlwollend auf diejenigen eingehen, die Ihnen die Fehler anderer zur Kenntnis bringen?

- Der „Petzer“ ist zuvor bei einem Konflikt mit dem anderen unterlegen und will sich nun dadurch rächen, daß er ihn vor dem Chef in die Pfanne haut.

Die wenigsten „Petzer“ halten sich selbst für solche. Sie reagieren auch höchst empfindlich auf den Begriff „petzen“. Sie sehen sich selbst als verantwortungsbewußte Menschen, die ständig das Wohl des Unternehmens, die Moral der anderen und sonstige „höhere Werte“ im Sinn haben.

Gerade weil das „Petzen“ als verächtlich gilt, machen sich diejenigen, die das eigentlich nicht wollen, viele Probleme damit, wenn sie etwas feststellen, was ihrer Meinung nach der Chef wissen müßte. Sie überlegen hin und her, was sie tun sollen.

Als Führungskraft können Sie oft bereits an der Art und an der Schnelligkeit der Informationsübermittlung erkennen, ob Sie es mit einem „fiesen Petzer“ zu tun haben oder mit einem fairen Mitarbeiter, der irgendwann einfach nicht mehr schweigen kann, weil ihn sein Gewissen nicht läßt.

> In einem Pflegeheim beobachtete eine Pflegerin, daß der Kollege es sich mit den Bettlägerigen zu einfach machte. Er versäumte es immer wieder, durch rechtzeitiges Umlagern der Gefahr von Dekubitus (Druckgeschwüre) entgegenzuwirken.
> In einer Schweißerei stellte ein Mitarbeiter fest, daß etliche der Kollegen die Sicherheitsbestimmungen im Hinblick auf Brandgefahren ignorierten.
> In einem Fuhrunternehmen entdeckte einer der Fahrer das heimliche Trinken eines anderen Fahrers auch während der Arbeitszeit.
> In einer Unternehmensberatung kam einer der Berater durch Zufall darauf, daß ein Kollege vertrauliche Unterlagen von Kunden für eigene Nebengeschäfte mißbrauchte.

Solche Dinge muß der Vorgesetzte erfahren. Hierbei geht es in der Regel nicht nur um Einzelverfehlungen, die die Kollegen unter sich bereinigen können. Hierbei geht es auch um Themen wie Loyalität, Verantwortungsbewußtsein, Zuverlässigkeit und Vertrauenswürdigkeit. Wehe der Führungskraft, die grundsätzlich die Devise herausgegeben hat: „Bei mir wird nicht gepetzt!“

Machen Sie bitte nicht den Fehler, den viele Führungskräfte begehen, wenn ein Mitarbeiter ihnen Fehler und Versäumnisse eines anderen mitteilt: Sie holen „Petzer“ und „Verpetzten“ zu einem gemeinsamen Gespräch zusammen. Lassen Sie das!

Wenn man beide zu einem Gespräch holt und den „Petzer“ auffordert, seine Aussage vor dem Beschuldigten zu wiederholen, dann kommt es zu einer der drei folgenden Reaktionen:

a) Dem „Petzer“ ist das Thema vor dem Beschuldigten unangenehm, oder er hat plötzlich Mitleid mit dem, der nun von ihm „an den Pranger gestellt“ werden soll. Er schwächt seine Aussage wieder ab, macht Rückzieher oder beschönigt nun selbst das Verhalten des anderen oder findet sogar Entschuldigungen dafür.
   Am Ende war es dann angeblich doch nicht alles so schlimm, vielleicht ist es auch nur ein Mißverständnis oder ein einmaliger Ausrutscher ...
   Der Chef steht schließlich wie ein Depp da, der aus einer Mücke einen Elefanten gemacht hat. Er hat überhaupt erst durch den offiziellen Gesprächstermin und die Gegenüberstellung die Sache „aufgebauscht“. Ersparen Sie sich diese peinliche Situation!

b) Der „Petzer“ bleibt bei seiner Aussage, kann sie jedoch nicht beweisen. Der Beschuldigte streitet ab und verlangt Beweise. Es steht Aussage gegen Aussage. Für den Vorgesetzten bleibt die Sache unklar. Wem soll er glauben? Was soll er tun? Wie soll er Beweise erbringen lassen?
Diese Situation der Ratlosigkeit sollten Sie sich auch nicht zumuten!

c) Der Beschuldigte gesteht das Fehlverhalten. Nun kann das Problem ausgeräumt werden.
Verlassen Sie sich darauf, daß Ihre Chance, einen Sechser im Lotto zu haben, größer ist, als Ihre Chance, auf diese nette Weise ein Problem lösen zu können.

So sollten Sie vorgehen:

1. *Sie ziehen Sie sich mit dem „Petzer“ zu einem Vieraugengespräch zurück und lassen sich umfassend berichten.*

- Machen Sie Notizen zu Details: Wann? Wo? Wie oft? In welchen Situationen? Wer könnte es bestätigen?
- Fragen Sie den „Petzer“ auch, warum er Ihnen das (erst jetzt) mitteilt.
- Hat der „Petzer“ zuerst selbst mit dem Beschuldigten gesprochen?
- Nehmen Sie nicht Stellung zu dem Thema. Hören Sie sich die Geschichte mit „Poker-Miene“ an, und entlassen Sie anschließend den „Petzer“ aus diesem Gespräch ohne einen Hinweis darauf, was Sie zu tun gedenken.
- Lassen Sie sich auch nicht unter Druck setzen, daß der Beschuldigte nicht erfahren soll, wer ihn „verpfiffen“ hat. Der „Petzer“ braucht nicht zu wissen, was Sie nun zu tun gedenken. Auf keinen Fall lassen Sie sich auch noch von ihm beraten!

2. *Entscheiden Sie allein, was Sie tun werden.*

- Selbst weitere Beobachtungen anstellen?
- Weitere Zeugen fragen?
- Kontrollen durchführen?
- Den Beschuldigten zu einem Gespräch bitten?

Überlegen Sie ganz bewußt auch:

- Was ist der „Petzer“ eigentlich für ein „Typ“? Neigt er zum Stören des Betriebsklimas? Sucht er auf diese Art Anerkennung? Ist er ein Intrigant? „Petzt“ er öfter?
- In welchem Verhältnis stehen „Petzer“ und Beschuldigter? Ist dieser Vorfall lediglich ein Teil eines grundsätzlichen Konflikts zwischen den beiden?
- Gibt es in Ihrem Team interessierte Zeugen für diesen Vorfall? Wer weiß von den Fehlern des Beschuldigten? Wer weiß von dem „Petzen“? Wer beobachtet nun, wie Sie reagieren? Könnte der „Petzer“ von den Kollegen vorgeschickt worden sein?

3. Handeln Sie bald.

Überlegen Sie nicht zu lange, wie Sie auf das „Petzen" reagieren wollen. Das Fehlverhalten liegt sonst für eventuell notwendige Konsequenzen viel zu lange zurück. Diejenigen, die auf Ihre Reaktion warten, können sich kaum noch auf die Arbeit konzentrieren, weil sie vor Neugierde womöglich brennen.

Wenn Sie erkannt haben, daß das „Petzen" gerechtfertigt war, müssen Sie den Fehler beim Beschuldigten abstellen. Wenn es geht, sollte dabei die Rolle des „Petzers" nicht herausgestellt werden. Der Beschuldigte soll sich um seine „Besserung" bemühen und nicht um seine „Rache" am „Petzer".

Wenn Sie erkannt haben, daß es sich um ein Problem zwischen „Petzer" und Beschuldigtem handelt, dann holen Sie beide zu einem gemeinsamen Gespräch. Bieten Sie an, sich als Moderator für eine Konfliktbereinigung zur Verfügung zu stellen. Verlangen Sie jedoch auch ganz klar, daß die beiden sich selbst um das Ende der Probleme zu bemühen haben, daß Sie nicht dulden werden, daß sich durch deren Reibereien das Betriebsklima verschlechtert.

Wenn Sie erkannt haben, daß der „Petzer" zu den „fiesen Petzern" gehört, dann machen Sie ihm in einem Gespräch klar, was Sie von solchen Methoden des Spitzeltums im Team halten. Vor den Unbeteiligten (aber vielleicht Interessierten) im Team sollten Sie möglichst gar nichts sagen. Die Mitarbeiter sehen klar genug, wie Sie die Sache regeln. Diese können daraus selbst die Konsequenzen für sich ziehen, ob sie in Zukunft auch „petzen" oder nicht.

8.6 Schimpfen – aber mit Stil und Sparsamkeit

„Schimpfen" klingt auch nach Kindheit und Schulzeit. Als Führungskraft wollen und sollen Sie nicht schimpfen, sondern kooperativ und motivierend führen und bei Bedarf in konstruktiver Weise Kritik üben. So ist die Theorie. Die Praxis sieht oft jedoch so aus, daß kritisierte Mitarbeiter sich sehr wohl auch „ausgeschimpft" fühlen. Der Vorgesetzte habe sie „angemeckert", beklagen sie sich und sind beleidigt.

Die Grenzen zwischen Kritik und Schimpfen sind in der Tat fließend. Manche Führungskraft merkt es nicht einmal, wenn sie aus eigener Verärgerung gelegentlich vom sachlichen Kritikton zum erbosten Schimpfton wechselt.

Auch Sie werden sich kaum davon freisprechen können, daß Sie manchmal ganz schön sauer auf Ihre Mitarbeiter sind. Sie haben ihnen x-mal gesagt, wie sie bestimmte Dinge zu tun haben, aber nein, sie hören nicht. Manchmal haben Sie vielleicht sogar den Eindruck, daß die Mitarbeiter Sie auch ein wenig austesten, wie weit man mit Ihrer Nachsicht rechnen kann. Auch das nervt und kann Sie so verärgern, daß Sie schließlich schimpfen und nicht mehr nur ruhig und souverän partnerschaftlich diskutieren. Übrigens: Machen Sie sich keine Sorgen: Wo Menschen werkeln, wird auch geschimpft. Das schadet weder Ihnen noch den Mitarbeitern. Oft ist ein reinigendes „Schimpfgewitter“ auch gut, damit wieder alle wissen, wer das Sagen hat und was Sache ist.

Was Sie niemals tun dürfen, ist ...

- Mitarbeiter vor Kunden ausschimpfen.
- einzelne Mitarbeiter vor Zeugen demütigen und beschimpfen.
- einzelne Mitarbeiter zu sich ins Büro rufen und dort einem Donnerwetter aussetzen.
- nach Schimpfen selbst noch lange herumschmollen.
- die Entschuldigung vergessen, wenn Sie sich vor Ärger im Ton vergriffen haben.
- die „Schimpf-Fehler“ der folgenden Liste begehen.

Die Liste der typischen „Schimpf-Fehler“ beinhaltet:

- Anklagen: „Sie haben das falsch gemacht!“ – „Das ist Ihre Schuld!“
- Pauschalangriffe: „Nie machen Sie das richtig!“ – „Immer muß man hinter Ihnen herrennen!“
- Übertreibungen: „Ihnen muß man auch alles hundertmal wiederholen!“ – „Das ist doch jetzt total vergurkt!“
- Etikettierungen: „Das ist wieder typisch für Sie!“ – „Bei Ihnen kann man schon mit nichts anderem mehr rechnen!“
- Unterstellungen: „Das machen Sie doch auch nur, weil Sie sich davon einen Aufstieg erhoffen!“ – „Sie wollen doch bloß, daß man Ihnen nichts anhängen kann!“
- Olle Kamellen: „Sie haben damals schon reichlich Fehler gemacht!“ – „Den Fehlschlag im letzten Jahr haben wir ja auch Ihnen zu verdanken gehabt!“
- Drohungen: „Wenn Sie jetzt nicht auf der Stelle ..., dann werde ich Ihnen ...“
- Ironie, Zynismus, Sarkasmus: „Das haben Sie ja wieder toll hinbekommen!“ – „Haben Sie eigentlich noch Aufstiegshoffnungen?“ – „Wenn man Ihnen die Verantwortung überläßt, kann man die Sache gleich in den Wind schreiben!“
- Verweis auf Dritte: „Ihr letzter Chef hat mich auch schon vor Ihren Zicken gewarnt!“ – „Über Sie hört man ja auch von anderer Seite genug!“
- Beleidigungen: „Sie sind wirklich ein Stümper!“ – „Wie es scheint, sind Sie so doof, wie Sie wirken!“

Wenn Sie die Liste durchsehen, ist es Ihnen klar, warum Sie solche Schimpf-Fehler nicht machen sollten. Hoffentlich können Sie sich im Eifer des Zorns auch dieser Techniken enthalten!

Die Grundregeln „stilvollen“ Schimpfens sind:

- *Bleiben Sie beim aktuellen Thema.* Schimpfen Sie nur über den aktuellen Anlaß, und erinnern Sie niemals an alte Geschichten und vergangene Schuld.
- *Machen Sie möglichst Ich-Aussagen*: „Ich bin wirklich sauer auf Sie.“ – „Ich hatte erwartet, daß Sie ...“ – „Es ärgert mich, wenn Sie ...“

Mit solchen Ich-Aussagen können Sie auch Ihrem eigenen Ärger Luft machen, ohne dabei den Beschimpften sein Gesicht verlieren zu lassen. Letztlich wollen und müssen Sie ja wieder mit ihm zusammenarbeiten. Das Schimpfen soll schließlich nicht auf Dauer das Klima vergiften, sondern den anderen in Zukunft vom Fehlverhalten abbringen.

- *Sprechen Sie die Probleme in konkreten Beispielen an.*
  Sagen Sie nicht: „Dauernd kommen Sie zu spät, daß man sich überhaupt nicht auf Sie verlassen kann."
  Sagen Sie: „Am Dienstag kamen Sie zu spät, und wir wußten bis zuletzt nicht, ob Sie den Kunden noch annehmen können. Am Freitag ist das gleiche passiert. Wenn wir nicht wissen, wann und ob Sie kommen, können wir nicht planen!"
- *Bleiben Sie immer bei einem Thema.* Machen Sie keine Rundumschläge, wenn Sie gerade einmal einen Mitarbeiter „in der Mangel" haben.
  Sagen Sie nicht: „Sie kommen zu spät, Sie streiten mit den Kunden herum, und das Archiv ist auch noch nicht aufgeräumt!"
  Wenn solche Rundumschläge notwendig sind, weil ein Mitarbeiter ganz allgemein, die Erwartungen nicht erfüllt, dann ist es Zeit für ein offizielles Kritikgespräch mit festem Termin und klaren Besserungsvereinbarungen.
- *Schimpfen Sie nicht mit allen, wenn nur einer etwas „verbrochen" hat.*
  Machen Sie nicht das, was manche Lehrer vor der Klasse tun, wenn sie den wahren Urheber einer Missetat nicht feststellen können und dann ersatzweise die ganze Schülerschar ausschimpfen. Das ist ungerecht und wird auch so von den „Braven" wahrgenommen. Der Übeltäter jedoch findet das nur lustig.

Fragen Sie sich jedoch auch einmal, ob Sie vielleicht zu oft schimpfen. Neigen Sie zu cholerisch-hysterischen Anfällen? Wachsen Ihnen der Streß und die Verantwortung über die Ohren? Macht es Ihnen überhaupt Spaß, Führungskraft zu sein?

Zu häufiges Schimpfen verdirbt nicht nur das Betriebsklima, es macht Sie auch in Ihrer Position lächerlich. Die Mitarbeiter könnten sich irgendwann einen Spaß daraus machen, Sie „auf die Palme zu jagen". Man könnte Sie auch gezielt zu Äußerungen reizen, die dann Wellen bis zum Betriebsrat schlagen! Wenn Sie ohne Schimpfen auskommen, sind Sie besser dran.

9 Konfliktkultur

9.1 Elemente einer Konfliktkultur

In vielen Unternehmen ist man sich heute bewußt, daß eine gezielt entwickelte Konfliktkultur notwendig ist. In Fachartikeln kann man lesen, wozu man es braucht. Alle sind sich einig: Jawohl, eine Konfliktkultur muß her.

Wo gibt es sie wirklich?

Wenn ein Fremder in Ihr Unternehmen käme und nach Ihrer Konfliktkultur fragte, könnten Sie diese beschreiben? Was könnten Sie sagen, wenn jemand in Ihrem Bereich nach der Konfliktkultur fragte? Sollte jemand Ihre Mitarbeiter befragen, würden sie die gleiche Antwort darauf wissen wie Sie?

Das Thema „Konflikte" ist noch viel zu sehr tabuisiert. Jede einzelne Führungskraft hofft bis zuletzt, daß es das im eigenen Bereich nicht gibt und wenn, dann nur um Kleinkram und mit Mitarbeitern, die schon immer als „schwierig" galten.

> „Eine Konfliktkultur ist sicherlich eine gute Sache, aber bei uns ist das nicht notwendig. Wir haben gar nicht mit solchen Problemen zu tun." Das sagte mit aller Ernsthaftigkeit ein Manager eines Mineralölkonzerns.

Es ist doch auffällig, daß Seminare und Bücher zu den Themen „Konfliktmanagement", „Moderation von Konfliktsituationen" und „Konfliktregelung" reißenden Absatz finden. Seminare und Bücher zum Thema „Konfliktkultur" sind kaum gefragt. Kaum jemand mag sich mit Konflikten befassen, wenn nicht die akute Not dazu zwingt. Aber dann ist es oft zu spät. Wenn ein Konflikt erst einmal „kulturlos" ausgebrochen ist, dann wird oft zu viel an Porzellan zerschlagen, werden zu viele Gefühle verletzt, werden zu harte Kämpfe ausgefochten. Dann läßt sich oftmals der Konflikt nicht mehr so bereinigen, daß danach eine positive Zusammenarbeit möglich bleibt oder wieder wird. Nicht selten bleiben Ressentiments, Rachegelüste, Schadenfreude und Imageverluste zurück – ganz abgesehen von den materiellen Schäden, die jeder Konflikt verursacht.

Entwickeln Sie mit Ihren Mitarbeitern eine Konfliktkultur, wenn noch lange keine entsprechenden Probleme am Horizont zu erkennen sind. Wenn die Stimmung friedlich und kollegial ist, dann können Sie und Ihre Mitarbeiter sich gemeinsam unbefangen dem Thema widmen. Wenn ein Konflikt erst einmal ausgebrochen ist oder im Untergrund brodelt, dann sollte man lieber die Finger von einem Projekt zur Konfliktkultur lassen. Dann besteht zu große Gefahr, daß jeder in den Worten des anderen Dinge mithört oder vermutet, die unnötig die Gemüter erhitzen können. Eine Konfliktkultur kann man nur in Friedenszeiten entwickeln. Ob Sie den Begriff „Konfliktkultur" dabei benutzen wollen, bleibt Ihnen überlassen. In sehr konfliktscheuem Umfeld könnten dadurch Berührungsängste entstehen. Es könnten sich auch Gerüchte entwickeln, wenn man hört, daß Sie sich in Ihrem Bereich um eine Konfliktkultur bemühen. Man könnte sticheln, daß Sie und Ihre Mitarbeiter das „nötig haben“. Man könnte Ihnen unterstellen, daß Sie Ihre Mitarbeiter „scharf“ machen wollen für Konflikte mit anderen Bereichen. Man könnte vermuten, daß in Ihrem Bereich nicht genug zu tun ist und Sie deshalb „Psycho-Spielchen“ machen.

Wenn in Ihrem Unternehmen das Thema „Konflikte“ noch tabuisiert ist, verzichten Sie lieber auf die Bezeichnung „Konfliktkultur“. Behelfen Sie sich mit Umschreibungen wie: „Spielregeln für die Zusammenarbeit“, „Kommunikationsmodelle“ oder ähnliche unverfängliche Formulierungen.

Egal, wie Sie es nennen, folgende Elemente gehören dazu:

- *Selbstwahrnehmung*: Sie und Ihre Mitarbeiter sollten miteinander erkennen, wie das jeweils eigene Verhalten auf andere wirkt, was am eigenen Verhalten eventuell konfliktträchtig werden könnte.
- *Konfliktwahrnehmung*: Die typischen Frühwarner vor allem für unterschwellige Konflikte müssen erkannt werden. Wissen Ihre Mitarbeiter, woran man es erkennt, wenn sich in Ihrem Team etwas „zusammenbraut“?

Dazu gehören auch Spielregeln, wie mit Frühwarnern umzugehen ist. Wer informiert Sie? Wissen Ihre Mitarbeiter, daß Sie die Sache ernst nehmen? Müssen sie befürchten, daß Sie solche Dinge abwehren oder gar den Überbringer der schlechten Nachricht bestrafen?

Dazu gehört auch, daß Ihre Mitarbeiter die typischen Eskalationsstufen eines Konflikts kennen und erkennen.

Strategien des Konfliktmanagements

Sie und Ihre Mitarbeiter sollten gemeinsam Strategien erarbeiten, wie mit Konflikten so umzugehen ist, daß nicht etwa die Auseinandersetzungen eskalieren weil jeder im Recht bleiben will, sondern daß immer die strategischen Ziele angestrebt werden. Weg vom kleinkrämerischen Hickhack mit Wortgefechten und Rechthaberei, hin zu sinnvollen Techniken der Konfliktmoderation, der Schlichtung und Regelung.

Dazu gehören auch Techniken und Regeln für die Nachbearbeitung von Konflikten. Wie kann man in Zukunft ähnliche Fälle verhindern? Was kann man aus dem jeweiligen Konflikt für die Zukunft lernen?

Regeln für die Zusammenarbeit

Viele Konflikte braucht man gar nicht zu erleben, wenn man von vornherein bestimmte „Spielregeln“ festlegt. Hierbei kann es sich um Regeln zur Info-Weitergabe, zur Kompetenzabgrenzung, zur Behandlung bestimmter Vorfälle etc. handeln.

Erarbeiten Sie mit Ihrem Team „Zehn goldene Regeln der Zusammenarbeit“. Ihre Mitarbeiter können sicherlich von etlichen Problemerfahrungen der Vergangenheit ableiten, was man an Konflikten verhindern kann, wenn man gleich zu Beginn bestimmte Dinge vereinbart.

Wenn Sie in Ihrem Bereich oder zum Beispiel erst einmal für ein bestimmtes Projektteam eine Konfliktkultur entwickeln, werden Sie erleben, daß sich einige typische Dinge wie Sticheleien, Intrigantentum, Schuld in die Schuhe schieben, „Mauern“, Imponiergehabe, Trödelei, Störungen von Teamsitzungen etc. deutlich reduzieren. Die potentiellen „Täter“ solcher konfliktfördernden Verhaltensweisen halten sich zurück. Sie spüren, daß sie in einem „konfliktbewußten“ Umfeld mit ihren miesen Taktiken nichts erreichen. Mit der Zeit erkennen sie selbst, wie angenehm die Arbeit in einem kollegialen Team ist. Zu einer guten Konfliktkultur gehört immer auch die „Zähmung“ derer, die so oft als Quelle hinter den mitmenschlichen Problemen stehen.

9.2 Entwickeln einer Konfliktkultur

Das Ziel einer gelebten Konfliktkultur ist nicht das Verhindern von Konflikten um jeden Preis. Notwendige Konflikte, kreativer Streit, Ringen um die beste Lösung und Wettbewerb sollen selbstverständlich stattfinden. Unnötige Konflikte und Verletzungen sollen jedoch verhindert werden. Jeder soll im Konfliktfall wissen, welche Regeln gelten sollen. Es soll angestrebt werden, Lösungen möglichst im Konsens zu finden, mit denen sich alle Betroffenen abfinden können. Das Vertrauen in die eigenen Fähigkeiten zum positiven Umgang mit Konfliktsituationen soll sich entwickeln.

Vielleicht scheuen Sie zunächst vor dem Aufwand zurück, den Sie betreiben müssen, wenn Sie mit Ihren Mitarbeitern gemeinsam – verordnen kann man das nicht! – eine Konfliktkultur entwickeln wollen. Der Prozeß kann sich über mehrere Wochen mit regelmäßigen Workshops hinziehen. Auch danach ist eine Konfliktkultur nie „fertig“. Sie muß gelebt und immer wieder an konkreten Fällen auf ihre Brauchbarkeit hin geprüft werden.

Der Aufwand lohnt sich jedoch. Er ist viel geringer als das, was vergeudet wird durch ungelöste Konflikte, durch Unzufriedenheiten, Streit und Reibereien.

Dehnen Sie die Workshops mit den Mitarbeitern nicht zu sehr aus. Eine gemeinsame Stunde mit zügig ausgeführten Brainstormings ist viel effektiver und macht mehr Spaß als zähe Meetings mit öden Monologen, Erlebnisberichten, Detaildiskussionen und sonstigen Unarten der Redefreudigen.

Gehen Sie mit Ihrem Team in folgenden Schritten vor:

1. Stellen Sie die aktuelle Situation fest.

- Herrscht zur Zeit echte Harmonie im Team?
- Gibt es unterschwellige oder offene Konflikte, die besser zuerst bereinigt werden sollten?

- Sind alle dazu bereit, es wenigstens einmal mit einer Konfliktkultur zu probieren?

2. Betrachten Sie gemeinsam die bisherige Konfliktsituation.

Sie sollten dabei möglichst getrennt bearbeiten:

- Konflikte innerhalb des Teams
- Konflikte mit anderen Bereichen und Abteilungen
- Konflikte mit Kunden, Lieferanten und anderen externen Partnern

Gehen Sie jeweils folgenden Fragen nach:

- Welche Konflikte sind im Laufe der letzten Monate aufgetreten?
- Welche Konflikte sind typisch und treten häufiger auf?
- Mit welchen rechnen wir bereits wieder für die Zukunft?
- Wie lösen wir bisher solche Probleme?
- Wie waren wir und die anderen Betroffenen bisher mit der jeweiligen Lösung zufrieden?
- Gab es gelegentlich offene oder verdeckte Folgekonflikte?
- Wie traten bisher Konflikte auf? Welche Frühwarnungen gab es?
- Gab es Nebenkriegsschauplätze, Scheingefechte oder verschobene Konflikte?
- Wie war bisher in der Regel die „Sieger-" oder „Verlierersituation"?
- Gibt es in unserem Unternehmen oder in unserem Bereich bestimmte konfliktträchtige Aufgaben, Zuständigkeiten, Entscheidungen oder auch Arbeitsgruppen?
- Welche der bisherigen Konflikte hätten wir vermeiden können, wenn wir uns rechtzeitig darauf eingestellt hätten?
- Wie verhalten wir uns bisher bei Konflikten?
- Warum lösen wir bisher unsere Konflikte auf eine bestimmte Art?

Achten Sie bitte darauf, daß jetzt nicht wieder „alte Geschichten von Schuld und Unschuld" aufgewärmt werden. Es soll die bisherige Situation betrachtet werden. Es soll nicht im nachhinein dieses oder jenes noch einmal erklärt, begründet, beschönigt oder verteidigt werden.

Arbeiten Sie möglichst mit Kartenabfragen und lassen Sie nicht endlos diskutieren. Sie wollen nicht, daß dieser Workshop schließlich in einem Konflikt endet!

Überlegen Sie auch, ob Sie Ihren Mitarbeitern durch verdeckte Karten oder „Black-Box"-Abfragen die Möglichkeit geben wollen, sich anonym zu äußern.

3. Entwickeln Sie gemeinsam Modelle für den Umgang mit zukünftigen Konflikten.

3.1 Stellen Sie eine Liste der typischen Konflikte zusammen.

Ihre Mitarbeiter sind erfahren genug, aus den bisherigen Vorkommnissen abzuleiten, womit in Zukunft immer einmal wieder zu rechnen ist.

3.2 Stellen Sie die typischen Frühwarnzeichen zusammen.

Fast immer kann man nach dem Ausbruch eine Konflikts erkennen, was sich vorher bereits an Anzeichen gezeigt hat, was man jedoch nicht ernstgenommen hat. Lassen Sie Ihre Mitarbeiter aus ihrer Erfahrung zusammenstellen, woran man in Zukunft schneller erkennen kann, ob sich etwas zusammenbraut.

3.3 Legen Sie Regeln fest für den Fall erkannter Frühwarnzeichen.

Vereinbaren Sie gemeinsam, was in Zukunft getan werden muß, sollten sich Frühwarnzeichen einstellen. Wer muß wen informieren? Was muß getan werden?

3.4 Legen Sie Kompetenzen fest.

Vereinbaren Sie, wer was entscheiden darf und wie weit die Kompetenzgrenzen einzelner Personen gehen.

3.5 Entwickeln Sie „Krisenpläne".

Vor allem für Konflikte und Probleme, die immer wieder auftreten, kann man Pläne aufstellen, wie zu reagieren ist. Vergleichen Sie es mit den Plänen einer Fluggesellschaft, die sich auch darauf vorbereiten muß, wenn bestimmte Krisen – z. B. Umfliegen von Kriegsgebieten, Umgang mit Passagieren, die ihren Anschluß nicht bekommen haben, Entführung einer Maschine – eintreten. Es wäre falsch, einfach zu hoffen, daß „es" nicht passiert. Besser ist es, wenn man im Fall, daß es passiert, sofort aus der Schublade einen Krisenplan ziehen kann.

Ihre Mitarbeiter haben ganz sicher Vorstellungen davon, welche Dinge man einmal für alle zukünftigen typischen Krisenfälle regeln und fest vereinbaren kann.

3.6 Entwickeln Sie Richtlinien für die Nachbearbeitung von Konflikten.

- Was muß dokumentiert werden?
- In welcher Form werden Ursachen, „Schuld" oder andere Dinge festgehalten?
- Wie soll aus Konflikten gelernt werden?

3.7 Trainieren Sie mit Ihrem Team das Verhalten im Konfliktfall.

Üben Sie typische Situationen durch. Dabei kann es sich um Rollenspiele handeln oder um Übungen wie zum Beispiel diejenigen zum Brandschutz.

Vermitteln Sie Ihren Mitarbeitern auch, daß es keineswegs angestrebtes Verhaltensziel ist, immer kühl, rational und sachlich zu bleiben. Emotionen sind im Konflikt üblich und müssen auch erlaubt sein, notfalls bis zum Türenknallen.

3.8 Entwickeln Sie verbindliche Schlichtungsverfahren für bestimmte Standardkonflikte.

Denken Sie an die Konflikte auf dem Fußballplatz. Theoretisch – und manchmal auch praktisch – könnten sich dort ständig Schlägereien abspielen, wenn der eine meint, der andere hätte ihn getreten, angerempelt etc., während der andere meint, sich völlig korrekt verhalten zu haben. Für solche Streitfälle hat man deshalb einen Schiedsrichter. Wenn der die rote Karte zeigt, so heißt die Regel, dann gilt das. Punkt.

Denken Sie an Verkehrsunfälle, Scheidungen und Erbstreitigkeiten. Manche Konflikte sind so typisch und treten so oft in ähnlicher Form auf, daß es sich lohnt, feste Abwicklungs- oder Vorgehensrichtlinien zu vereinbaren. Die gelten dann, ob es nun beiden Parteien paßt oder nicht.

Mindestens am letzten Punkt erkennen Sie, wie wichtig es ist, eine Konfliktkultur in Friedenszeiten zu entwickeln.

4. Arbeiten Sie Konflikte mit dem Team nach.

Achten Sie ab sofort darauf, daß Konflikte – nachdem sie bereinigt wurden – immer noch einmal nachgearbeitet werden. Manchmal ist es gut, eine gewisse Zeit verstreichen zu lassen, bis sich die Gemüter wieder beruhigt haben und bis sich gezeigt hat, ob die gefundene Lösung sich dauerhaft bewährt.

Gehen Sie dabei mit Ihren Mitarbeitern folgenden Fragen nach:

- Was ist passiert?
- Welche Schäden oder Probleme sind dadurch entstanden?
- Wer war betroffen?
- Welche Symptome haben sich gezeigt?
- Welche Frühwarner hätte man besser beachten sollen?
- Wie wurde der Konflikt gelöst?
- Wie hat sich die Lösung inzwischen bewährt?
- Wie konnte es überhaupt zu dem Konflikt kommen?
- Wie hätte man ihn verhindern können? Wer?
- Welche Lehren ziehen wird aus dem Vorfall?
- Welche der Vereinbarungen und Regeln unserer Konfliktkultur sollte eventuell geändert oder in Zukunft konsequenter beachtet werden?

Auch die beste Konfliktkultur kann nicht eine Friedens- und Harmoniegarantie geben. Sie kann jedoch dazu verhelfen, bewußter die problematischen Situationen anzugehen und bewußter daraus etwas zu lernen.

9.3 Grenzen der Konfliktkultur

Jeder Versuch, eine Konfliktkultur zu entwickeln und dann auch konsequent zu leben, stößt da an seine Grenzen, wo die beteiligten Personen einfach nicht mitmachen wollen oder können.

Mit Menschen, die grundsätzlich streitsüchtig sind, die immer wieder nur das Negative wittern und bei anderen böse Absichten vermuten, ist es schwierig. Sie zeigen ihr feindliches Verhalten und ihre mißtrauische Einstellung ja nicht nur im Berufsleben. Sie können in der Regel auch mit Nachbarn, Verwandten und Familienangehörigen nicht auskommen. Beim Einkaufen gehen sie davon aus, daß man ihnen absichtlich das Wechselgeld zu ihren Ungunsten falsch herausgibt, im Urlaub kontrollieren sie, ob das Zimmermädchen auch täglich unter den Betten saugt, in der Wohnung lauschen sie, ob die Nachbarn ihren Kindern während der Mittagsstunde das Lachen im Treppenhaus gestatten. Diese Menschen „wissen", daß andere sie hintergehen, sich Dinge herausnehmen, die sie nicht dürfen, daß man andere lieber gleich „kurzhalten" muß.

Eine streitsüchtige Person im Team kann man meistens ertragen. Sie wird als solche von den Kollegen erkannt, abgelehnt und entsprechend nicht als Verhaltensvorbild genommen. Schlecht ist es jedoch, wenn diese Person auch noch sehr dominant ist und zum Beispiel durch langjährige Erfahrung oder einen guten „Draht nach oben" über Macht verfügt.

Als Führungskraft können Sie bei Streitsüchtigen auch durch Gespräche und Appelle nichts erreichen. Verhalten und Denken, das sich in Jahrzehnten in einem Menschen festgesetzt hat, können Sie nicht ändern. Vor allem müssen Sie damit rechnen, daß eine solche Person ihr Denken und Verhalten gar nicht ändern will. Sie hält es selbst für richtig. Sie wird höchstens in Ihren Versuchen, eine Konfliktkultur einzuführen, einen neuen schmutzigen Trick zur Unterdrückung der Mitarbeiter oder eine neue lachhafte „Managermode" sehen. Eine solche Person wird sich eingehend in allen Winkeln des Betriebsverfassungsgesetzes umschauen, ob man sich als Arbeitnehmer eine Konfliktkultur überhaupt bieten lassen muß!

Einen streitsüchtigen Menschen können Sie nicht in Ihre Konfliktkultur einbinden. Das einzige, was Ihnen bleibt, ist das konsequente Vorleben vor Ihren Mitarbeitern, daß solche Leute bei Ihnen keine Chance haben, zum Beispiel Kollegen anzuschwärzen, Teammeetings zu boykottieren, die Stimmung zu verderben und ihren Willen rücksichtslos durchzusetzen.

Die beste Konfliktkultur stößt auch da an ihre Grenzen, wo mindestens eine Partei mit allen Mitteln auf den eigenen Sieg setzt. Dabei kann es sich um Machtkämpfe handeln oder um die Durchsetzung dessen, was man selbst für die „absolute Wahrheit" hält. Wenn Sie zum Beispiel nur einen Posten als Projektleiter zu vergeben haben, sich jedoch mehr als ein Bewerber findet, besteht die Gefahr, daß schließlich einer oder auch alle jede Vereinbarung der Konfliktkultur vergessen und nur noch – fair oder unfair – um den Posten kämpfen.

Wie bereits gesagt, kann man auch mit Fundamentalisten keine Konfliktkultur leben. Wer für sich selbst die Wahrheit gepachtet hat, will sich nicht mit anderen arrangieren, sondern will die anderen in Richtung der eigenen Überzeugung bezwingen. Solchen Menschen ist Konfliktkultur völlig schnuppe, solange sie ihren „gerechten Kampf" zum Sieg führen können. Fundamentalisten kann man auch bei Themen erleben, welche Datenbank die beste ist oder wie man Kundenorientierung zu gestalten hat. Fundamentalisten haben ihr klares Schwarz-Weiß- und Freund-Feind-Raster. Sie halten sich nicht an Spielregeln einer vereinbarten Kultur mit „Falschdenkern", schon aus „Gewissensgründen" nicht.

Mit Führungskräften, die im Zweifel doch wieder ihre überlegene Macht ausspielen, gibt es ebenfalls keine glaubhafte Konfliktkultur. Das durchschauen die Mitarbeiter als erstes. Was Ihre Mitarbeiter bei Ihnen beobachten, wird sie wesentlich dahingehend beeinflussen, ob sie sich selbst auch aktiv für die Konfliktkultur einsetzen oder ob sie das ganze nur für eine Farce halten. Denken Sie daran, wenn Sie eine Konfliktkultur einführen.

Die Autorin

Hedwig Kellner, Jahrgang 1952, ist als Unternehmensberaterin und Managementtrainerin in deutschen und internationalen Unternehmen verschiedener Branchen tätig. Ihr Spezialgebiet ist die Projektarbeit mit allen Aspekten der strategischen Planung bis hin zum täglichen Umgang mit Engpässen, Widerständen und Konflikten.

Hedwig Kellner lebt bei Hamburg. Von ihr sind im Carl Hanser Verlag bereits erschienen:

„Die Kunst, DV-Projekte zum Erfolg zu führen",
„Konferenzen, Sitzungen, Workshops effizient gestalten",
„Projekte konfliktfrei führen",
„Reden, zeigen, überzeugen – Von der Kunst der gelungenen Präsentation".

Stichwortverzeichnis

Abgrenzung, Streben nach 9
Abneigung 16
Absichten durchsetzen 25
Analyse der Gegenpartei 81 ff.
Änderungen 8, 10
Andeutungen 66
Anfälle, cholerische 33
Angebote 85, 87, 88,100
– von Spielregeln 100
Angriffe, offene 66
Angst 39
Aufgabenbezug 49
Ausfälle, soziale 66
Aussprache, offene 63, 66, 67
Ausweitung, soziale 64 f.
Autonomie 136
Autorität, natürliche 82

Beleidigungen 67, 70, 89
Beschwerdefall 140
Beschwichtiger 127, 128, 129, 130
Betriebsklima 4, 49
Beurteilungsneigung 45
Bewahrer 10
Bewerten, moralisches 126, 127
Beziehungskonflikte 16 f.
Botschaften 84 ff.

Chefs, cholerische 34
"Chemie" 5, 16, 52
Choleriker 34, 58, 89

Dauerkonflikte 119
Debatte 63
Deeskalation 89 ff., 97
Demütigungen 89
Denken 21
–, positives 102
–, strategisches 89, 91
Distanz 36
Drohungen 65, 85, 87, 88
Durchsetzungsfähigkeit 107
Durchsetzungskraft 91
Durchsetzungsmacht 60
Durchsetzungswille 109

Ehrgefühl 29
Einigung 90, 122
–, harmonische 121
Einstellung, innere 49
–, strategische 76
Einzelgänger 10
Ekel 16
Emotionen 20, 32, 161
Empfindlichkeiten 90
Entscheider 81, 82
Entscheidungsautorität 82
Entscheidungsbereitschaft, mangelnde 14
Erfahrungen 29
Erklären, beschwichtigendes 126, 127
Erkrankung, psychische 148
Eskalation 43, 60, 61 ff., 103
–, Stufen 61 ff.

Fair Play 114
Fairneß 75
Familienunternehmen 12
Fanatiker 129
Fehlverhalten 17
Feilschen 100, 116
Flucht 102, 118
Folgekonflikte 12, 25 ff., 41, 47, 72, 98, 103, 105, 112,132
Forderungen 85, 87, 88
Frieden 25
Friedensbereitschaft 3
Friedenswille 121 ff.
Frühwarnzeichen 103, 104, 161

Führen, zielorientiertes 151
Führungsrolle 14
Führungsvakuum 12
Fundamentalisten 127, 129, 164

Gefühle 19 ff., 58, 89
Gefühlsausbrüche 19, 20, 23, 93
Gefühlsorientierung 57
Gegenpartei, Analyse 81 ff.
Gemeinschaft, Streben nach 8
Gerechtigkeit 110
Gesichtsverlust 12
Gespräch, klärendes 72
–, offenes 56
Gründe, vorgeschobene 17
Gruppensprecher 81
Gruppenterror 36

Haltung 37 ff.
Handlungsfähigkeit 70
Harmonie 1, 7, 12
–, echte 104
Harmoniesucht 102
Harmonisieren 114
Hausmacht 30
Helfersyndrom 35
Herablassung 39
human factor 7

Instinkte der Zusammengehörigkeit 135
Intelligenz, emotionale 70, 89
–, soziale 43
Interessensausgleich 109
Interessensgegensätze 74
Intriganten 151
Intrigantentum 17

Kampf, offener 112
–, rhetorischer 116
– um Sieg und Niederlage 106, 108
–, verdeckter 112
Kampfhandlung 101
Kapitulation 101, 102, 117
Klärung, rechtliche 106, 109, 111
Klima, konfliktträchtiges 17
Koexistenz 114
Kommunikation 48, 49, 58
Kommunikationsbarrieren 56 ff.
Kommunikationstraining 39
Kommunikationsverhalten 37 ff.
Kompetenzen 161
Kompromiß 53, 95, 101, 105, 115
– aushandeln 27
Kompromißbereitschaft 85
Kompromißverfahren 87
Konflikte
– mit Kunden 135
– nicht wahrnehmen 26
–, Nachbearbeitung 158, 161
–, Ursachen 4 ff.
– vorbeugen 3
Konfliktakzeptanz 102, 104
Konfliktanlaß 21, 47
Konfliktaussprache, Phasenmodell 93
Konfliktbearbeitung 71
Konfliktbehandlung, positive 96 ff., 101
Konfliktbewältigung, Ansatzpunkte 40 ff.
Konfliktbotschaften, strategische 878
Konfliktgespräch 78
Konfliktherde 7
Konfliktkultur 28, 157 ff., 159 ff.
–, Grenzen 162 f.
Konfliktlösung 25, 28, 101 ff., 102, 103 f., 105
–, gemeinsame 131
–, Grundstrategien 102 ff.
–, Kosten und Aufwand 105
–, Zufriedenheit 105
Konfliktlösungsverfahren 106 ff.
Konfliktmanagement 4, 72
–, Strategien 158
–, strategisches 69 ff., 76, 77, 84
Konfliktmoderation 158

Konfliktpole 51 ff.
Konfliktquellen 3
Konfliktregelung, Strategien 112
Konfliktschlichtung 122
Konfliktseminare 101, 121
Konfliktsituation 160
Konfliktstufen 62
Konflikttraining 95, 150
– für Führungskräfte 43
Konfliktunterdrückung 102 f.
Konfliktursachen 4 ff.
Konfliktverhalten
–, individuelles 19 ff.
–, Motive 24 ff.
–, Varianten 30 ff.
Konfliktvermeidung, passive 42
Konfliktwahrnehmung 158
Konfrontationen 19
Konfrontationsverhalten 112
Konsens 159
Kontaktabbruch 64
Kontaktaufnahme 84
Kontaktversuche 84
Kooperation 116
Kooperationsbereitschaft 87, 150
Kriegsführung, rhetorische 108
Kriegsmüdigkeit 121
Krisenpläne 161
Kritik 154
Kritikgespräch 63, 68
Kundenbeschwerden 139 ff.
Kundenfehlverhalten 140, 142
Kundenkonflikte 135 ff.

Lieblingsmitarbeiter 144
Lösung, gemeinsame 95, 131
Lösungsmodelle entwickeln 130
Lösungsmöglichkeiten
präsentieren 131
Lösungsvarianten entwickeln 130

Machiavellismus 108
Macht 6, 12, 38
Machtbereiche 12
Machtfrage 59
Machtgefälle 60
Machtkämpfe 11, 54
Machtkriege 107
Machtunterschiede 58
Machtworte 12
Manipulationen 32, 46, 48
Meeting-Kultur 73
Meinungsbildner 82
Meinungskonsens 73
Meinungsverschiedenheiten 15, 73
Mißtrauen 136
Mißverständnis 73
Mitarbeiter
–, beziehungsorientierte 36, 37
–, emotionale 35
–, gefühlsorientierte 37
–, weinerliche 35
Mobbing 17, 27, 37, 143ff.
– aus Angst 145
– aus Langeweile 145
Mobbing-Opfer 143, 149
Mobbing-Situationen 147
Mobbing-Täter 146
Moderation 28, 132, 133
Moderator 53
–, neutraler 95
Moralisten 127, 128, 130, 132

Nachbearbeitung 71
– von Konflikten 158, 161
Nachgeben 25 f., 90, 117
Neuerer 10
Neuerungen 5, 7
Neutralität 131
Niederlagen 106, 108, 132

Opfer 26

Parteigänger 46
Persönlichkeitsstörungen 148
Persönlichkeitsstruktur 3
Persönlichkeitstyp 28, 30
Petzer 151 ff.

Platzhirsche 137
Pragmatiker 27, 127, 128, 129
–, Verhandlungen 130
Problemlösung 28 f.
–, aktive 40
Prügelknaben 144, 149

Radikalforderungen 130
Realismus, pragmatischer 126, 127
Realisten 130, 132
Rechtsbewußtsein 29
Reflexe 21
Reklamationen 139, 142
Reklamationstraining 140
Revierverhalten 137
Rhetorik 61
Rhetoriker 81
Richter 46, 132
Rivalität 6, 137, 138
Rollenkonflikte 14 f.
Rückzug 103
Rundumschläge 66

Schaukämpfe 41
Scheinfrieden 39
Scheinharmonie 42
Scheinlösungen 99
Scheinprobleme 17
Scheinverhandlungen 108
Schiedsrichter 35, 162
Schiedssprüche 109
Schimpfen 154
Schimpf-Fehler 155 f.
Schlagfertigkeit 32
Schlichter 46, 77, 124 ff., 129 ff., 132 ff.
–, neutraler 71
Schlichterteam 133
Schlichtung 128
Schlichtungsverfahren 121 ff., 162
Schlichtungsvorbereitung 123 ff.
Schuld 71
Schuldabwehr 69
Schuldfrage 69, 71
Schuldgefühl 148
Schuldzuweisungen 57, 71
Schwachstelle 82
Selbstachtung 97
Selbstbeherrschung 29, 33
Selbstkontrolle 33
Selbstmanagement 70
Selbstwahrnehmung 158
Sieg, Kampf um 106, 108
Sieger 25, 67
Siegeswillen 25
Signale 84 ff.
Spielregeln 110, 114
– anbieten 100
Sprecher 81
Störungen, soziale 148
Strategien
– des Konfliktmanagements 158
– zur Konfliktregelung 112
Streben nach Abgrenzung 8
– nach Gemeinsamkeit 8
– nach Gemeinschaft 8
– nach Neuem 8
– nach Unabhängigkeit 8
Streit 63
Streitkultur 93
Streßsituationen 17, 21
Sympathie 30

Tabuisierung 59, 60
Team 9
Teamarbeit 10, 147
Teamharmonie 106
Teamklima 150
Teamkonflikt 147 ff.
Temperament 5, 59
Temperamentsausbrüche 20
Theoretiker 126, 128, 130
Theoretisieren, intellektuelles 126
Totpunkte in der Konfliktdiskussion 99 ff.
Trennung 118

Übergriffe, sexuelle 17

Überkompensierung, aktive 40 f.
Überlegungen, strategische 29, 92
Überzeugen 77 ff.
Umfeld, konfliktfreies 144
–, konfliktträchtiges 144
Umsetzungsplan, Entwicklung 132
Unabhängigkeit, Streben nach 8
Unterhändler 81, 125
Unterwürfigkeit 39
Ursachenforschung 71

Veränderungen 5
Verärgerung 62
Vergangenheitsforschung 69
Verhalten
–, beziehungsorientiertes 35 ff.
–, distanziertes 32
–, emotional gesteuertes 33 ff.
–, herablassendes 38
–, logisch-sachlich gesteuertes 30 ff.
–, selbstkontrolliertes 32
Verhaltenstraining 161
Verhandeln 27, 107, 111
Verhandler 32, 34, 81
Verhandlungen 106 ff., 114
– der Pragmatiker 130
Verhandlungsführung 81
Verhandlungsspielraum 124
Verhandlungsteam 128
Verlierer 25
Vermittler 35, 124
–, neutrale 81
Vernichtungswille 67
Versager 148
Versöhnung 67, 95
Verstandesorientierung 57
Verständnis 75
Verstehen 77 ff.
Verstimmung 62
Verteilungskonflikte 11 ff., 15
Vertuschen 60
Vorurteile 38, 52

Wahrnehmung 45, 48 f., 56
–, unterschiedliche 7
Wahrnehmungskonflikte 15 f.
Wahrnehmungsschärfe 45
Wahrnehmungsverzerrer 43
Wahrnehmungsverzerrungen 45
Warnungen 66
Wertschätzung 29
Wortführer 81
Würde 39 f.

Zankapfel 11, 51, 52, 69
Zielkonflikte 13 f.
Zielpriorität 14
Zielwidersprüche 13
Zusammenarbeit, bereichsübergreifende 139
–, laterale 135, 136, 137, 138
–, Regeln 158
Zusammengehörigkeitsinstinkte 135
Zynismus 20, 90 ff.